Mythos Narziß

Die Nymphe Echo verliebt sich in den schönen Jüngling Narziß, der sie zurückweist. Nemesis straft ihn für die Grausamkeit: Narziß muß sich in unbefriedigter Liebe zu seinem Spiegelbild verzehren. Diese Version des alten griechischen Mythos überliefert Ovid in seinen »Metamorphosen«. Doch Mythen sind vieldeutig. Die in diesem Band versammelten Texte anderer Autoren belegen es.
Als Symbol hoffnungsloser Liebe erscheint Narziß in Dichtungen des Mittelalters und der Renaissance. Im 17. Jahrhundert figurieren Narziß und Echo als Beispiele für die Torheit von Liebenden. Doch bereits den Romantikern dient der Mythos modellhaft zur Beschreibung von Poesie, Narziß gilt ihnen als Bild des Dichters schlechthin. Seine in sich abgeschlossene Existenz wird von nun an kritischer Wertung unterzogen, liebeskalte Ich-Bezogenheit facettenreich thematisiert: Rilke, Valéry, Trakl, später Marie Luise Kaschnitz, Karl Krolow, Inge Müller nehmen Narziß als Metapher individueller und gesellschaftlicher Befindlichkeit wahr. Mit Sigmund Freud, Lou Andreas-Salomé, Erich Fromm, Jacques Lacan geht der »Fall Narziß« in die modernen Theorien vom Ich ein.

Almut-Barbara Renger lehrt Klassische Philologie an der Universität Greifswald.

Mythos Narziß

Texte von Ovid bis Jacques Lacan

Herausgegeben von
Almut-Barbara Renger

RECLAM
LEIPZIG

Besuchen Sie uns im Internet:
www.reclam.de

Quellen- und Rechtenachweis am Schluß des Bandes
Reclam-Bibliothek Band 1661
2. Auflage, 2005
Umschlaggestaltung: Gabriele Burde unter Verwendung
eines Ausschnitts aus »Echo und Narcissus«
von John William Waterhouse, 1903
Mit 26 Abbildungen
Gesetzt aus Meridien
Satz: Peter Conrad, Brandis
Druck und Bindung: Reclam, Ditzingen
Printed in Germany
ISBN 3-379-01661-6

Alain Rivière: Das verlorene Gesicht des Narziß. Fotografie. 1996

Inhalt

III Narziß in antiker und spätantiker Literatur: Alternativversionen, Bildbeschreibungen, Handbuchfassungen

Griechische Autoren

Lateinische Autoren

IV Philosophie und Moral: Narziß als Exemplum. Warnung vor Eitelkeit und Selbstliebe

V Travestie und Burleske: Narziß und Echo als Beispiele für die Torheit der Liebenden

VI ... im Zauber der Dichtung: Narziß als Bild des Poeten

VII … in der Arbeit am Begriff: Narziß als Modell zur Beschreibung von Poesie

Appendix Psychoanalyse und Gesellschaftstheorie: Narziß als integraler Bestandteil moderner Theorien vom Ich

Widmung

Narcisse

à
la
gloire
de
Narcisse
qui
sut
embrasser
l'eau
et
donner
sans
cesse
son
image

Alain Rivière, 1999

(Narziß zu Ehren, der das Wasser zu umfangen wußte und sein Bild auf ewig zu geben)

ALMUT-BARBARA RENGER

Vorwort

Wem der Name Narziß etwas sagt, muß nicht über die Maßen kulturbeflissen sein. Wem bekannt ist, daß Narziß sich ins eigene Spiegelbild verliebte und vor Sehnsucht starb, braucht nicht als Kenner antiker Literatur zu gelten. Und wer gehört hat, daß am Sterbeort des schönen Jünglings die Blume Narzisse sprießt, ist nicht notwendig leidenschaftlicher Botaniker. Denn im »Zeitalter des Narzißmus« ist Narziß in aller Munde und Gedanken. Als »neuer Sozialisationstypus« geführt, ist er Gegenstand unzähliger Abhandlungen: Ob »Der narzißtische Persönlichkeitsstil« oder die »Narzißtische Kompetenz« des postmodernen Menschen verhandelt wird, ob »Narzißtische Persönlichkeitsstörungen« und »Narzißtische Krisen« im allgemeinen oder »Weiblicher Narzißmus« im besonderen erörtert werden – das »Spektrum des Narzißmus« gilt als derart breit, daß man sogar die Anstrengung unternommen hat, ein »Narzißmusinventar« zu erstellen.* Mit einem Wort, Narziß hat Konjunktur.

* Seit den achtziger Jahren hält die Publikationswelle an. Sie nahm ihren Aufschwung mit Ch. Lasch, *Das Zeitalter des Narzißmus,* München 1980. Zu den oben angeführten Buchtiteln vgl. auch Helga Häsing/Hartmut Stubenrauch/Thomas Ziehe (Hrsg.), *Narziß, ein neuer Sozialisationstypus?,* Bensheim 1979; Stephen M. Johnson, *Der narzißtische Persönlichkeitsstil,* Köln 1988; Antonius M. J. M. Herman van de Spijker, *Narzißtische Kompetenz – Selbstliebe – Nächstenliebe. Sigmund Freuds Herausforderung der Theologie und Pastoral,* Freiburg u. a. 1993; Otto F. Kernberg, *Narzißtische Persönlichkeitsstörungen,* Stuttgart u. a. 1996; Heinz Henseler, *Narzißtische Krisen,* Reinbek bei Hamburg 1974; Bärbel Wardetzki, *Weiblicher Narzißmus. Der Hunger nach Anerkennung,* München 1991; Vamık D. Volkan, *Spektrum des Narzißmus,* Göttingen 1994; Friedrich Deneke/Burkhard Hilgenstock, *Das Narzißmusinventar. Handbuch,* Bern u. a. 1989.

Für die Popularität lassen sich zwei Gründe namhaft machen. Zum einen besitzt der Mythos infolge seiner variantenreichen Rezeptions- und Interpretationsgeschichte einen hohen Bekanntheitsgrad. Nach Ovids kanonisch gewordener Formulierung in den *Metamorphosen* (III 339 bis 512) vielfach be-, ver- und umgearbeitet, hat er aufgrund seines immensen Motivreichtums und Deutungsspielraums in Kunst und Literatur zahllose Gestaltungen erfahren, an denen noch die Gegenwartslyrik überreich ist. Neben Negationen stehen Affirmationen, neben Moralisierungen Ästhetisierungen, neben ideologisierenden skeptische Um- und Überschreibungen. Sie alle kreisen um die verschiedenen Basiselemente der antiken Erzählung, die im Laufe von zweitausend Jahren nicht nur kontrovers interpretiert, sondern auch historisch signifikant selektiert und kombiniert wurden. Da diese Elemente aufgrund ihrer vielfachen Möglichkeiten der Identifikation für jedwede Art von Publikum attraktiv sind, haben sich insbesondere Künstler, Literaten, Philosophen und Psychologen immer wieder von ihnen ansprechen und inspirieren lassen. Und dies nimmt nicht wunder. Wer fühlte sich nicht eingeladen, über *Spiegelbild* und *Ich-Identität, Täuschung* und *Trugbild, Erkenntnis* und *Tod, verschmähte Liebe, maßlose Selbstliebe* und das *Verhältnis zum anderen* nachzudenken? Wer wollte abstreiten, mit Themen und Fragen dieser Art selbst kontinuierlich befaßt zu sein?

Die psychologische Brisanz der Erzählung bildet den zweiten Grund für ihre heutige Popularität. Kaum hatte die Wissenschaft erkannt, wieviel Zündstoff die Erzählung birgt, begann sie, Narziß auf den Fersen, Öl ins Feuer des Mythos zu gießen. Ovids Geschichte vom schönen Jüngling, der in Leidenschaft zu sich selbst entbrennt und, von innerem Liebesfeuer ausgezehrt, dahinschwindet, fällt in *den* Bereich des Mythos, dessen sich die Psychoanalyse bemächtigt hat. Zu ihm zählen Skandalfiguren wie Ödipus, der den Vater tötet und mit der Mutter schläft. Und wie Ödipus gehört Narziß zu dem Teil des antiken mythologischen Personals, um dessen Verhalten sich Forscher und Gelehrte hitzig streiten. Doch je brisanter die Debatten, die sich an Narziß entzünden, sind, desto problematischer ist in der Regel der wissenschaftliche Umgang mit der Figur. Die eine oder andere Version des antiken Mythos wird bisweilen knapp referiert, bisweilen allein in der Filterung Sigmund Freuds rezipiert. Narziß und der an ihm entwickelte Begriff des Narzißmus finden dabei nicht als Instrument zur nüchternen Analyse von Gesellschafts- und Persönlichkeitsstrukturen Verwendung. Sie werden vielmehr schlagwortartig eingesetzt, um eigene Thesen zu erhärten. Statt Erklärungen menschlicher Verhaltensmuster und gesellschaftlicher Zustände werden dem Leser nicht selten mythisierende Bewertungen derselben geliefert. So gilt auch für die Erzählung von Narziß, was die Rezeptionsgeschichte vieler anderer Erzählungen, die dem antiken Mythos zugehören, kennzeichnet: Von aufgeklärten Psychologen und Pädagogen des 20. Jahrhunderts analysiert und entmythisiert, erweist sie sich als von derart hohem Rang, daß sich das geflügelte Wort aus Adornos und Horkheimers *Dialektik der Aufklärung* ein weiteres Mal bestätigt – »Aufklärung schlägt in Mythologie zurück«. Narziß ist ein Beispiel dafür, wie es in der Moderne zur Bildung eines Mythos kommt. Als Metapher einer aktuellen gesellschaftlichen Befindlichkeit wird ihm ungeheure Macht zuteil: Er erschafft und verkörpert Zeitgeist. In ein zwar vielfach verzweigtes, aber geschlossenes System gepreßt, mutiert der Mythos zum *Ismus*. Aus *Narzißmus* folgt alles und jedes. Narzißmus ist zugleich Signum und Erklärung heutiger Kultur.

Die vorliegende Anthologie dokumentiert die Entstehung und Entfaltung dieses Mythos.

Den Auftakt der Textsammlung bildet ein lyrisches Entree (I) mit deutschsprachigen Gedichten der Zeit von 1945 bis 1999. Es bezeugt die Popularität sowohl der mythischen Figur als auch des Begriffes Narzißmus. Neben Gedichten, die einen gelehrten Umgang mit dem Mythos und seiner Rezeption erkennen lassen, stehen solche, in denen sich die seit den siebziger Jahren inflationäre Rede über Narzißmus widerspiegelt. Hier ist Narziß zumeist Metapher bloßer Ichbezogenheit und der Erfahrung von Sinnleere und Einsamkeit.

Auf das Entree folgen Ovids Fassung (II) sowie antike und spätantike Alternativversionen, Bildbeschreibungen und Handbuchfassungen (III) der Geschichte. Zu ihnen wird der Bogen vom lyrischen Heute gleichsam zurückgespannt, um den Leser sodann – an verschiedenen historischen Stationen entlang – wieder in die Gegenwart zu führen. Zeigen Abteilung II und III, wie wenig festgelegt die Narzißgestalt in den antiken Texten war, so läßt sich an den Texten der Gruppe IV ablesen, daß der Mythos – durch Überblendung mit philosophischem (zumal neuplatonischem) und christlich-ethischem Gedankengut – seit Ende der Spätantike und das gesamte Mittelalter hindurch allegorisch-moralisierend gelesen wurde.

Abteilung V dokumentiert die komische Wendung des Narzißmotivs im 17. Jahrhundert. Unter dem Einfluß aufklärerischer Ideen, die in weiten Teilen Europas Fuß gefaßt hatten, vor allem mit der Entwicklung des Glaubens an die Vernunft, geriet die seit dem Mittelalter übliche allegorische Deutung von Mythen ins Wanken. Vor allem in Frankreich, wo man sich emphatisch gegen das Mittelalter aussprach, entstanden Travestien mythologischer Stoffe, die sich gegen das Allegorisieren von Mythen und damit einhergehende Moralisierungen richteten. Wenn also dem Mythos von Narziß eine bisweilen derb-burleske Behandlung widerfuhr, so geschah dies mit dem Ziel, diese oder jene Moral, die in seine Geschichte hineingelesen worden war, in Frage zu stellen.

Das ausgehende 18. Jahrhundert ist für die Transformierung des Mythos in die Welt der Moderne die entscheidende Schaltstelle. Mit der Herausbildung des modernen Subjektbegriffs gewinnt das Thema Narziß immer mehr an Interesse. Es entsteht eine immense Fülle poetischer (VI) und theoretischer (VII) Texte. Läßt sich die Figur des in die eigene Betrachtung versunkenen Jünglings doch mühelos mit der Weltabwendung des romantischen Dichters verbinden: mit der Ablehnung der sich industrialisierenden und dadurch banalisierenden Gesellschaft und mit der Hinwendung zur eigenen Persönlichkeit, zu Traum, Kult und Mythos. So kommt es, daß die bei Ovid versammelten Basiselemente der Erzählung von Narziß fortan vielfach auf das Thema Kunst und Künstler bezogen werden. Texte über die Künstlerseele als Spiegel der Welt und das Problem künstlerischer Selbstbespiegelung überfluten die literarische Landschaft. Ihre Inhalte finden Jahrzehnte hindurch Resonanz im Schaffen der Künstler, besonders in dem der Symbolisten Ende des 19., Anfang des 20. Jahrhunderts. Narziß wird nicht länger lediglich als stoffliches Motiv zitiert. Seine Selbstbezüglichkeit bestimmt auch die narrative Struktur von Literatur. Daß das dichterische Schaffen im Grunde narzißtische Züge trägt, wird zunehmend immer ersichtlicher. Narziß durchdringt alle Bereiche von Dichtung, Kunst und Kultur. Schließlich wird er, *via* Psychoanalyse, integraler Bestandteil moderner Theorien des Ich und des Selbstbezugs (Appendix). Sein Weg in das Selbstverständnis und gesellschaftliche Leben des modernen und postmodernen Menschen ist bereitet.

Heute, um die Wende zum 21. Jahrhundert, hat die Narziß-Thematik Einzug in eine weitere Welt gehalten: in die des Internets. Und dort, im *Cyberspace*, ist sie virulenter als je zuvor. Wer auf der Woge einer Suchmaschine durch die vernetzte Welt surft, findet unter dem Stichwort Narziß nicht nur Informationsquellen aus allen erdenklichen Disziplinen. Er wird auch eingeladen, sich in die Welt digitaler Spiegelbilder zu begeben. Hier ist die Quelle Metapher für ein digitales Universum, das sich durch das Auge öffnen läßt. Der Besucher dieses Universums sieht sein Spiegelbild eingebettet in eine flüchtige Materie digitaler Bilder. Deren realistischer Eindruck verführt ihn dazu, den Bildschirm gleichsam als Wasseroberfläche zu berühren. Handelt es sich um sensitives Glas *(touch-screen)*, so zeitigt die Berührung eine Wirkung; sie ruft den Effekt hervor, den sonst das Klicken mit der Maus verursacht: Das Bild verändert sich. Durch Berührung des Bildschirms liegt für den Narziß des Medienzeitalters mithin im Bereich des Möglichen, was dem antiken Narziß in der Illusion größte Lust und in der Realität größte Qual war: die Konstruktion eines Partners am Quell der Virtualität. Der Bildschirm ist dem Betrachter zum Quell der Lust an sich selbst geworden, die in virtuellen Realisationen vorübergehend Befriedigung findet.

Eine traditionellere Form der Realisation, jenseits der künstlichen Intelligenz, stellt das Feld der Lyrik bereit. Hier tummeln sich diejenigen, die ihre Libido nicht auf die Interaktion mit dem Computer, sondern auf das lyrische Schreiben verschieben. Die Narziß-Thematik bestimmt ihr Schaffen nicht nur auf einer Metaebene. Narziß erscheint auf vielfältige Weise auch auf der Textebene. Die zeitgenössische Lyrik führt mit ihm eine Figur vor Augen, die – nach Verlassen der Sondersphäre der Gelehrten – in die Breite der Wirklichkeit gegangen ist und als Metapher vielfältiger Formen des Selbstbezugs Einzug in den Alltag gehalten hat. Den einen gilt sie als Fallbeispiel individueller und gesellschaftlicher Fehlentwicklungen, den anderen als Modell einer Lebensform, die sich konträr zu etablierten Normen verhält und einer anonym gewordenen Umwelt die Kommunikation verweigert. Narziß trägt ein Doppelgesicht. Einerseits ist er Zerrbild einer von der virtuellen Realität des Fernsehers und Computers geprägten Generation, andererseits Korrekturinstanz des Rationalen. Im Ge- und Bewahren seiner selbst arrondiert er die anthropologischen Möglichkeiten des Menschen.

Das nachfolgende poetische Entree versammelt lediglich deutschsprachige Gedichte. Wenn ich mein Vorwort daher mit etwas *Zauber gegen die Kälte* aus Gioconda Bellis *Erotischen Gedichten* von 1992* beschließe, dann deshalb,

* Gioconda Belli, *Zauber gegen die Kälte. Erotische Gedichte*, München 1998, S. 34f.

um diese Begrenzung zu durchbrechen. Der nachstehende Teil III der *Pequeñas lecciones de erotismo II* sei in diesem Sinne als besondere Schwelle zum Entree verstanden: als Schwelle, auf der sich dem Leser ein europäischer Horizont eröffnet, der in seiner ganzen Fülle zwar nicht durchmessen werden kann, der aber dennoch mit *Zauber* anmutig erkennen läßt, was es heißt, sich »langsam der anderen Seite des Mondes« zu nähern.

III

Acércate despacio
al otro lado de la luna
la clara llanura
la sien frente donde rueda el ceño
despliega el manifiesto del gozo
ábrete a la serena acuosidad del iris
húndete en el fondo de la transparencia
mírate
bébete Narciso tu amante amada imagen
besa
hasta espesar el agua.

III

Nähere dich langsam
der anderen Seite des Mondes
der weiten Ebene
Schläfe Stirn wo die Braue rollt
entfalte das Manifest der Freude
öffne dich den stillen Wassern der Iris
sinke auf der Klarheit Grund
schau dich an
trinke Narziß dein liebend geliebtes Bild
küsse
bis das Wasser sich verdickt.

I

Entree: Narziß im lyrischen Heute. Deutschsprachige Gedichte 1945–1999

Il fallait boir, Narcisse, et ne pas te mirer.
Tu risquais davantage: *je serais resté beau!*

Auf das Trinken kam es an, Narziß, nicht
aufs Dichspiegeln. Denn damit hättest du
Größeres gewagt: *Ich wäre schön geblieben!*

René Char
Übertragung von Paul Celan

NINO ERNÉ

Narziß

An sich selbst

Wie alle Schritte mich auf deine führen!
Ich halte dich. Und doch entfliehst du mir.
Ich bin nur in und niemals neben dir …
Nie werd ich, nie, nie deinen Mund berühren.

Wenn mich zu dir allein die Wünsche treiben,
was ist's, daß dich mein Arm nicht greifen kann?

Mein Geist steht frei vor dir und sieht dich an –
was muß mein Leib in dir gefesselt bleiben?

An Eros

O Eros, Eros, Eros, blinder Gott, wie bist
du doppelt blind an mir!
Denn was du jedem Tier
gewährst, wenn du sein Herz mit deinen Flammen küßt,

warum nicht mir? Warum, wenn mit dem Pfeil du mich
so grell verwunden mußt,
warum die gleiche Brust
auch mit dem zweiten Pfeil zu treffen drängt es dich?

Nun zittern beide Pfeile wie ein Pfeil in mir
und stacheln blind mich an,
versperrt ist jede Bahn – – –
Und dennoch, Eros, blinder Eros, dank ich dir!

1946

MARIE LUISE KASCHNITZ

Narziß

Auswanderer verkrümmt
Am Rand des Schlafes
Kauend die bitter
Berauschende Laubstreu
Erinnerung.

Knabe Narziß gebeugt
Über lichtloses Wasser
Suchend sein Spiegelbild
Tief unter keinem Himmel.

Sehnsüchtiges Ich und Ich
Zwiesprache haltend nächtlich
Seltsames Liebespaar
Sinkend von Meer zu Meer

Verschmolzen endlich
Einen Augenblick
Hochaufgerichtet
Haar im Sphärenwind

Und niederfahrend
Riesig blind
In den Abgrund
Der Träume.

1957

Ossip Zadkine: Intimität (Narziß). Ebenholz. 1950

GÜNTER GRASS

Narziss

Vogelfrei bin ich, flieg aber nicht;
denn so frei bin ich:
spiele mit einem einzigen Finger,
laß ruhen den Rest,
der längst ermüdet
von zuviel Vogel und Vogelfreisein.

Leichtfertig bin ich: Blut,
was ist Blut
gegen die saftlose Hand einer Puppe?
Sonntags lecke ich sie,
wie andere
montags mein Blut lecken möchten.

Gutmütig bin ich, dulde seit Wochen
den armen Verwandten in meiner Küche,
koche ihm Linsen
und weise zurück,
was er zu bieten noch hat:
sein bißchen Erstgeburt gegen Linsen.

Verliebt, ja das bin ich,
kaufte mir Schuhe mit narbigen Sohlen,
lauf durch den Schnee:
gutmütig bin ich, leichtfertig bin ich,
vogelfrei bin ich, verliebt, ja das bin ich
in meine Spuren im Schnee.

1960

ROSE AUSLÄNDER

Battery Park

Fügsame Landschaft von Sonne und Luft modelliert
Uferlange Fläche aus Wasser und Land
Der die verankerte Arche im Inselherz spürt
weiß um das Doppelgesicht dort am Rand

Schiffe und Schatten in Trance die Wasser schlafen
Auf dem hypnotischen Spiegel tanzt ein Delphin
mit atmosphärischen Fischen der träumende Hafen
schwebt zu überseeischen Schneebergen hin

Nicht weil die Statue heroisch die Fackel reckt –
taucht in die Taubenruh im ahorngefalteten Licht
Ins Selbstbild vertieft vom flüssigen Feuer erschreckt
versinkt der Narziß vollzieht sich das andre Gesicht

1965

INGE MÜLLER

1
WER GIBT DIR EIN RECHT DEN STUMMEN ZU SPIELEN
(Du zitterst vor Eigenliebe, Narziß)
Zu viele sind ohne Stimme und Recht noch.
Keine Leidenschaft, die dich zum Reden bringt?
Deine Kraft zerrinnt dir unter der Hand

Hildegard Domizlaff: Narziß. Brunnenskulptur. 1954

(Du kannst dir nicht Mann sein und Frau, noch bist du
Zu stark zum Betrügen.) Narkissos, weiß man
Verwelkte; und Blumen magst du doch nicht
Du wächst im Atomjahrhundert, Narziß!

2
Wer entzündete heimlich den Scheiterhaufen
Als Dido Reisig trug, den Liebsten, den Sohn
Der Venus zu wärmen mit ihrem Leib?
Wer stieß Sappho, daß sie im Meer versank?
Du redest nicht davon.

3
Ich bin nicht dein Vorwurf. Vielleicht
Mein eigner und dein Spiegel manchmal
Ich werfe mir vor, was dich quält ganz umsonst
(Einen Sohn hab ich geboren, einen Baum gepflanzt
Und sie aufgezogen: den Nachtrag hat Konfutse vergessen)
Wir leben nicht weise, denn wir verbrennen
Der Weisheit Schluß und erkennen nichts und
Uns selbst nicht mehr, wenn wir schweigen.
Ich wünschte, ich könnt dich zum Reden bringen.

4
Allerleirauh
Mann ist und Frau
Finden und Trennen
Keiner kanns nennen
Allerleirauh.

5
Die Erde trägt dich nicht?
Die Sonne wärmt dich nicht? –
Hast du die Toten im Stein gesehn
Die Schatten der Sonnen; Tote die leben:
Hiroshima.
Hast du die Welt aufgegeben?
Schreib dein Gedicht.

6
Physiker retten sich mit der Liebe
Zueinander, und du
Findest es schön und
Siehst zu.
Siehst und vergißt.
Weil dir das junge Titelblattmädchen
Näher und leichter ist.

7
Ich möchte dir deine Ketten abnehmen;
Wer kann das. Ich weiß
Ich bin dumm; aber ich liebe dich
Und ich liebe dich nicht um jeden Preis.

1953/1966
Erstdruck 1985

UWE BERGER

An Narkissos

Sprichst du nur, um dich zu hören?
Ach, dein Sprechen ist ein Schweigen,
kannst du nur dich selbst beschwören
und vorm Spiegel dich verneigen.
Was soll dir der Scherben zeigen,

was ein Papagei dir tönen?
Maskenhaft mußt du erstarren
in der Welt, der wahren, schönen.
Willst du nur in dir verharren,
wirst du an der Welt zum Narren.

Schweigend sich in sich verkriechen,
außen Öde, Öde innen,
und die Freundlichkeit muß siechen?
Komm, laß dich für uns gewinnen,
laß statt Tränen Worte rinnen.

Schleppe nicht dein Für-dich-Hoffen
abgesondert durch die Tage.
Mache Tür und Tor weit offen,
daß dich, was uns trägt, auch trage.
Denn zu schweigen, ist die Frage

nicht. Doch um gehört zu werden,
mußt du aller Hoffen künden,
roten Herzschlag hier auf Erden.
Laß das Leben in dich münden
schweigend, und dein Wort wird zünden.

1975

KARIN KIWUS

Herr und Knecht

Narziß ist ein aufmerksamer Beobachter
  nicht die geringste Bewegung
    seines Gegenübers entgeht ihm

Beide sind unruhig
seit einiger Zeit

Wenn sein Gefährte meint
  der Wasserspiegel
    sei nicht mehr klar wie zuvor

kann Narziß beweisen
    nur der Schatten einer Wolke
        hat das Bild getrübt

Wenn sein Gefährte meint
    sich mit den Fischen zu tummeln
        müsse heiter sein und bewegt
gibt Narziß zu bedenken
    bald sind alle entglitten und das ganze
        ist ein kindisches Spiel

Wenn sein Gefährte meint
    das Meer
        stünde ihm offen jederzeit
muß Narziß warnen
    es ist weit und am Ende
        ein Untergang

Narziß wird immer gute Gründe haben
und sein Gefährte wird alles einsehen
denn er ist verständig und hat Sinn
für entwaffnende Vorstellungen

An einem lauen Spätnachmittag aber
    wenn Narziß selbstvergessen
        seinen Blick ruhen läßt
    wird sein ergebener Freund
        sich aufbäumen
            Lichtpfeile bündeln
        und ihn blenden

1976

MICHAEL SIMBRUK

narcis 5. Versuch

Narcis i
Split personality

Das ewig gleiche
sehn wir an und sagen
»wie normal«.

New York im Arsch und Hollywood vorbei (und wieder neu wie immer) und Rom voller Touristen die Kriegsgefahr gebannt noch einmal und gerade noch haben wir es geschafft den Blick abzuwenden ins Wasser wo unser Ebenbild uns entgegenlächelt wie wir es von Marilyn Monroe gelernt haben, damals, und wir bleiben cool wie Marlon Brando

wie immer
das ewig gleiche
und wir sehen uns an aus Andy Warhols Bildern und bleiben normal wie Beuys es uns (auch) beibrachte: Das Neue ist das Gestern oder gar nicht

oder ich oder sonstwas

Narcis ii
Condemned to be free

ich
– ein Spiegel
in Serie nichts
außer
Normalsamkeit

in uns für heute
und die Jahre die noch kamen
in ewig
ein
und dasselbe
und du
und
ich.

1980

DETLEV MEYER

Narziß 80

Knaben und
Kernkraft
finde ich
rätselhaft

sowie meine
Selbstergriffen-
heit vor Spiegeln

Gefährlich ist
das alles

1981

MICHAEL KRÜGER

Um 1700

Ein Gefühl
berührt die Erde.
Narziß
sucht sich vergeblich
im Sand,
der blicklos schweigt,
geglättet
für die Ankunft
des Menschen.

1981

LUTZ RATHENOW

Narziß

Alle Tonbandgeräte voll aufgedreht: hoch hoch hoch, Orden bis an die Knie geschichtet, er watet darin und nickt den Filmkameras zu. Beständig fallen Urkunden herab, Ehrennadeln, dazwischen Plakate mit seinem Bild. Als Himmel ein Spruchband, das in Erregung gerät und seine Buchstaben freigibt, erfrischende Dusche für jenen vom Händeschütteln ermüdeten Körper. Er hört seine Rede und versucht sich zu umarmen.

1982

KARL KROLOW

Harmonium

Ich höre Harmoniumspielen.
Mein kalter Körper erwärmt sich
auf der Matratze am Boden.
Ich denke: er könnte schweben.
Er ist doch sonst nicht fromm
und liegt nur ausgestreckt.
Die Zeit wird kommen, wo man
die gleichgültigen Gesichter
nicht wiedererkennt, und gottlos
geht es weiter. Die Groschenhefte
blättern inzwischen die Welt auf.
Rechtschreibfehler merkt keiner.
In der Nacht dann das Klopfen, das Husten,
die Schritte sind spannend, doch wenig
bedeuten sie, wie das Gehen
auf nackten Sohlen zum Lager,
auf dem ich liege und liebe
mich selber. Ich kann es besonders
schön beim Harmoniumspiel.
Und der Körper, die Anatomie
ist gottlos. Dies fehlt mir und jenes;
und anderes hab ich wie andre,
den Schweiß, die Muskeln, das Streichholz,
das ich zwischen den Zähnen kaue.
Das Haar wächst nach.
Narziß ist totgesagt.
Das ist mir gleich. Ich lebe
von langen Blicken auf mich selbst gerichtet
während drei Kriege draußen
– und jeder für sich –
passieren, innen und außen
für immer getrennt bleiben wollen
in der Nacht, wenn Panzer rollen. *1984*

KURT MARTI

spätlings frühling

narren
zissen
und flügeln
vorm walde
so weiß
so weiß

wasser
wissen
und spiegeln:
balde
ein greis
ein greis

1987

DAGMAR LEUPOLD

Narziß und Echo I

Hera fand Gefallen
an der Nymphe Echo
und ihrem Plappermaul
– ließ sie gewähren,
statt zu strafen.

So rief Echo,
als Narziß vom

eigenen Bild gebannt
fast ins Wasser fiel,
selbst vorlaut:
Das bist doch du!

Er wandte sich um,
und seine Neugier
galt ihr.

Keine Narzisse wuchs,
doch beider Rede
wurde Schrift.

Narziß und Echo II

Laß aus
Stimme und Bild
ein Drittes werden:
stumm, und doch
beredt,
unsichtbar, und doch
vor Augen.

Dies.

1994

UWE KOLBE

Narziß am Drachenberg

Er ging, wie zu gehen gewohnt, frei, schnell.
Die Sonne wärmte Gesicht, Brust, Schoß, Schenkel.
So liebte er sich einmal mehr.
Und konnte ein wenig davon auf die Gegend verwenden.
Schweifte aus übern See und das Ufer jenseits
mit all der gebotenen Liebe, gewöhnlich ein Rest,
der ungewöhnlich sich auswuchs.
Es ging aber Rascheln dicht mit ihm mit,
das nicht von den eigenen Schritten herkam,
das vor ihm und hinter und um ihn.
Bewegen, wohl ausgelöst, doch nicht vollzogen
von seinem Körper. Es lebte, es.
Er ging aber diesen Weg an dem Hang.
Eidechsen, etymologisch gelenkt,
die glitten, weghuschten, entwichen wohl wegen
Meineids,
vor Zeiten geleistet. So kleine Drachen, weibliche.
Dann sah er das helle Netz, Schlangenhaut über sich
in der stützenden Mauer des Hauses.
Jäh zog er die Liebe zurück
in sich, verglich er sein inneres Land
mit dem, was das Auge, die plötzliche Furcht
ihn sehen ließ: lebendigen Berg, die Brutstatt.
Kein Weg, nur Gewimmel, die Mauern ein Gleiten,
das Haus die ausgestülpte Höhle des Drachens,
des Herrn dieser Gegend. Er prüfte die eigne Substanz.
Schien leidlich noch undurchlässig.
Blicklose Nacht zog herauf.

1996

DIETER P. MEIER-LENZ

der dichter

er lebt im inneren
einer seifenblase
vegetiert ganz vorsichtig
und sanft mit sich selbst

seine nagelschuhe hat er
natürlich ausgezogen
und seine atemzüge
sind entsprechend
flach und klein

wenn er singt
schillert die außenhaut
in allen regenbogen-
farben

nur selten hat er gäste
er empfängt sie
durch einen strohhalm

sie müssen sich vorher
nackt ausziehen
ganz klein machen
und ein gedicht
von ihm aufsagen

1998

abendtoilette

der narziß zieht sich aus
legt seine kleider in die dämmerung
kämmt sich tote begegnungen
aus dem haar
und rollt die enttäuschungen herunter
wie nylonstrümpfe

es war ein wortloser tag
ohne streicheleinheiten
denkt er beim aufhängen
eines lächelns

er hat wenig freude daran
sein abbild zu sehen
im zerrspiegel des abends
dann wirft er seine erinnerungen
ins dunkle

er verbindet
die nicht heilende wunde
nimmt eine tablette in den mund
um nicht allein zu sein
und schläft
mit sich selbst

1998

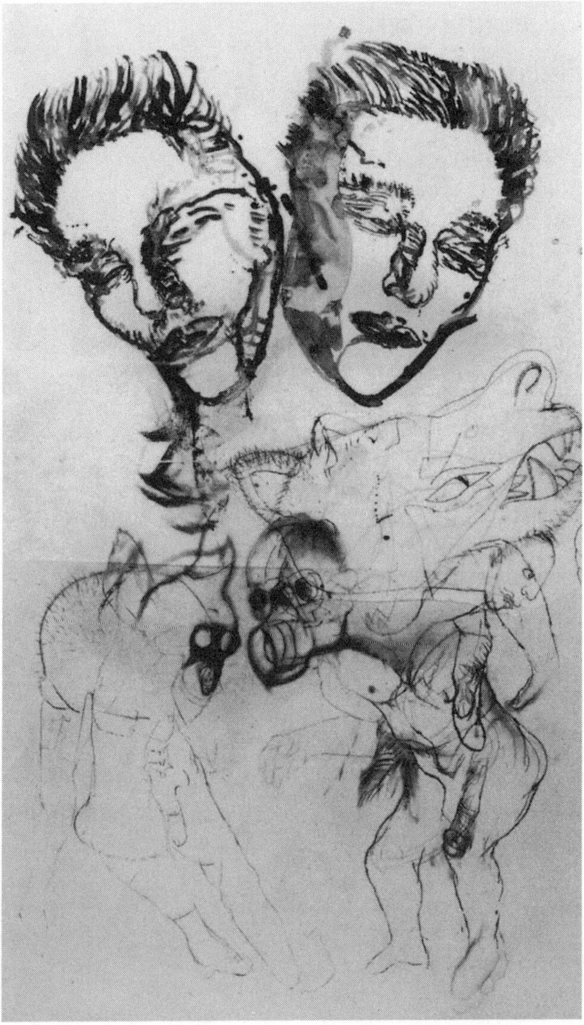

Wolfgang Petrick: Teilung – oder Verlust der reinen Idee. Zeichnung und Collage. 1994

HANSJÖRG ZAUNER

narziss

ich habe den spiegel zugenäht
und luft im faden verloren
so dreht der scherben die filme
aus dem loch hinein in den ast
ich habe die ecken aus wasser
in die nadeln gelegt fotografiert
ich bin in mitten der wörter ein loch
und sauge zusammen die bedeutung
als schnitt die luft in sich weg
der pfeil hinten ist vorne
die fläche aus löchern
oder der schnitt ist doppelt genäht
nun klebt der körper im foto
und läßt richtung zerlaufen
der blick ist genähtes fleisch
es liegt das plastik am teller
und fährt zum schiff als lupe
mein seil ist löffel im ohr
das wort ist ein luftzug
der kommt aus den drähten
als schlinge von sinn
das streuen der teller im foto
filmt die speise ins magnetfeld
oder die blume greift fest
im schinken ist fleisch das hausboot
so ist messer und kleben zusammen
holz um die luft gesaugt
zerronnener spiegelberg du ratte
schlägt in die gegend ein
und löst das dazwischen auf

1999

II

Narziß und Echo bei Ovid: Die kanonische Formulierung des Mythos

Narziß und Echo mit Eroten. Pompejanisches Wandgemälde. 62, 63/79 n. Chr. (zerstört)

OVID

Metamorphoses

Liber III 339–510

Ille per Aonias fama celeberrimus urbes
inreprehensa dabat populo responsa petenti;
prima fide vocisque ratae temptamina sumpsit
caerula Liriope, quam quondam flumine curvo
inplicuit clausaeque suis Cephisos in undis
vim tulit. enixa est utero pulcherrima pleno
infantem nymphe, iam tunc qui posset amari,
Narcissumque vocat; de quo consultus, an esset
tempora maturae visurus longa senectae,
fatidicus vates ›si se non noverit‹ inquit.
vana diu visa est vox auguris, exitus illam
resque probat letique genus novitasque furoris.
namque ter ad quinos unum Cephisius annum
addiderat poteratque puer iuvenisque videri:
multi illum iuvenes, multae cupiere puellae;
sed fuit in tenera tam dura superbia forma:
nulli illum iuvenes, nullae tetigere puellae.
adspicit hunc trepidos agitantem in retia cervos
vocalis nymphe, quae nec reticere loquenti
nec prius ipsa loqui didicit, resonabilis Echo.
corpus adhuc Echo, non vox erat; et tamen usum
garrula non alium, quam nunc habet, oris habebat,
reddere de multis ut verba novissima posset.
fecerat hoc Iuno, quia, cum deprendere posset
sub Iove saepe suo nymphas in monte iacentes,
illa deam longo prudens sermone tenebat,
dum fugerent nymphae. postquam hoc Saturnia sensit,
›huius‹ ait ›linguae, qua sum delusa, potestas
parva tibi dabitur vocisque brevissimus usus‹,
reque minas firmat; tamen haec in fine loquendi

Verwandlungen

Buch III, Vers 339–510

Narcissus und Echo

In Aoniens Städten hochberühmt, gab Tiresias dem Volk, das ihn aufsuchte, unfehlbare Orakelsprüche. Die erste Probe seiner Zuverlässigkeit und der Erfüllung seiner Weissagungen machte die wasserblaue Nymphe Liriope, die einst der Cephisus mit den Windungen seines Stromes umschloß; der so in seinen Wellen Gefangenen tat er Gewalt an. Aus ihrem schwangeren Schoß gebar die wunderschöne Nymphe ein Kind, das schon damals voller Liebreiz war; sie nennt es Narcissus. Befragt, ob diesem Knaben ein langes, reifes Alter beschieden sei, sprach der schicksalverkündende Seher: »Wenn er sich nicht selbst kennenlernt.« Lange schien das Wort des Wahrsagers bedeutungslos. Doch der tatsächliche Ausgang, die Todesart und die Neuheit seines Wahnsinns bringen die Bestätigung. Denn der Sohn des Cephisus war schon sechzehn Jahre alt geworden und konnte noch als Knabe und schon als junger Mann gelten. Viele Männer, viele Mädchen begehrten ihn. Aber solch hartherziger Hochmut wohnte in der zarten Gestalt! Kein Mann, kein Mädchen konnte ihn rühren. Ihn erblickt, während er aufgescheuchte Hirsche in die Netze jagt, die stimmbegabte Nymphe, die nie eine Antwort schuldig bleibt und nie als erste sprechen kann, Echo, die Stimme des Widerhalls. Echo war noch ein Wesen, kein leerer Schall; doch hatte die Schwätzerin schon damals keine andere Möglichkeit zu sprechen als jetzt. Sie konnte nämlich von vielen Worten nur die letzten wiederholen. Das hatte Iuno so angeordnet, weil Echo oft, wenn Iuno auf den Bergen Nymphen in ihres Iuppiters Armen hätte ertappen können, die Göttin wohlweislich mit langen Gesprächen hinhielt, damit die Nymphen unterdessen entwischen konnten. Nachdem Saturnia dies durchschaut hatte, sprach sie: »Über diese Zunge, die mich genarrt hat, sollst du von nun an nur wenig Macht haben und deine Stimme nur noch ganz kurz gebrauchen dürfen.« Ihre Drohung macht sie wahr. Immerhin

ingeminat voces auditaque verba reportat.
ergo ubi Narcissum per devia rura vagantem
vidit et incaluit, sequitur vestigia furtim,
quoque magis sequitur, flamma propiore calescit,
non aliter, quam cum summis circumlita taedis
admotas rapiunt vivacia sulphura flammas.
o quotiens voluit blandis accedere dictis
et molles adhibere preces! natura repugnat
nec sinit, incipiat; sed, quod sinit, illa parata est
exspectare sonos, ad quos sua verba remittat.
forte puer comitum seductus ab agmine fido
dixerat ›ecquis adest?‹, et ›adest‹ responderat Echo.
hic stupet, utque aciem partes dimittit in omnes,
voce ›veni‹ magna clamat: vocat illa vocantem.
respicit et rursus nullo veniente ›quid‹ inquit
›me fugis?‹ et totidem, quot dixit, verba recepit.
perstat et alternae deceptus imagine vocis
›huc coeamus‹ ait, nullique libentius umquam
responsura sono ›coeamus‹ rettulit Echo,
et verbis favet ipsa suis egressaque silva
ibat, ut iniceret sperato bracchia collo.
ille fugit fugiensque ›manus conplexibus aufer!
ante‹ ait ›emoriar, quam sit tibi copia nostri.‹
rettulit illa nihil nisi ›sit tibi copia nostri.‹
spreta latet silvis pudibundaque frondibus ora
protegit et solis ex illo vivit in antris;
sed tamen haeret amor crescitque dolore repulsae:
et tenuant vigiles corpus miserabile curae,
adducitque cutem macies, et in aëra sucus
corporis omnis abit; vox tantum atque ossa supersunt:
vox manet; ossa ferunt lapidis traxisse figuram.
inde latet silvis nulloque in monte videtur,
omnibus auditur: sonus est, qui vivit in illa.
Sic hanc, sic alias undis aut montibus ortas
luserat hic nymphas, sic coetus ante viriles;
inde manus aliquis despectus ad aethera tollens
›sic amet ipse licet, sic non potiatur amato!‹
dixerat: adsensit precibus Rhamnusia iustis.

kann Echo die Laute am Ende einer Rede wiederholen und Worte erwidern, die sie gehört hat.

Kaum hat sie also Narcissus erblickt, der abseits vom Wege durchs Gelände streifte, entbrannte ihr Herz in Liebe. Sie folgt verstohlen seinen Spuren, und je länger sie ihm folgt, desto mehr läßt seine Nähe sie erglühen, nicht anders, als wenn der leicht entzündliche Schwefel, mit dem die Fackeln an der Spitze bestrichen sind, eine Flamme an sich reißt, die man in die Nähe bringt. O wie oft wollte sie ihm mit liebevollen Worten nahen und ihn durch Bitten erweichen! Ihr Wesen verbietet's! Es erlaubt ihr nicht, den Anfang zu machen. Doch eines steht ihr frei: Sie ist bereit, Laute abzuwarten, auf die sie antworten kann. Zufällig hatte der Knabe, vom treuen Gefolge entfernt, gerufen: »Ist jemand hier?«, und »hier« hatte Echo erwidert. Er staunt, läßt den Blick überallhin schweifen und ruft mit lauter Stimme: »Komm!« Sie ruft ihn, wie er sie ruft. Er blickt zurück und spricht, da wieder niemand kommt: »Was fliehst du vor mir?« Und ebenso viele Worte, wie er gesprochen hatte, erhielt er zurück. Er beharrt; getäuscht durch den Widerhall der antwortenden Stimme, spricht er: »Laß uns hier zusammenkommen«, und keinen Laut gab es, auf den sie jemals lieber geantwortet hätte. »Zusammenkommen«, wiederholt Echo, vertraut auf ihre eigenen Worte, verläßt den Wald. Schon ging sie auf ihn zu, um den ersehnten Hals mit den Armen zu umschlingen – er aber flieht; und während er flüchtet, ruft er: »Hände weg, laß die Umarmungen! Eher will ich sterben als dir gehören.« Sie antwortet nichts als »dir gehören«. Die Verschmähte hält sich im Walde versteckt, verbirgt schamhaft das Gesicht im Laub und lebt von nun an in einsamen Höhlen. Doch die Liebe bleibt und wächst noch aus Schmerz über die Zurückweisung. Sorgen gönnen ihr keinen Schlaf und zehren den Leib jämmerlich aus; Magerkeit läßt die Haut schrumpfen, in die Luft entschwindet aller Saft des Körpers, nur Stimme und Gebein sind übrig. Die Stimme bleibt, das Gebein soll sich in Stein verwandelt haben. Seitdem ist sie in Wäldern verborgen und läßt sich auf keinem Berg blicken. Alle können sie hören. In ihr lebt nur der Klang.

So hatte Narcissus diese enttäuscht, so auch andere Wasser- und Bergnymphen, so vorher den Umgang mit Männern gemieden. Daher hatte einer von ihnen, der verschmäht worden war, die Hände zum Äther erhoben und gesagt: »So soll es auch

Fons erat inlimis, nitidis argenteus undis,
quem neque pastores neque pastae monte capellae
contigerant aliudve pecus, quem nulla volucris
nec fera turbarat nec lapsus ab arbore ramus;
gramen erat circa, quod proximus umor alebat,
silvaque sole locum passura tepescere nullo.
hic puer et studio venandi lassus et aestu
procubuit faciemque loci fontemque secutus,
dumque sitim sedare cupit, sitis altera crevit,
dumque bibit, visae conreptus imagine formae
spem sine corpore amat, corpus putat esse, quod unda est.
adstupet ipse sibi vultuque inmotus eodem
haeret ut e Pario formatum marmore signum.
spectat humi positus geminum, sua lumina, sidus
et dignos Baccho, dignos et Apolline crines
inpubesque genas et eburnea colla decusque
oris et in niveo mixtum candore ruborem
cunctaque miratur, quibus est mirabilis ipse.
se cupit inprudens et, qui probat, ipse probatur,
dumque petit, petitur pariterque accendit et ardet.
inrita fallaci quotiens dedit oscula fonti!
in mediis quotiens visum captantia collum
bracchia mersit aquis nec se deprendit in illis!
quid videat, nescit, sed, quod videt, uritur illo
atque oculos idem, qui decipit, incitat error.
credule, quid frustra simulacra fugacia captas?
quod petis, est nusquam; quod amas, avertere, perdes.
ista repercussae, quam cernis, imaginis umbra est:
nil habet ista sui: tecum venitque manetque,
tecum discedet, si tu discedere possis.
non illum Cereris, non illum cura quietis
abstrahere inde potest, sed opaca fusus in herba
spectat inexpleto mendacem lumine formam
perque oculos perit ipse suos paulumque levatus,
ad circumstantes tendens sua bracchia silvas
›ecquis, io silvae, crudelius‹ inquit ›amavit?
scitis enim et multis latebra opportuna fuistis.
ecquem, cum vestrae tot agantur saecula vitae,

ihm in der Liebe ergehen, so soll auch er, was er liebt, nicht bekommen.« Sprach's, und Rhamnusia gewährte die gerechte Bitte.

Es gab einen klaren Quell mit silberglänzendem Wasser, den keine Hirten berührt hatten, keine Ziegen, die auf Bergen weiden, und auch sonst kein Vieh. Kein Vogel, kein wildes Tier hatte ihn getrübt, nicht einmal ein Ast, der vom Baume gefallen war. Ringsum wuchs Gras, dem das nahe Gewässer Nahrung gab, und Gehölz, das keinem Sonnenstrahl erlaubte, den Platz zu erwärmen. Hier ließ sich der Knabe nieder, vom eifrigen Jagen und von der Hitze erschöpft; denn die Anmut des Ortes und die Quelle zogen ihn an. Und während er den Durst zu stillen trachtete, wuchs in ihm ein anderer Durst. Während er trinkt, erblickt er das Spiegelbild seiner Schönheit, wird von ihr hingerissen, liebt eine körperlose Hoffnung, hält das für einen Körper, was nur Welle ist. Er bestaunt sich selbst und verharrt unbeweglich mit unveränderter Miene wie ein Standbild aus parischem Marmor. Am Boden liegend, betrachtet er seine Augen – sie gleichen einem Sternenpaar –, das Haar, das eines Bacchus oder eines Apollo würdig wäre, die bartlosen Wangen, den Hals wie aus Elfenbein, die Anmut des Gesichts, die Mischung von Schneeweiß und Rot – und alles bewundert er, was ihn selbst bewundernswert macht. Nichts ahnend begehrt er sich selbst, empfindet und erregt Wohlgefallen, wirbt und wird umworben, entzündet Liebesglut und wird zugleich von ihr verzehrt. Wie oft gab er dem trügerischen Quell vergebliche Küsse! Wie oft tauchte er, um den Hals, den er sah, zu erhaschen, die Arme mitten ins Wasser und konnte sich nicht darin ergreifen! Er weiß nicht, was er sieht; doch was er sieht, setzt ihn in Flammen. Und seine Augen reizt dasselbe Trugbild, das sie täuscht. Leichtgläubiger! Was greifst du vergeblich nach dem flüchtigen Bild! Was du erstrebst, ist nirgends; was du liebst, wirst du verlieren, sobald du dich abwendest. Was du siehst, ist nur Schatten, nur Spiegelbild. Es hat kein eigenes Wesen: Mit dir kam es, mit dir bleibt es, mit dir wird es fortgehen – wenn du nur fortgehen könntest! Kein Gedanke an Nahrung, kein Gedanke an Schlaf kann ihn von dort losreißen. Doch im schattigen Grase gelagert, schaut er mit unersättlichem Blick die trügerische Schönheit an und geht an seinen eigenen Augen zugrunde. Dann erhebt er sich etwas, streckt die Arme zu den Wäldern aus, die ringsum stehen, und spricht: »O ihr Wälder! Hat je einer

qui sic tabuerit, longo meministis in aevo?
et placet et video, sed, quod videoque placetque,
non tamen invenio: tantus tenet error amantem!
quoque magis doleam, nec nos mare separat ingens
nec via nec montes nec clausis moenia portis:
exigua prohibemur aqua! cupit ipse teneri!
nam quotiens liquidis porreximus oscula lymphis,
hic totiens ad me resupino nititur ore;
posse putes tangi: minimum est, quod amantibus obstat.
quisquis es, huc exi! quid me, puer unice, fallis
quove petitus abis? certe nec forma nec aetas
est mea, quam fugias, et amarunt me quoque nymphae.
spem mihi nescio quam vultu promittis amico,
cumque ego porrexi tibi bracchia, porrigis ultro;
cum risi, adrides; lacrimas quoque saepe notavi
me lacrimante tuas; nutu quoque signa remittis
et, quantum motu formosi suspicor oris,
verba refers aures non pervenientia nostras.
iste ego sum! sensi; nec me mea fallit imago:
uror amore mei, flammas moveoque feroque.
quid faciam? roger, anne rogem? quid deinde rogabo?
quod cupio, mecum est: inopem me copia fecit.
o utinam a nostro secedere corpore possem!
votum in amante novum: vellem, quod amamus, abesset! –
iamque dolor vires adimit, nec tempora vitae
longa meae superant, primoque extinguor in aevo.
nec mihi mors gravis est, posituro morte dolores:
hic, qui diligitur, vellem diuturnior esset!
nunc duo concordes anima moriemur in una.‹
dixit et ad faciem rediit male sanus eandem
et lacrimis turbavit aquas, obscuraque moto
reddita forma lacu est. quam cum vidisset abire,
›quo refugis? remane nec me, crudelis, amantem
desere!‹ clamavit ›liceat, quod tangere non est,
adspicere et misero praebere alimenta furori!‹
dumque dolet, summa vestem deduxit ab ora
nudaque marmoreis percussit pectora palmis.

grausamere Liebesqual gelitten? Wißt ihr doch Bescheid und habt ihr doch vielen als willkommener Schlupfwinkel gedient! Könnt ihr euch in eurem langen, so viel hundert Jahre alten Leben an jemanden erinnern, der so hingeschmolzen wäre? Er gefällt mir, und ich sehe ihn; doch was ich sehe und was mir gefällt, kann ich nicht finden; so gewaltig ist der Trug, der den Liebenden gefangen hält! Und, was meinen Schmerz noch vertieft: Kein weites Meer, kein Weg, keine Berge, keine Mauern mit verschlossenen Toren, nur ein wenig Wasser hält uns voneinander fern! Er selbst will umarmt werden! Denn sooft ich dem klaren Wasser einen Kuß geben will, strebt er mir, auf dem Rücken liegend, mit dem Munde entgegen. Man möchte meinen, ich könnte ihn berühren. Fast ein Nichts ist es, was den Liebenden im Wege steht. Wer du auch sein magst, komm zu mir heraus; was täuschest du mich, einzig schöner Knabe, und wohin gehst du, Ersehnter? Gewiß bieten meine Erscheinung und mein Alter keinen Anlaß, davor zu fliehen, und sogar Nymphen waren in mich verliebt. Du versprichst mir mit freundlichem Gesicht etwas Hoffnungsvolles; strecke ich die Arme nach dir aus, streckst auch du sie mir freiwillig entgegen. Lächle ich, lächelst du mir zu; auch Tränen habe ich oft bei dir beobachtet, während ich weinte. Durch Nicken erwiderst du meine Zeichen, und soweit ich aus der Bewegung deines schönen Mundes schließen kann, antwortest du mir auch mit Worten, die nicht an mein Ohr dringen. – Ich bin es selbst! Ich habe es begriffen, und mein Bild täuscht mich nicht mehr. Liebe zu mir selbst verbrennt mich, ich selbst entzünde die Liebesflammen, die ich erleide. Was tun? Bitten oder mich erbitten lassen? Worum soll ich denn bitten? Was ich begehre, ist bei mir. Der Reichtum hat mich arm gemacht. Könnte ich mich doch von meinem Körper lösen! Ein neuartiger Wunsch bei einem Liebenden: Ich wollte, der Gegenstand meiner Liebe wäre nicht bei mir! Schon nimmt mir der Schmerz die Kräfte, mir bleibt keine lange Frist mehr, und ich erlösche im Lenz meines Lebens. Doch der Tod ist mir keine Last; denn der Tod wird mir die Schmerzen nehmen. Nur wünschte ich, der Geliebte lebte länger! Jetzt werden wir zu zweit als ein Herz und eine Seele sterben.« Sprach's und kehrte in rasender Leidenschaft zu demselben Spiegelbild zurück, trübte das Wasser mit Tränen, und durch die Bewegung im See wurden die Umrisse unscharf. Als er sah, daß das Bild verschwand, schrie er: »Wohin fliehst du? Bleib und laß mich, du

pectora traxerunt roseum percussa ruborem,
non aliter quam poma solent, quae candida parte,
parte rubent, aut ut variis solet uva racemis
ducere purpureum nondum matura colorem.
quae simul adspexit liquefacta rursus in unda,
non tulit ulterius, sed, ut intabescere flavae
igne levi cerae matutinaeque pruinae
sole tepente solent, sic attenuatus amore
liquitur et tecto paulatim carpitur igni,
et neque iam color est mixto candore rubori
nec vigor et vires et quae modo visa placebant,
nec corpus remanet, quondam quod amaverat Echo.
quae tamen ut vidit, quamvis irata memorque
indoluit, quotiensque puer miserabilis ›eheu‹
dixerat, haec resonis iterabat vocibus ›eheu‹.
cumque suos manibus percusserat ille lacertos,
haec quoque reddebat sonitum plangoris eundem.
ultima vox solitam fuit haec spectantis in undam:
›heu frustra dilecte puer!‹, totidemque remisit
verba locus, dictoque vale ›vale‹ inquit et Echo.
ille caput viridi fessum submisit in herba,
lumina mors clausit domini mirantia formam.
tum quoque se, postquam est inferna sede receptus,
in Stygia spectabat aqua. planxere sorores
naides et sectos fratri posuere capillos,
planxerunt dryades: plangentibus adsonat Echo.
iamque rogum quassasque faces feretrumque parabant:
nusquam corpus erat, croceum pro corpore florem
inveniunt foliis medium cingentibus albis.

1 v./10 n. Chr.

Grausamer, in meiner Liebe nicht allein! Laß mich, was ich schon nicht berühren darf, wenigstens anschauen und so dem unglückseligen Wahn Nahrung geben!« Und trauernd zerriß er das Gewand vom oberen Saum her und schlug sich mit den marmorweißen Händen an die nackte Brust. Von den Schlägen wurde die Brust rosig, wie Äpfel, die teils weiß, teils rot sind, oder wie eine noch unreife Traube, deren Beeren die Farbe wechseln und sich allmählich purpurn färben. Sobald er dies alles in dem wieder klar gewordenen Wasser erblickt hatte, ertrug er es nicht länger. Wie gelbes Wachs an einem schwachen Feuer und wie der morgendliche Rauhreif an der warmen Sonne schmilzt, so schwindet er dahin, von Liebe ausgezehrt, und langsam nagt an ihm ein verborgenes Feuer. Schon hat er nicht mehr die Farbe, die aus Weiß und Rot gemischt ist, keinen Schwung, keine Kraft, nichts mehr von dem, was eben noch das Auge erfreute; auch der Leib besteht nicht mehr, den Echo einst geliebt hatte. Echo wurde bei diesem Anblick von Schmerz ergriffen, obwohl sie ihm grollte und nichts vergessen hatte. Sooft der bejammernswerte Knabe »Wehe!« rief, wiederholte sie mit nachhallender Stimme: »Wehe!« Hatte er sich mit den Händen an Schultern und Arme geschlagen, ließ Echo das Klatschen widerhallen. Während er ins vertraute Wasser blickte, waren seine letzten Worte: »Ach, vergeblich geliebter Knabe!« Ebenso viele Worte hallten vom Walde wider. Und auf sein »Lebe wohl!« gab Echo ein »Lebe wohl!« zurück. Er bettete sein müdes Haupt aufs grüne Gras. Und der Tod schloß die Augen, welche die Schönheit ihres Eigentümers bewunderten. Auch nachdem er in die Unterwelt aufgenommen war, betrachtete er sich im Wasser der Styx. Es klagten um ihn seine Schwestern, die Naiaden, schnitten sich Haarlocken ab und weihten sie ihrem Bruder; es klagten auch die Dryaden. In die Totenklage stimmte Echo ein. Schon bereiteten sie den Scheiterhaufen vor, Fackeln, um sie zu schwingen, und die Totenbahre: Da war der Leib nirgends mehr. An seiner Stelle finden sie eine Blume, in der Mitte safrangelb und umsäumt mit weißen Blütenblättern.

III

Narziß in antiker und spätantiker Literatur:

Alternativversionen, Bildbeschreibungen, Handbuchfassungen

Narziß. Grabrelief aus Arlon. Römisch. Nach Fund 1671 verschollen

KONON

Fragment 24: Narkissos

In Thespiai, der Stadt in Böotien unweit des Helikon, wurde Narkissos geboren als ein wunderschönes Kind. Er machte sich weder etwas aus Eros, dem Gott der Liebe, noch aus Liebhabern. Alle Verehrer ließen denn auch von ihrer Leidenschaft ab außer Ameinias, der sehr beharrlich war in seinem Verlangen. Da er aber nicht erhört wurde, vielmehr ein Schwert zugesandt bekam, bringt er sich vor dem Haus des Narkissos um, nicht ohne flehentlich zu bitten, daß der Gott ihn rächen möge.

Als Narkissos sein Gesicht und seine Gestalt sich im Wasser einer Quelle widerspiegeln sieht, wird er als einziger und erster zum unziemlichen Liebhaber seiner selbst. Am Ende, als er nicht mehr ein noch aus weiß und findet, daß er zu Recht leide, weil er das Liebesverlangen des Ameinias mißachtete, bringt er sich zu Tode.

Danach faßten die Leute aus Thespiai den Schluß, dem Eros noch ehrfürchtiger und achtsamer zu willfahren, und insbesondere die Frauen verstanden sich dazu, ihm Opfer darzubringen, sowohl in gemeinschaftlichem Kult als auch jede für sich. Die da Beheimateten glauben aber von der Narzisse, daß die Blume dort zuerst dem Boden entsproß, wo das Blut des Narkissos niederrann.

1. Jh. v./1. Jh. n. Chr.

PAUSANIAS

Beschreibung von Griechenland

Buch IX, Kap. 31, Vers 7–9

7. [...] Im Lande der Théspier ist der sogenannte Donakón; daselbst befindet sich die Quelle des Nárkissos, und Narkissos soll sich in diesem Wasser beschaut haben; da er aber nicht gemerkt, daß er seinen eigenen Schatten sehe, habe er sich unversehens in sich selbst verliebt, und vor Liebe sei er an dieser Quelle gestorben. Das ist aber doch ganz und gar einfältig, daß jemand, der alt genug war, um sich zu verlieben, nicht hätte unterscheiden können, was ein Mensch und was der Schatten eines Menschen sei. 8. Es gibt auch noch eine andere Sage von ihm, die weniger als die vorige bekannt, aber doch verbreitet ist, Narkissos habe eine Zwillingsschwester gehabt, die auch übrigens mit ihm von ganz gleicher Gestalt gewesen, und beide hätten auf dieselbe Weise das Haar und gleiche Kleidung getragen; auch seien sie zusammen auf die Jagd gegangen. Narkissos habe seine Schwester geliebt, und als das Mädchen gestorben, habe er die Quelle besucht und recht wohl gewußt, daß er seinen Schatten sehe; dennoch aber sei es eine Erleichterung in seinem Liebesschmerz gewesen, indem er sich vorgestellt, er sehe nicht seinen Schatten, sondern das Bild seiner Schwester. 9. Die Blume Narzisse brachte jedoch, nach meiner Meinung, die Erde früher schon hervor, wenn man sich auf das Gedicht des Pamphos berufen darf; denn er, der viele Jahre vor dem Théspier Narkissos lebte, sagt, Kóre, der Démeter Tochter, sei entführt worden als sie Blumen sammelte, doch sagt er nicht Veilchen, sondern Narzissen hätten sie getäuscht.

160/180 n. Chr.

PHILOSTRAT

Die Bilder I 23: Narkissos

(1) Die Quelle malt Narkissos, das Gemälde die Quelle und das ganze Schicksal des Narkissos. Ein Jüngling kommt eben von der Jagd, steht bei einer Quelle, schöpft aus seinem Bilde Sehnsucht, liebt die eigene Schönheit, und ein Abglanz von ihm fällt, wie du siehst, ins Wasser. (2) Die Grotte gehört Acheloos und den Nymphen; gemalt aber ist, was man erwarten kann, denn die Standbilder sind mit geringer Kunst gearbeitet und aus heimischem Stein, und die einen sind durch die Zeit verwittert, die andern haben Kinder von Rinder- oder Schafhirten, noch unverständig und ohne Sinn für das Göttliche, verstümmelt; auch ist die Quelle nicht ohne Spur dionysischen Wesens, wie wenn der Gott sie den Bakchantinnen zuliebe ans Licht gebracht hätte. Sie ist jedenfalls von Rebe, Efeu und schönen Ranken überwölbt und hat auch Trauben, alles Dinge, mit denen die Thyrsosstäbe geschmückt sind. Um die Grotte flattern kunstfertige Vögel, jeder mit seiner Sangesweise, und die Quelle umsäumen weiße Blumen, die es bisher noch nicht gab und die erst zu Ehren des Jünglings aufsprießen. Weil aber das Bild nach Wirklichkeit strebt, läßt es auch ein wenig Tau von den Blumen triefen, auf die sich sogar eine Biene setzt – ich weiß nicht, ob irregeführt von der Malerei oder ob wir getäuscht sein sollen und sie für echt halten. Mag sein, wie es will! (3) Dich aber, Jüngling, hat nicht ein gemaltes Bild getäuscht, noch schmilzt du hin in Farbe und Wachs, sondern dir entgeht, daß das Wasser dich so widerspiegelt, wie du hineinsahst, erkennst auch nicht die Täuschung durch die Quelle. Nicke doch! Wende dich von dem Bild ab, rühre du leise die Hand und bleibe nicht reglos stehen! Doch als hättest du einen Gefährten getroffen, wartest du, was von dort kommt. Dann soll die Quelle wohl dich anreden? Er aber hört kein Wort von

uns, sondern ist mit Aug und Ohr ins Wasser versunken; wir selbst aber wollen ihn schildern, wie er gemalt ist.

(4) Im Stehen ruht der Jüngling; er hat die Füße gekreuzt, und seine Hand ruht an dem Jagdspieß, der zu seiner Linken im Boden steckt; die Rechte ist in die Hüfte gestemmt, als Stütze und um den Anblick der hervortretenden Gesäßmuskeln durch das Ausbiegen der linken Seite zu bieten. Durch die Armbeuge kann man das Freie sehen; der Arm zeigt eine Hautfalte, wo die Handwurzel sich dreht, und bringt einen Schatten hervor, wo er in die Hand übergeht; die Schattenstreifen aber fallen schräg wegen der einwärts gebogenen Finger. Ob das Keuchen seiner Brust noch von der Jagd oder schon von der Leidenschaft herrührt, wüßte ich nicht zu sagen, doch spricht das Auge ganz gewiß von tiefer Liebe. Das Feuer nämlich und die natürliche Wildheit seines Blicks sänftigt die Sehnsucht, die darauf ruht, und er glaubt wohl, schon geliebt zu werden, weil ihm das Spiegelbild die gleichen Blicke zuwirft wie er ihm. (5) Viel hätte man von seinem Haar erzählt, wären wir ihm auf der Jagd begegnet. Denn tausendfach wirft sich das Haar im Laufe und mehr noch, wenn es vom Winde belebt wird; es mag aber auch jetzt ein Wort verdienen. Denn es ist üppig und wie von Gold, und ein Teil schmiegt sich an den Nacken, ein anderer fällt vor und hinter den Ohren, wieder ein Teil wallt über die Stirn, ein anderer geht lockig in den Bart über. Und es sind beide Narkisse, und jeder wiederholt des anderen Züge, nur daß der eine ganz aus freier Luft hervortritt, der andere aber in den Quell getaucht ist. Der Jüngling nämlich steht am ruhig daliegenden Wasser oder vielmehr bei dem Wasser, das ihn unverwandt ansieht und gleichsam nach seiner Schönheit lechzt.

Erste Hälfte des 3. Jh. n. Chr.

Lateinische Autoren

PLINIUS DER ÄLTERE

Naturkunde

Buch XXI, Vers 128/29

Zwei Arten der Narzisse *(narcissus)* haben die Ärzte in Gebrauch, die purpurblühende und die grasartige (Narzisse); letztere ist für den Magen unverträglich und dient daher als Brech- und Abführmittel, schadet den Sehnen, beschwert den Kopf und hat ihren Namen »Narzisse« von *narke* (Betäubung), nicht aber von dem Knaben im Mythos. Die Wurzel beider Arten schmeckt nach Met. Mit etwas Honig ist sie gut bei Verbrennungen, so auch bei Wunden und Verrenkungen; mit Honig aber und Hafermehl ist sie nützlich bei geschwollenen Drüsen; so zieht sie auch Festhaftendes aus dem Körper. In Gerstengraupen und Öl zerrieben, heilt (die Narzisse) Quetschungen und Verletzungen durch Steinwurf. Vermischt mit Mehl, reinigt sie Wunden und beseitigt schwarze Flechten. Aus dieser Blüte bereitet man das Narzissenöl, um Verhärtungen zu erweichen und frosterstarrte Glieder wieder aufzuwärmen; für die Ohren ist es sehr nützlich, führt aber auch zu Kopfschmerzen.

77 n. Chr.

STATIUS

Thebais

Liber VII, 340–342

tu quoque praeclarum forma, Cephise, dedisses
Narcissum, sed Thespiacis iam pallet in agris
trux puer; orbata florem, pater, adluis unda.

um 92 n. Chr.

Thebais

Buch VII, Vers 340–342

Auch du hättest gewiß, Kephissus, den schönen Narzissus
Hergesendet, doch war auf Thespiä's Feldern der stolze
Knab' schon erblaßt: nun netzt nur des Vaters Welle die Blume.

(PSEUDO-)PROBUS

Kommentar zu Vergils Zweiter Ekloge, Vers 48

Die Narzisse, eine Blume, kommt, wie Euzimades mitteilt, von Narcissus, dem Sohn des Amarynthus, der aus Eretria von der Insel Euböa stammte. Er ist allerdings von Euppo ermordet worden; aus dem Blut sind die Blumen, die seinen Namen tragen, hervorgesprossen. Mit Kränzen aus Blumen des Narcissus sollen als erste die Erinnyen bzw. Furien von einem Maler dargestellt worden sein.

Ende 2. Jh. n. Chr. oder später

SERVIUS

Kommentar zu Vergils Zweiter Ekloge, Vers 47

»Blaßgelbe Levkojen«, das heißt: von der Farbe der Liebenden; ebenso Horaz [Oden, 3. Buch, 10. Gedicht, Vers 14]: »und die levkojenfarbene Blässe der Liebenden«, womit er [Vergil] sagt, daß die Nymphen diese den Liebenden ähnlichen Blumen nicht schenken, ohne selbst von Liebesempfinden ergriffen zu sein. Gewiß doch waren Papaver, Narcissus und Anethus, die alle in Blumen ihres Namens verwandelt worden sind, überaus hübsche Jungen. Indem sie [die Najade] ihm [dem schönen Alexis, der in Vergils 2. Ekloge umworben wird] diese Blumen schenkt, mahnt sie ihn gleichsam, nicht eines Tages aus Liebe Gleiches zu erleiden.

bald nach 410 n. Chr.

Narziß.
Zeichnung nach einer verschollenen Gemme.
Römisch

Epigrammata Ausonii de diversis rebus

32 In Echo pictam

Vane, quid adfectas faciem mihi ponere, pictor,
Ignotamque oculis sollicitare deam?
Aeris et linguae sum filia, mater inanis
Indicii, uocem quae sine mente gero.
Extremos pereunte modos a fine reducens,
Ludificata sequor uerba aliena meis.
Auribus in uestris habito penetrabilis Echo:
Et, si uis similem pingere, pinge sonum.

49 Ad Narcissum qui sui ipsius amore captus erat

Si cuperes alium, posses, Narcisse, potiri.
Nunc tibi amoris adest copia, fructus abest.

50 De eodem

Quid non ex huius forma pateretur amator,
Ipse suam qui sic deperit effigiem?

51 De Echo dolente propter mortem Narcissi

Commoritur, Narcisse, tibi resonabilis Echo,
Vocis ad extremos exanimata modos,
Et pereuntis adhuc gemitum resecuta querellis,
Vltima nunc etiam uerba loquentis amat.

4. Jh. n. Chr.

AUSONIUS

Epigramme zu verschiedenen Themen

32 Auf das Bild von Echo

Pinselnder Hohlkopf, was treibt dich, mir ein Gesicht zu verpassen,
und eine Göttin zu müh'n, die noch kein Auge geseh'n?
Ich bin die Tochter der Luft und der Sprache, bin Mutter des leeren
Zeichens und habe doch nur Stimme und keinen Verstand.
Hole die letzten Töne zurück vom ersterbenden Ende,
Folge, zum Spott und zum Spaß, Worten, die meine nicht sind.
In euren Ohren wohn' ich, die alles durchdringende Echo:
Willst du nun malen, was mir ähnlich ist, mal' einen Ton.

49 An Narziß, der in Liebe zu sich selbst befangen war

Hättest du gern einen andern gewollt, Narziß, wär' er deiner gewesen.
Jetzt bist an Liebe du reich, hast aber gar nichts davon.

50 Über denselben

Was müßte nicht durch dessen Schönheit ein Liebender leiden,
Liebt doch schon dieser selbst sterblich das eigene Bild.

51 Echos Kummer über den Tod des Narziß

Mit dir, Narziß, stirbt gemeinsam die widerhallende Echo,
Die mit dem letzten Ton auch ihre Seele verhaucht,
Sie wiederholt noch bis heute des Sterbenden Seufzen mit Klagen,
Und dabei liebt sie auch jetzt das, was zuletzt er noch sprach.

CLAUDIAN

De raptu Proserpinae

Liber II, 131–136

te quoque, flebilibus maerens Hyacinthe figuris,
Narcissumque metunt, nunc incluta germina veris,
praestantes olim pueros: tu natus Amyclis,
hunc Helicon genuit; te disci perculit error,
hunc fontis decepit amor; te fronte retusa
Delius, hunc fracta Cephisos harundine luget.

nach 396 n. Chr.

ANTHOLOGIA LATINA

Carmina Codicis Salmasiani

Salm 135

Anonymi

De Narcisso

Ardet amore sui flagrans Narcis[sus] in undis,
cum modo perspicua se speculatur aqua.

Salm 136

Anonymi

Aliter

Suspirat propriae Narcissus gaudia formae,
quem scrutata suis vultibus unda domat.

Der Raub der Proserpina

Buch II, Vers 131–136

Ihr auch werdet gepflückt, Hyacinth, in schmerzlichen Zeichen
Trauernd, auch Narciß, jetzt herrliche Sproßen des Frühlings,
Vormals Knaben der schönsten Gestalt! Amyclä gebar dich,
Helicon's Sohn war Er. Dich tödtete fehlend der Discus;
Sein Verderb war Liebe des Quells. Mit düsterer Stirne
Trauert Apoll; im Schmerze zerrauft Cephissus den Schilfkranz.

Epigramme aus dem Codex Salmasianus

135

Unbekannter Autor

Narziß

Brennend vor Liebe zu sich entflammt Narziß in den Wogen,
Als im durchscheinenden Naß er seinen Widerschein sieht.

136

Unbekannter Autor

Das gleiche Thema

Seufzend vor Wonne erfreut sich Narziß der eigenen Schönheit,
Mit dem eig'nen Gesicht hält ihn die Woge im Bann.

Salm 210

Anonymi

De Narcisso

Se Narcissus amat captus lenonibus undis;
cui si tollis aquas, non est ubi saeviat ignis

um 500 n. Chr.

Salm 259

Pentadi

[De Narcisso]

Cui pater amnis erat, fontes puer ille colebat
   laudabatque undas, cui pater amnis erat.
se puer ipse videt, patrem dum quaerit in amne,
   perspicuoque lacu se puer ipse videt.
quod Dryas igne calet, puer hunc inridet amorem
   nec putat esse decus, quod Dryas igne calet.
stat, stupet, haeret, amat, rogat, innuit, aspicit, ardet,
   blanditur, queritur, stat, stupet, haeret, amat.
quodque amat ipse facit vultu, prece, lumine, fletu;
   oscula dat fonti, quodque amat ipse facit.

Salm 260

Eiusdem

[Aliter]

Hic est ille suis nimium qui credidit undis,
   Narcissus, vero dignus amore puer.
cerne sub inriguo repetentem gramine ripas,
   ut per quas periit crescere possit aquas.

3./4. Jh. n. Chr.

210

Unbekannter Autor

Narziß

Selbstverliebt ist Narziß, ein Opfer betörender Wogen;
Nähmest du ihm das Wasser, sein Feuer entbehrte der Nahrung.

259

Pentadius

Narziß

Er war der Sohn eines Stroms: jener Knabe bewohnte die Quellen,
  Mit den Wogen vertraut: er war der Sohn eines Stroms.
Selbst sieht der Knabe sich an, als im Strom er sucht seinen Vater,
  Und im glasklaren See selbst sieht der Knabe sich an.
Daß eine Nymphe entbrannt, diese Liebe verspottet der Knabe,
  Denkt, es schicke sich nicht, daß eine Nymphe entbrannt.
Still steht er, stutzt, stockt verliebt, bittet, winkt, wirft glühende Blicke,
  Schmeichelt, jammert und klagt, still steht er, stutzt, stockt verliebt.
Und was er liebt, macht er selbst durch Mienenspiel, Bitten und Weinen;
  Küsse gibt er dem Quell, und was er liebt, macht er selbst.

260

Vom selben Autor

Das gleiche Thema

Hier siehst du den, der zu sehr den eigenen Wogen vertraute,
  Wahrhaft liebenswert: lieblicher Knabe Narziß.
Sieh', wie im feuchten Gras er trachtet, die Ufer zu finden,
  Um durch das Wasser, das ihn tötete, Leben zu zieh'n.

Narzissenbekränzter Narziß mit Eros. Pompejanisches Wandgemälde. 69/79 n. Chr.

IV

Philosophie und Moral: Narziß als Exemplum. Warnung vor Eitelkeit und Selbstliebe

Eigen Lieb

Das du Narcis also vergafft
An deinr farb bist gwesn und verhafft
Daß bist worden zum Rößlin toll
Welches jederman kennet wol
Eigen Lieb ist Glehrter Leut seucht
Verderbnuß abnemmen on deucht
Dadurch jr vil seind gangn zu grundt
Und gehn darzu auch noch all stundt
Welche der alten weiß und lehr
Verwerffen und nemmen neuw her
Und lehrnen nur jr fantasey
Sonst ist nichts hinder jn danns gschrey.

Andreas Alciatus

(in der deutschen Nachdichtung von Held, 1567)

Giovanni Marquale: Eigenliebe. Druck nach einem Emblem von Alciatus. 1551

PLATON

Gesetze V 731d–732b

Das größte Übel: die Selbstliebe

Das größte von allen Übeln aber ist den meisten Menschen in der Seele eingeboren, das jedermann sich selbst verzeiht und daher nicht auf Mittel sinnt, ihm zu entrinnen. Es ist das, was man mit der Behauptung meint, daß jeder Mensch von Natur sich selbst lieb und wert ist und daß es in der Ordnung ist, daß er so sein muß. In Wahrheit aber wird dies für jeden jederzeit zur Ursache aller Fehltritte wegen der übergroßen Selbstliebe. Denn der Liebende wird blind für das, was er liebt,* so daß er das Gerechte, das Gute und das Schöne falsch beurteilt, weil er das Seine stets höher als das Wahre schätzen zu müssen meint; denn nicht sich selbst noch das Seine muß derjenige lieben, der ein großer Mann werden will, sondern das Gerechte, mag es nun bei ihm selbst oder bei einem andern mehr geübt werden. Von eben diesem Fehler rührt auch der her, daß die eigene Unwissenheit allen als Weisheit erscheint; die Folge ist, daß wir, während wir, genau gesagt, gar nichts wissen, dennoch alles zu wissen glauben, und weil wir nicht anderen das, was wir nicht verstehen, auszuführen überlassen, begehen wir unvermeidlich Fehler, wenn wir es selbst ausführen.** Darum muß jeder Mensch die allzu große Selbstliebe meiden und stets demjenigen nachstreben, der besser ist als er, ohne irgendeine Scham hierbei vorzuschützen.

347/340 v. Chr.

* Vgl. die humorvolle Schilderung rep. V 474 d e.
** Vgl. IX 863 c und apol. 21 c d. 23 a. 29 a 7/8; Men. 84 a–c; symp. 204 a; Phaidr. 275 b 1–3; Theait. 210 c 3/4; soph. 229 c.

ARISTOTELES

Nikomachische Ethik I 8 1168a28–36, 1168b11–1169a15

Die Liebe zu sich selbst

Man kann auch darüber im Zweifel sein, ob man sich selbst am meisten lieben soll oder einen anderen. Gemeinhin hat man für die, die am meisten sich selbst lieben, nur Tadel und wirft ihnen den Fehler der Eigenliebe vor. Auch scheint der Schlechte alles um seiner selbst willen zu tun, und je nichtswürdiger er ist, desto mehr, und man klagt ihn an, daß er nichts tut, als was ihm Vorteil bringt. Der Rechtschaffene dagegen wird in seinem Tun durch das sittlich Schöne bestimmt, um so mehr, je edler er ist, ferner durch die Rücksicht auf den Freund, während er das eigene Interesse hintansetzt. […]

Vielleicht muß man bei diesen und ähnlichen Raisonnements unterscheiden und angeben, wieweit und inwiefern sie richtig sind. Die Sache läßt sich leicht ins reine bringen, wenn wir den Begriff der Selbstliebe betrachten und uns fragen, was sich beide Seiten darunter denken. Die eine Seite legt die Selbstliebe in tadelndem Sinn denen bei, die für sich selbst an Geld, Ehre und sinnlicher Lust zu viel beanspruchen. Denn das sind die Dinge, nach denen der große Haufen begehrt, und um die er sich ereifert und bemüht, als wären sie die höchsten Güter, weshalb auch beständiger Streit um sie ist. Die nun von den genannten Dingen nie genug haben können, sind willfährige Knechte ihrer sinnlichen Lüste und überhaupt ihrer Leidenschaften und des vernunftlosen Seelenteils. Das ist aber der Charakter der meisten Menschen, weshalb man auch die fragliche Bezeichnung von der großen Menge und ihrer Schlechtigkeit hergenommen hat; und so trifft denn die Selbstliebe in diesem Sinne gerechter Tadel. Daß das Volk bei denen von

Selbstliebe zu reden pflegt, die in diesem Sinne auf sich bedacht sind, ist nicht zu verkennen. Denn wenn jemand immer eifrig bemüht sein sollte, selbst mehr als alle anderen die Werke der Gerechtigkeit, der Mäßigkeit oder sonst einer Tugend zu üben, und wenn er überhaupt das sittlich Schöne immer für sich in Anspruch nähme, so würde bei einem solchen Mann niemand von Selbstliebe reden und niemand ihn tadeln. Und doch kann man sagen, daß er diese Eigenschaft noch in höherem Grade besitzt. Beansprucht er doch für sich das Schönste und Beste, dient gern dem vornehmsten Teil seines Selbst und gehorcht ihm in allem. So wie nun das vornehmste Stück eines Staates oder sonst eines geordneten Ganzen am meisten der eigentliche Staat und das eigentliche Ganze ist, so ist es auch beim Menschen. Und so ist denn auch der am meisten ein Liebhaber seiner selbst, der diesem seinem vornehmsten Teil in Liebe ergeben und willfährig ist. Auch sprechen wir dem Menschen Selbstbeherrschung zu oder ab, je nachdem die Vernunft in ihm herrscht oder nicht, als wäre diese sein eigentliches Sein. Und ebenso gilt das am meisten als von uns und freiwillig getan, was wir mit vernünftiger Überlegung getan haben. Es ist also unverkennbar, daß dieses, die Vernunft, der Mensch ist, es wenigstens am meisten ist, und der tugendhafte Mann sie am meisten liebt. Daher ist er am meisten ein Liebhaber seiner selbst, freilich nach einer anderen Art als jener schimpflichen, von der die seine so verschieden ist wie das Leben nach der Vernunft von dem Leben nach der sinnlichen Leidenschaft, und wie das Streben nach sittlichen Zielen von dem Streben nach scheinbarem Vorteil.

Diejenigen nun, die bemüht sind, sich in edlen Taten auszuzeichnen, finden Billigung und Lob bei jedermann. Würden aber alle um die Wette nach Sittlichkeit streben und bemüht sein, das Beste zu tun, so hätte nicht nur die Gesamtheit alles, was ihr not tut, sondern es wäre auch jeder einzelne für sich im Besitz der größten Güter, wenn anders die Tugend ein solches hervorragendes Gut ist. Daher soll der Gute die Selbstliebe besitzen, da es ihm selbst und anderen nützen wird, wenn er, von dieser Liebe getrieben, das sittlich Schöne vollbringt; der Schlechte aber soll sie nicht besitzen, da er sonst schlimmen Leidenschaften folgen und sich und seine Umgebung in Schaden bringen wird. [...]

bis 322 v. Chr., allem Anschein nach dem letzten Lebensabschnitt des Autors zugehörig

---

ΠΛΟΤΙΝΟΥ

Περὶ τοῦ καλοῦ

[...] πῶς τις θεάσηται κάλλος ἀμήχανον οἷον ἔνδον ἐν ἁγίοις ἱεροῖς μένον οὐδὲ προιὸν εἰς τὸ ἔξω, ἵνα τις καὶ βέβηλος ἴδῃ; ἴτω δὴ καὶ συνεπέσθω εἰς τὸ εἴσω ὁ δυνάμενος, ἔξω καταλιπὼν ὄψιν | ὀμμάτων μηδ' ἐπιστρέφων αὐτὸν εἰς τὰς προτέρας ἀγλαίας σωμάτων. ἰδόντα γάρ δεῖ τὰ ἐν σώμασι καλὰ μήτοι προστρέχειν, ἀλλὰ γνόντα ὥς εἰσιν εἰκόνες καὶ ἴχνη καὶ σκιαὶ φεύγειν πρὸς ἐκεῖνο οὗ ταῦτα εἰκόνες. εἰ γάρ τις ἐπιδράμοι λαβεῖν βουλόμενος ὡς ἀληθινόν, οἷα εἰδώλου | καλοῦ ἐφ' ὕδατος ὀχουμένου ὁ λαβεῖν βουληθείς, ὥς πού τις μῦθος, δοκῶ μοι, αἰνίττεται, δὺς εἰς τὸ κάτω τοῦ ῥεύματος ἀφανὴς ἐγένετο – τὸν αὐτὸν δὴ τρόπον ὁ ἐχόμενος τῶν καλῶν σωμάτων καὶ μὴ ἀφιεὶς οὐ τῷ σώματι, τῇ δὲ ψυχῇ καταδύσεται εἰς σκοτεινὰ καὶ ἀτερπῆ τῷ νῷ βάθη, ἔνθα | τυφλὸς ἐν Ἅιδου μένων καὶ ἐνταῦθα κἀκεῖ σκιαῖς συνέσται.

entstanden 254/270 n. Chr.,
*postum herausgegeben von Porphyrios (*301/04)*

PLOTIN

Enneaden I 6, 8: Das Schöne

[...] Wie kann man eine überwältigende Schönheit erschauen, die gleichsam drinnen bleibt im heiligen Tempel und nicht nach außen hinaustritt daß sie auch ein Uneingeweihter sehen könnte? So mache sich denn auf und folge ihr ins Innere wers vermag, und lasse das mit Augen Gesehene draußen und drehe sich nicht um nach der Pracht der Leiber wie einst. Denn wenn man Schönheit an Leibern erblickt, so darf man ja nicht sich ihr nähern, man muß erkennen daß sie nur Abbild Abdruck Schatten ist, und fliehen zu jenem von dem sie das Abbild ist. Denn wenn einer zu ihr eilen wollte und sie ergreifen als sei sie ein Wirkliches, so geht es ihm wie Jenem – irgendeine Sage, dünkt mich, deutet es geheimnisvoll an: der wollte ein schönes Abbild, das auf dem Wasser schwebte, greifen, stürzte aber in die Tiefe der Flut und ward nicht mehr gesehen: ganz ebenso wird auch, wer sich an die schönen Leiber klammert und nicht von ihnen läßt, hinabsinken nicht leiblich aber mit der Seele in dunkle Tiefen die dem Geiste zuwider sind; so bleibt er als Blinder im Hades *(im Dunkel)* und lebt schon hier wie einst dort nur mit Schatten zusammen.

ANONYMER MYTHOGRAPH

Excerpta Vaticana IX

Über Narkissos

Es heißt von ihm, er habe in einer Quelle seinen Schatten gesehen und sich in Liebe verzehrt, woraufhin er ins Wasser sprang, um darin den Schatten zu umarmen, und so sei er ertrunken. Das stimmt aber nicht. Er ertrank nämlich nicht im Wasser, sondern da er in der unsteten Natur des leiblichen Körpers seinen Schatten, also im Körper das Leben sah, das ja das äußerliche Erscheinungsbild der Seele ist. Sie trachtete er zu umarmen so wie eine Verwandte, das heißt, er liebte ein Leben, das sich an ihr orientierte, und dabei ertrank er als einer, der die wahre Seele zugrunde gerichtet hat, was das gleiche bedeutet wie das wahre ihm gewährte Leben. Daher auch das Sprichwort, das da lautet [Phaidon 101D]: »Aus Angst vor dem eigenen Schatten …«. Es lehrt nämlich, daß man auf der Hut davor sein soll, daß das Trachten nach dem Äußerlichen als dem Höchsten uns zum Verderben der Seele führt, also zum Verlust der wahren Erkenntnis der Dinge und der ihr wesenseigenen Vollkommenheit.

Soweit der Kommentator zu den Sprichwörtern bei Platon.

vermutlich 7. Jh. n. Chr.

ARNULF VON ORLÉANS

Allegorische Deutungen von Ovids Metamorphosen

Buch III, Vers 5–6

Narcissus, ein recht hübscher Junge, gefiel vielen, am meisten Echo. Weil er sie verschmähte, verbarg sie sich vor Kummer und wurde zu Stein. Danach erblickte er seinen Schatten und wurde von Liebe zu sich selbst betört. Weil er seines Schattens nicht habhaft werden konnte, verzehrt er sich vor Kummer, bis er schließlich zur Blume geworden ist.

In Wahrheit können wir in Narcissus erfassen, was Hochmut ist, der zwar vielen gefällt, am meisten aber demjenigen gefällt, der hochmütig ist. In Echo können wir erfassen, worin für die Menschen der Ruhm besteht. Er würde den Hochmütigen lieben und mit Schmeichelreden in den Himmel heben, wenn selbiger sich nicht über alle stellte und den Ruhm verschmähte. Also weil der Ruhm verschmäht wurde, verbarg er sich und sagte nichts Gutes über den Hochmütigen. Und daß Echo zu Stein geworden ist, wird deshalb gesagt, weil dort, wo Felsen sind, ihr Widerhall besser zu hören ist als anderswo. Daß Narcissus jedoch den eigenen Schatten geliebt hat, wird deshalb gesagt, weil er die eigene Vollkommenheit über alles andere gestellt hat. Davon ist er betört gewesen und ist, als er durch dieses Betörtsein schon keinerlei Regung mehr fähig war, zur Blume geworden, das heißt, zu etwas Unnützem, denn er ist rasch nach Art einer Blume vergangen.

12. Jh.

ALEXANDER NECKAM

Von der Natur der Dinge

Buch I, Kap. 22

Die Stimme: Über das Echo

Viele hat auch eine gewisse Wißbegier veranlaßt zu fragen, was es mit dem Echo auf sich hat. An sich ist das Echo nichts anderes als eine Art von Widerhall der Luft, die beim Rückprall eines ausgestoßenen Lautes auftritt. Die zurückgeworfene Luft, die zurückkommt wegen des Hindernisses, vor dem der Luftstrom stoppt, läßt demnach nur den Klang des letzten Lautes hörbar werden. Das Echo aber steht für gewisse Leute, die allzu redeversessen sind, insbesondere für jene trefflichen Auftrumpfer, die gern das letzte Wort haben. Ach wie übel vergehen sie sich an jener Weisheit des großen Salomo, von der zu lesen ist in *Prediger [7,8]*: »Besser ist das Ende einer Rede denn ihr Anfang.« Und nicht ohne Grund heißt es bei den Dichtern, daß Echo in Liebe entflammt war zu Narcissus. Narcissus steht nämlich für selbstgefällige Herrlichkeit, die sich von ihrem eigenen Schatten täuschen läßt. Von ihrer eigenen Nichtigkeit nämlich wird die selbstgefällige Herrlichkeit betört, während sie sich zu sehr selbst bewundert und zuviel auf sich hält. In der Quelle aber spiegelt sich des Narcissus Abbild wider, durch das der allzu heftig in sich selbst Verliebte entflammt wird; das bedeutet: indem er erstarrt vor eigener Herrlichkeit, während er an vergänglichen Dingen seinen schattenhaften Abglanz bewundert, erfaßt ihn unglücklich Feuer aus übergroßer Liebe zu sich selbst. Schließlich wird er zu einer Blume, weil die irdische Herrlichkeit sich in Nichts auflöst, und übrig bleibt nur der Name selbst.

vor 1211

Buch II, Kap. 154

Der Spiegel

Lacht dir, o Mensch, die Gunst schmeichelhaften Glückes, schlägt dir Wohlwollen überall entgegen, so denke immer daran, daß du vergänglich bist. Besitzt du den Liebreiz einer schönen Gestalt, sieh dich vor, daß du nicht wie Narcissus von der eigenen Schönheit genarrt wirst. Glaube mir, dein Körper wird nicht wie bei Narcissus zu einer Blume, sondern er wird zu Asche werden. Willst du also in den Spiegel sehen, um zu erfahren, wie es um dich steht, dann sieh in die Schädelplatte eines schon verwesten und wieder zu Staub gewordenen Menschen. Präge dir lieber im Krankenhaus das Angesicht deines Bruders ein, der seinem Schicksal nachgibt, und bedenke deine letzten Dinge. Der sterbende Bruder möge dein Spiegel sein, in ihm mögest du deiner selbst inne werden.

vor 1211

GUILLAUME DE LORRIS

Der Rosenroman

Vers 1439–1510

Narziß war ein Jüngling,
den AMOR in seinen Netzen hielt.
Und so sehr verstand AMOR ihn zu quälen,
so sehr ließ er ihn weinen und klagen,
daß er darob seinen Geist aufgeben mußte;
denn ECHO, eine vornehme Dame,
hatte ihn über alles geliebt

und wurde doch seinetwegen so übel mitgenommen,
daß sie ihm sagte, er solle ihr
seine Liebe schenken oder sie werde sterben.
Er aber war wegen seiner großen Schönheit
voller Verachtung und Stolz,
und mochte sie ihr nicht schenken
auch für alle Tränen und Bitten nicht.
Als sie sich abgewiesen sah,
empfand sie solchen Schmerz und Kummer
und nahm es sich so sehr zu Herzen,
daß sie auf der Stelle starb.
Bevor sie aber starb,
bat sie Gott und erflehte,
der hartherzige Narziß,
den sie so unwillig zu lieben gefunden hatte,
möge seinerseits eines Tages gequält
und von einer solchen Liebe entflammt werden,
von der er keine Freude zu erwarten hätte;
dann könnte er verstehen und erfahren,
welchen Schmerz treue Liebende empfinden,
die man so schmählich zurückweist.
Diese Bitte war vernünftig,
und deshalb ließ Gott sie wirksam sein;
denn Narziß kam zufällig
an die helle und reine Quelle,
als er an einem Tage unter der Kiefer
Schatten suchte, an dem er gejagt
und beim Laufen über Berg und Tal
große Mühsal erlitten hatte,
so daß er sehr durstig war wegen der strengen
Hitze und der Müdigkeit,
die ihm den Atem genommen hatte.
Als er an die Quelle kam,
die die Kiefer mit ihren Zweigen bedeckte,
gedachte er, dort zu trinken.
Er beugte sich ganz nahe
über die Quelle, um aus ihr zu trinken,
da sah er in dem klaren und reinen Wasser

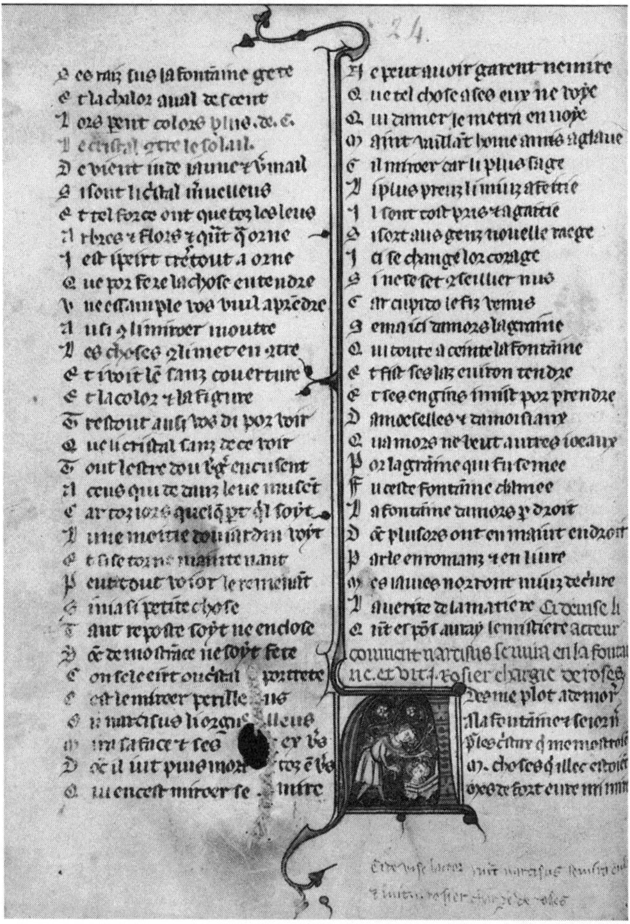

Französische Ausgabe des Rosenromans, fol. 12 v. Textseite mit Initiale A. 1330/1340

sein Gesicht, seine Nase und seinen Mund;
plötzlich war er sehr erstaunt,
denn sein Spiegelbild täuschte ihn so sehr,
daß er glaubte, die Gestalt
eines überaus schönen Knaben zu sehen.
Da wußte AMOR sich wohl zu rächen
für den großen Stolz und den Widerstand,
den Narziß ihm entgegengesetzt hatte.
Da wurde ihm richtig heimgezahlt,
denn er blickte so lange in die Quelle,
daß er sich in sein eigenes Spiegelbild verliebte
und schließlich daran starb:
Das war das Ergebnis,
denn als er sah, daß er nicht
erreichen konnte, was er wünschte,
und doch so fest gefangen war,
daß er auf keine Art und Weise
Hilfe finden konnte,
da verlor er vor Kummer ganz den Verstand
und starb in kurzer Zeit.
So erhielt er von dem Mädchen,
das er früher zurückgewiesen hatte,
seine Vergeltung und seinen Lohn.
Lernt von diesem Beispiel, Ihr Frauen,
die Ihr Eure Freunde schlecht behandelt;
denn wenn Ihr sie sterben laßt,
wird Gott Euch das wohl vergelten lassen.

etwa 1230/1240

HEINRICH VON MORUNGEN

Mir ist geschehen als einem kindelîne

Mir ist geschehen als einem kindelîne,
  daz sîn schoenez bilde in einem glase gesach
unde greif dar nâch sîn selbes schîne
  sô vil, biz daz ez den spiegel gar zerbrach.
  Dô wart als sîn wunne ein leitlich ungemach.
Alsô dâhte ich iemer vrô ze sîne,
dô ich gesach die lieben vrouwen mîne,
  von der mir bî liebe leides vil geschach.

Minne, diu der werelde ir vröude mêret,
  seht, diu brâhte in troumes wîs die vrouwen mîn,
dâ mîn lîp an slâfe*n* was gekêret
  und ersach sich an d*er* besten wunne sîn.
  Dô sach ich ir liehten tugende, ir werden schîn,
schoen unde ouch vür alle wîp gehêret,
niuwen daz ein lützel was versêret
  ir vil vröuden rîchez *[rôtez]* mündelîn.

vor 1222

Mir ist es ergangen wie einem kleinen Kinde, das sein reizendes Bild in einem Spiegel erblickte und so lange nach dem eigenen Widerschein griff, bis es endlich den Spiegel ganz zerbrach. Da verwandelte sich all seine Wonne in schmerzliches Leid. So glaubte auch ich, stets froh zu leben, als ich meine geliebte Herrin sah, von der ich Freude, aber auch viel Leid erfuhr.

Die Liebe, die den Menschen ihre Freude mehrt, seht, die brachte, wie es im Traum geschieht, meine Herrin dorthin, wo ich im Schlafe lag und mich im Anblick meiner höchsten Glückseligkeit verlor. Da schaute ich ihre strahlende Vollkommenheit und ihren edlen Glanz, schön und erhabener als alle Frauen, nur ihr rotes Mündchen, sonst Quelle meines Entzückens, war ein wenig verletzt.

Qui conta come Narcis [s']innamorò de l'ombra sua

Narcis fu molto buono e bellissimo cavaliere. Un giorno avenne ch'elli si riposava sopra una bellissima fontana, e dentro l'acqua vide l'ombra sua molto bellissima. E cominciò a riguardarla, e rallegravasi sopra alla fonte, [e l'ombra sua facea lo simigliante]. E così credeva che quella ombra avesse vita, che istesse nell'acqua, e non si accorgea che fosse l'ombra sua. Cominciò ad amare e a innamorare sì forte, che la volle pigliare. E l'acqua si turbò; l'ombra spario; ond'elli incominciò a piangere. E l'acqua schiarando, vide l'ombra che piangea. Allora elli si lasciò cadere ne la fontana, sicché anegò.

Il tempo era di primavera; donne si veniano a diportare alla fontana; videro il bello Narcis affogato. Con grandissimo pianto lo trassero della fonte, e così ritto l'appoggiaro alle sponde; onde dinanzi allo dio d'amore andò la novella. Onde lo dio d'amore ne fece nobilissimo mandorlo, molto verde e molto bene stante, e fu ed è il primo albero che prima fa frutto e rinnovella amore.

1281/1300

Wie Narziß sich in sein Spiegelbild verliebte

Narziß war ein trefflicher Ritter von schöner Gestalt. Als er sich einmal an einem kristallklaren Bach ausruhte, erblickte er im Wasser seine schöne Gestalt im Spiegelbild. Er betrachtete sie und freute sich an ihr (wie die Gestalt im Wasser an ihm). Er war überzeugt, daß jene Gestalt lebendig wäre und im Wasser gegenwärtig und nicht nur sein Schatten. Er verliebte sich in sie und wurde von einer solchen Leidenschaft gepackt, daß er nach ihr greifen wollte. Doch das Wasser trübte sich, die Gestalt verschwand, und er begann zu weinen. Als das Wasser wieder klar wurde, sah er auch sein Spiegelbild weinen. Da stürzte er sich in das Wasser und ertrank.

Es war in der Frühlingszeit. Frauen gingen an dem Bach spazieren und fanden den ertrunkenen Narziß. Unter vielen Tränen zogen sie ihn aus dem Bach und setzten ihn aufrecht an die Uferböschung. Die Nachricht vom Tode des Narziß drang bis zu Gott Amor. Und Gott Amor verwandelte ihn in einen schönen, grünblättrigen und gut gewachsenen Mandelbaum; es ist derjenige Baum, der als erster im Frühling blüht und zur Liebe einlädt. Und so ist es noch heute.

Pseudo-Boltraffio. Narziß. Gemälde. 1490/1499

[Ovide Moralisé]

Allegorisch gedeuteter Ovid

Buch III, Vers 1464–1524

[...]
– Echo, sofern die Schrift nicht trügt,
Des Menschen guten Ruf bezeugt,
Worüber Juno zeigt sich hoch erfreut.
Juno hat allen Menschen kundgemacht,
Daß sie die Missetäter überwacht

Und sorgt, daß sie die Taten offenlegt,
Denn viele hat man schon entdeckt,
Die es stets tun von neuem, es sei denn,
Sie verlören ihr hohes Ansehn
In der Gesellschaft und die Ehre.
Andere (falls das Wort verstattet wäre)
Gibts, die mit Hinterlist und Fuchses Schläue,
Mit Heuchelei und falscher Treue
Scheinheilig hier auf Erden wandeln,
Aber so schlicht, ja Mitleid heischend handeln,
In Demut tief die Häupter neigen,
Sich ehrenhaft und höchst enthaltsam zeigen,
Daß sie im Ansehn stehen obenan.
Sie dienen ihrer Zeit ruchlos sich an
Mit falschem Ruf, erschlichner Kunde,
Daß sie bestehen in der Menschen Munde;
Von ihrem Leben sagt man, daß es heilig sei,
Indessen sind sie voller Heuchelei,
So daß, gehüllt in frommen Mantel,
Sie falsch und niederträchtig handeln
Und fein verschwiegen sind in ihrer Tat;
So wird sie nie und nirgends offenbart,
Noch hat man sie je angeklagt,
Nicht einmal ausgesprochen den Verdacht,
Denn es verdeckt ihr guter Ruf
All ihre Bosheit, ihrer Taten Muff,
So daß sie nicht desavouiert
Dastehn, vor ihrer Zeit blamiert.
Die Nymphe Echo hat das Wort gericht'
An keinen, der sie nicht zuerst anspricht;
Denn niemals darf man hohes Ansehn
Auf Erden einem Menschen zugestehn,
Der nicht zuvor ein gutes Werk getan,
Das im Gedenken aufbewahrt sein kann,
Geeignet, ehrenvoll ihn zu erwähnen.
Narziß, dem anständigen, wunderschönen
Wär alles Ansehn seiner Zeit verblieben,
Hätt er's nicht abgelehnt, Echo zu lieben;

Indessen war er so von Stolz erfüllt,
Seelisch entleert, berückt vom eignen Bild,
Daß er den guten Ruf der Zeit verlor.
Wegen der eignen Schönheit wollt der Tor
Die andern mit Verachtung strafen;
Das konnt ihm guten Ruf nicht schaffen,
Kaum hatte er sich umgeblickt,
War ausgelöscht sein Ansehn und erstickt.
Doch Echo ward in körperlosen Klang verwandelt;
Ansehn ist leerer Schall, wie Wogenbranden:
Denn einen guten Ruf kann niemand sehen,
Es bleibt die Red allein bestehen,
Welche die Menschen unter sich verbreiten:
Man hört im Wald sie, in der Täler Weiten,
Ja, widerhalln hört man davon die Orte,
So laut man selbst ruft (wahr sind meine Worte):
Es scheint, als ob da eine Stimme Bahn sich bricht,
Die alles, was man sagt, zu Ende spricht.
[...]

vom Beginn des 14. Jh. (1328 zum ersten Mal erwähnt)

GIOVANNI BOCCACCIO

Genealogie der Göttergeschlechter

Buch VII, Kap. 59

Narcissus, der Sohn des Cephisus

Narcissus war der Sohn von Cephisus und der Nymphe Liriope, wie Ovid deutlich macht. Es heißt bei ihm [Metamorphosen III 341–346]: »Als erste faßte die bläuliche Liriope Vertrauen zu den Wahrsagungen [des Tiresias] und stellte sie auf die Probe. Einst hat Cephisus sie durch aufwallenden Fluß geschwängert, als er in seinen Wogen der Umschlossenen Gewalt antat. Aus prallem Leib hat die schönste Nymphe einen Sohn geboren, den man damals auch schon liebgewinnen konnte, und sie nennt ihn Narcissus ...« Von diesem Narcissus nun berichtet ebenfalls Ovid die weithin bekannte Mär. Es heißt nämlich bei ihm, daß Narcissus gleich nach der Geburt zum Seher Tiresias gebracht worden sei, damit er Aufschluß über den Verlauf seines Lebens erhalte. Der antwortete denen, die die Auskunft einholten: der Junge werde so lange leben, wie er hinauszögert, daß er sich erblickt. Dieser Spruch wurde von denen, die ihn hörten, zwar zunächst verlacht, aber letztlich blieb seine Erfüllung nicht aus. Denn nachdem er zu einem jungen Mann von einzigartiger Schönheit herangewachsen war, wurde er Jäger, und viele Nymphen begehrten ihn, am meisten jedoch Echo, die Nymphe vom Parnaß. Da er sich aber durch kein Flehen erweichen ließ und sich gegenüber allen, die sich nach ihm verzehrten, abweisend verhielt, haben die Nymphen durch ihr Bitten bewirkt, was innerhalb gering bemessener Frist eintrat. Eines Tages nämlich, als er von mühsamer Jagd und Mittagsglut matt abseits in ein erquickendes Tal gelangt war, beugte er sich durstig über einen klaren Quell. Da erblickte er sein eigenes Abbild, dessen er zuvor nicht ansichtig geworden war, und vermeinte, es sei die Quellnymphe. Sogleich war er von der Schönheit angetan, ja, überwältigt. Weil er aber nicht zu berühren vermochte, was er glaubte, berühren zu können, und durch irres Verlangen sich selbst bannte, klagte er lange, bis er in Ohnmacht fiel und am selben Ort vor Hunger verging. Dann wurde er durch das Mitleid der Nymphen in die Blume gleichen Namens verwandelt.

Dieser Fabelei läßt sich ein moralischer Sinn entnehmen. Denn die ausschließlich Letztgesagtes sagende Echo ist in meinen Augen der Ruhm, der einen jeden Menschen liebt gewissermaßen als die Sache, durch die er in Erscheinung tritt. Ihn fliehen viele und achten ihn gering, indem sie in den Wassern, das heißt in irdischen Genüssen, die genau wie das Wasser zerrinnen, sich bzw. ihren Ruhm sehen. Dabei werden sie so sehr von ihren Begierden überwältigt, daß sie, ohne ihren Ruf zu bedenken, wenig später sterben, als hätte es sie nie gegeben. Und sofern von ihrem Namen etwas bleibt, wird er in eine Blume verwandelt, die am Morgen purpurn leuchtet, abends jedoch welk wird und unansehnlich und sich in nichts auflöst. So und in dieser Art scheinen sie bis an die Schwelle ihres Grabes etwas Gleißendes an sich zu haben, das jedoch dahingeht, sobald erst das Grab geschlossen ist, und samt Namen vergessen wird.

um 1360

MARSILIO FICINO

Über die Liebe oder Platons Gastmahl

Sechste Rede, 17. Kap.

Das Verhältnis zwischen der Schönheit Gottes, des Engels, der Seele und des Körpers

[...] Das Sonnenlicht im Wasser ist nur ein Schatten neben dem helleren Lichte in der Luft, und dieses ist nur ein Schatten im Vergleich zu dem Lichte im Feuerelement. Dieses wiederum ist nur ein Schatten neben dem Licht der Sonne, welches in der Sonne selbst erstrahlt. Das gleiche Verhältnis besteht zwischen den vier Schönheiten: des Körpers, der Seele, des Engels und Gottes. Gott kann niemals solcher Täuschung unterliegen, daß er den Schatten seiner Schönheit in dem Engel liebt und seine eigene wirkliche Schönheit vergißt. Ebensowenig ist der Engel jemals in dem Maße von der Schönheit der Seele, welche ja

Girolamo Mocetto: Narziß. Tafelbild zur Dekoration einer Zimmerdecke. 1497/1531

sein Schatten ist, hingerissen, daß er in der Anschauung dieses seines Schattens die eigene Gestalt hintenansetzt. So aber handelt unsere Seele, und dies ist sehr zu beklagen, weil es der Ursprung unseres Elends ist. Allein die Seele, sage ich, fühlt sich derart von dem Reiz der Körperlichkeit angezogen, daß sie ihre eigene Schönheit außer acht läßt und, ihrer selbst vergessend, sich mit Inbrunst der Form des Körpers hingibt, welche doch nur der Schatten ihrer eigenen Schönheit ist. Daher das grausame Schicksal des Narkissos, welches Orpheus besingt! Daher das beklagenswerte Mißgeschick der Menschheit!

Der Jüngling Narkissos, d.i. die Seele des unbesonnenen und unerfahrenen Menschen, hat nicht acht auf das eigene Antlitz; dies bedeutet: sie mißachtet die eigene Substanz und das eigene Vermögen. Statt dessen geht er seinem Schatten im Wasser nach und sucht ihn zu umarmen; das bedeutet: die Seele staunt die Schönheit in dem gebrechlichen Körper, die gleich dem Wasser dahinschwindet, an, obwohl diese nur das Schattenbild der

Seele ist. Seine eigene Gestalt läßt er im Stich und kann doch den Schatten nie ergreifen: indem die Seele dem Körper nachgeht, gibt sie sich selbst auf und findet doch durch die Gemeinschaft mit dem Körper keine Befriedigung; denn in Wirklichkeit trägt die Seele kein Verlangen nach dem Körper, sondern sehnt sich, wie Narkissos, nach ihrer eigenen Schönheit, da ja die körperliche Form, welche sie lockt, nur das Abbild ihrer Schönheit ist. Sie gewahrt ihren Irrtum nicht und kann deshalb, indem sie einem anderen Gegenstand, als dem erwünschten, nachgeht, nie ihr Sehnen stillen. Darum löst er sich in Tränen auf, das bedeutet: nachdem die Seele sich selbst entsunken und in den Körper hinabgetaucht ist, wird sie von verhängnisvollen Störungen heimgesucht; mit körperlicher Unreinheit besudelt, erstickt sie gleichsam und stirbt hin, indem sie fortan mehr als Körper denn als Seele erscheint. Weil aber Diotima den Sokrates vor diesem Tode bewahren wollte, führte sie ihn vom Körper zur Seele, von der Seele zum Engel und vom Engel zu Gott zurück.

entstanden nach 1447, Erstdruck 1496

STEPHANUS PASCHASIUS

Iconum Liber: Narcissus

Nymphas despexi; Narcissi vnius amore
  Flagraui, atque amor hic, corporis vmbra fuit.
Flos tandem factus: miraris? nempe breuis flos.
  Quin vmbra est, quicquid vanus ineptit Amor.

16. Jh.

Buch der bildlichen Darstellungen: Narziß

Nymphen verschmähte ich schnöde, allein für Narcissus entbrannte
ich in Liebe, doch sie galt einem Schattenspiel nur.
Endlich wurde ich Blume: verwundert's? Blumen sind flüchtig.
Treibt doch bloß Schattenspiel Amor in sinnlosem Tun.

MICHAELIS HOSPITALIS

De amore et ignoratione sui

Quid narrata vel hæc, vel fabula denotat illa?
Dum vitreo se fonte videt Narcissus, & ardet
Protinus adspecta florentis imagine formæ.
Quæ res exitio fuit illi, atque omnibus olim
Semper erit, similis quoscunque agitauerit error.

16. Jh.

Über die Liebe und Unkenntnis seiner selbst

Was will uns diese Erzählung, will jene Geschichte bedeuten?
Als Narziß sich im glasklaren Quell erblickte, entbrannte
Er auf der Stelle beim Anblick blühender Schönheit in Liebe.
Das bedeutete ihm sein Verderben, und so wird es immer
Allen ergeh'n, die ähnlich gearteten Fehlern erliegen.

Michelangelo da Caravaggio: Narziß. Leinwandbild.
Kurz vor 1600

FRANCIS BACON

Von der Weisheit der Alten IV

Narciss
oder Philautia

Narziß war der Überlieferung nach von wunderschöner Gestalt und Anmut, jedoch von unendlichem Stolz und unerträglichem Hochmut erfüllt. Und da er, ebenso wie er sich selbst gefiel, die anderen geringschätzte, lebte er einsam in den Wäldern und widmete sich mit seinen wenigen Begleitern, denen er alles bedeutete, der Jagd. Auch die Nymphe Echo begleitete ihn ständig auf allen Wegen. Bei dieser Lebensweise war es ihm vom Schicksal bestimmt, daß er einst zu einer klaren Quelle gelangte und sich in der Hitze des Mittags bei ihr niederlegte. Da er im Wasser aber sein eigenes Bild erblickt, sich in die Betrachtung seiner selbst vertieft hatte und infolgedessen von Bewunderung hingerissen war, konnte er auf keine Weise von diesem Bild und dieser trügerischen Erscheinung abgelenkt werden, sondern erstarrte in seinem unaufhörlichen Anschauen; und so wurde er schließlich in eine Blume mit seinem Namen verwandelt, welche jeweils vor dem Frühling erschien und den Göttern der Unterwelt, dem Pluto, der Proserpina und den Eumeniden heilig ist.

Diese Fabel scheint die Sinnesart und das Schicksal jener Menschen darzustellen, die sich – sei es wegen ihrer Gestalt oder wegen irgendwelcher anderer Gaben, mit denen die Natur sie ohne die Mitwirkung eigenen Verdienstes geschmückt und ausgestattet hat – selbst maßlos lieben und daran gleichsam zugrunde gehen. Dieser Geisteszustand bringt es nämlich fast immer mit sich, daß sie sich kaum der Öffentlichkeit oder gesellschaftlichen Angelegenheiten zuwenden, da es bei einer solchen Lebensführung zu vielen Nachlässigkeiten und fehlerhaften Handlungen kommen müßte, die ihr Gemüt verwirren und aus dem Gleichgewicht geraten lassen könnten. Daher verbringen sie ihr Leben gewöhnlich zurückgezogen, einsam und in Behaglichkeit, von sehr wenig Auserwählten umgeben, nämlich jenen, die sie überaus zu schätzen und zu bewundern scheinen und allen ihren Äußerungen gleichsam wie ein Echo zustimmen und sich ihnen mit ihrer Rede willfährig erzeigen. Aus dieser Gewohnheit heraus sind sie hochmütig und verdorben, aber dennoch von der Bewunderung ihrer selbst betäubt und von seltsamer Unlust und Trägheit geschlagen, so daß sie geradezu erstarren und jegliche Lebenskraft und Munterkeit verlieren. Verständlicherweise wird die Frühlingsblume als ein Gleichnis für solcherart Charaktere benutzt, da jene in ihren Anfängen blühen und gefeiert werden, im reifen Lebensalter aber die von ihnen geweckte Erwartung enttäuschen und zunichte machen. Dazu gehört, daß jene Blume den unteren Göttern heilig ist, da sich Menschen von solcher Beschaffenheit am Ende zu allem untauglich erweisen. Was aber keinerlei Frucht aus sich hervorbringt, sondern (gleich dem Weg eines Schiffes im Meer) vorübergeht und entschwindet, das war bei den Alten gewöhnlich den Schatten und den unteren Göttern geweiht.

1609

V

Travestie und Burleske: Narziß und Echo als Beispiele für die Torheit der Liebenden

Arnold van Westerhout: Der schöne Narziß.
Spottblatt (Kupferstich). 1687

Eüch Jungfern bitt ich sehr, wollt eüch in mich verlieben;
ich bin der schön Narziß; doch laßt eüch nicht betrüben
die krumme händ und füß: so geht man in meim Land
nach Spannischer Grandez; es ist bey mir kein Schand,
im hintern bloß zu seyn, last eüch auch nicht erschrecken,
wann meine Igel-Börst voll Ungezieffer stecken,
die Meer-Katz ist drum da, daß sie den Kopf mach rein,
drum unterm Manns-Volck ich allein der schönst mag seyn.

LOUIS RICHER

L'Ovide bouffon

Der Tod des in sich selbst verliebten Narziß der in eine Blume seines Namens verwandelt ward

Unter denen, die zu ihm kamen in Massen,
Ihn das Kaffeesieb drehen zu lassen,
War auch die gute Dame Leiriope,
Die bestellte bei ihm Horoskope
Für ihren kleinen Bastard, den Sohn,
Den sie per Zufall empfangen, geborn,
Als Kephissos an seiner Quelle
Sie sich angelte auf der Stelle.
Der pausbäckige Knabe namens Narziß
War ob seiner Schönheit geliebt
So von der Mutter, dem närrischen Wesen,
Daß sie ihn sich zum Abgott erlesen
Und sie den Meister fragte, ob er am Leben
Bliebe und ihm zufiele großes Vermögen.
Der Wahrsager, der ihre Umstände kannte
Und wußte, von welcher Quelle er stammte,
Zeichnete auf ein Stückchen Papier
Ein paar Krakel aus seinem Zauberbrevier
Und sprach zu ihr dann, meine liebe Dame,
Ein langes Leben verheiß ich dem Knaben,
Vorausgesetzt, daß Sie das Eine schaffen:
Er darf sich nicht in die Fratze gaffen.
Diese seltsam anmutende Prophetie
Hielt man für geistreiche Phantasie.
Doch kam allmählich die Zeit heran,
Daß das Söhnchen sich erweisen sollte als Mann,
Denn der Mutter und des Vaters holder Sproß
War schon fast wie die Eltern so groß.
Und im ganzen Land erblickte man nicht
Einen Stutzer mit possierlicherem Gesicht:

Denn schon in der zarten Jugend Blüte
Glich einem Bildnis er erster Güte,
Er hatte nämlich zu jener Zeit
Noch kein einziges Härchen am ganzen Leib.
Die Nymphen all waren in ihn verknallt
Und liefen hinter ihm her durch den Wald.
Die eine hängte sich ihm ans Genick,
Die zweite packte sein bestes Stück
Und vier seinen Hintern, und dann
Ging es im Gänsemarsch munter voran.
Aber die Liebe des schändlichen Schurken
Glich der von Disteln und Essiggurken
Und war noch rauher als zwanzig Striegel;
Er verschmähte die Mädchen und nahm alles so übel,
Daß er wie Beelzebub blitzschnell verschwand,
Sobald er sie auf der Straße fand.
So kam es, daß selbst noch in Mannesjahren
Der Narr die Jungfernschaft wußte zu wahren
Und bald durch die Wälder zu rasen begann
Wie ein echter Werwolf, in Acht und Bann
Schlug er der Menschen honette Reden,
Um mit den Bestien Gesprächs zu pflegen.

1649

PIERRE DU RYER

Ob es Geschichte ist oder nichts weiter als Blasen,
Mit zwanzig Jahren schon starb Narziß;
Und dennoch kann man sich darauf verlassen,
Daß er hunderttausend Sprößlinge hinterließ.

1660

Cornelis (2) Danckerts: Die fünf Sinne (Detail: Gesichtssinn). Zeichnung. Vor 1718

Auf den folgenden vier Seiten:

ISAAC DE BENSERADE

Verwandlungen des Ovid in Rundgedichten

Echo en voix / Echo in eine Stimme
Narcisse en fleur / Narcissus wird in eine Blume verwandelt

Aus den »Metamorphoses d'Ovide en rondeaux, imprimez et enrichis de figures. Die Verwandlungen des Ovidii in Rund-Gedichten oder Rondeaux, überall mit schönen Figuren und einer kurzen Auslegung derselben heraus gegeben«. Nürnberg 1689. – Das Original erschien bereits 1676.

Echo estoit confidente de Jupiter, & elle amusoit Junon par de longs discours, pour donner temps à ce Dieu de faire évader ses Maistresses: la Deesse s'en estant aperceuë, s'en vengea en ne luy laissant que la liberté de redire les derniéres syllabes.

Echo war eine vertraute Freundin des Jupiters/ und hielt die Juno mit langen Geschwätz auf/ um ihme Zeit zu geben/ daß er seine Liebsten auf die Seite bringen könte. Als die Juno solches innen worden/ rächete sie sich solcher Gestalt an ihr/ daß sie ihr mehr Freyheit zu reden nicht überließ/ als nur die letzten Silben nachzusprechen.

Corpus adhuc, non vox erat.

ECHO en voix.

Jusqu'à ce point est-on fourbe & hableuse!
Echo jadis Nymphe peu scrupuleuse
Trompoit Junon d'un caquet assidu,
Lors qu'icy bas Jupiter descendu
Avoit en teste une intrigue amoureuse.
A faire un conte elle estoit merveilleuse,
Pour amuser la Deesse ombrageuse,
Les plus adroits ne l'ont bas entendu.
Jusqu'à ce point.
Qu'elle a changé, depuis la malheureuse
Va répetant dans une roche creuse
es derniers mots d'un discours étendu.
A tel peché tel suplice estoit dû,
Comment reduire une grande parleuse.
Jusqu'à ce point!

Echo in eine Stimme.

Verplaudert seyn / hält man zwar nicht vor Sünden
Doch pflegt es auch / wohl seinen Lohn zu finden.
Die Juno war aus Widerwärtigkeit/
Und Eyfersucht zu Rach und Zanck bereit;
Wenn Jupiter sich ließ die Lieb entzünden.
Als er nun eins recht wolte Lust empfinden/
Bleib Juno fein / durch Echo List / dahinden/
Und suchte nicht. Das hieß zu rechter Zeit
Verplaudert seyn.
Die Juno ließ darauf die Sanftmuht schwinden/
Und stellt es an / der Nymphe Maul zu binden:
Das sie zwar liebt / als nie davon befreyt;
Doch schweigt / und nur was wenigs wiederschreyt.
Izt lobt mans gar / frey nach Gelegenheit
Verplaudert seyn.

Cette mesme Echo aimoit Narcisse qui ne l'aimoit pas, & qui devint amoureux de luy-mesme en se regardan dans une fontaine. Il fut changé en une fleur de son nom.

Eben diese Nymphe Echo liebte den Narcissus/ der sie nicht wieder liebte; derselbe aber ward in sich selber verliebt / als er einsmahls seine Gestalt in einem Brunnen gesehen: und ward zuletzt in eine Blume gleiches Nahmens verwandelt.

NARCISSE en fleur.

Il eſt par tout des gens qui veulent plaire,
Et qui pourtant n'y reüſſiſſent guére;
La pauvre Echo ſe plaignoit aux Echos
De ce malheur quoy qu'en fort peu de mots
Et ſi Narziſſe en eſtoit en colere.
Quoy, diſoit-il, ne me puis-je défaire
De cét objet dont je ne ſçay que faire?
J'ay beau m'enfuir, & luy tourner le dos.
Il eſt par tout.
Vénus en prit une vengeance amere,
Ce beau garçon qui n'aimoit que ſa Mere
Vient à s'aimer aſſez mal à propos,
Et s'aime tant qu'il en perd le repos,
Que l'amour propre eſt un mal ordinaire!
Il eſt par tout.

Narciſſus wird in eine Blume verwandelt.

Zu aller Zeit ſind Leute/ die vor allen
In ihrem Thun ſich ſelbſten nur gefallen.
Die Narrheit nahm auch den Narciſſus ein:
Die Echo nicht / nur ſich liebt' er allein;
Sie aber fühlt' ihr Blut vor Liebe wallen.
Sie kunte zwar vor Schwachheit kaum mehr lallen:
Doch ließe ſie ihr Klagen gern erſchallen/
Und ſuchte Troſt am Hall bey Holtz und Stein;
Zu aller Zeit.
Jedoch umſonſt: Narciſſus ließ ſie hallen;
Er fragte nichts nach Lippen von Corallen.
Er ward verliebt in ſeinen Wiederſchein;
Und gar zur Blum. Diß kan die Lehre ſeyn:
Man flieh den Stoltz / wie Ottern-Gift und Gallen/
Zu aller Zeit.

JEAN-JACQUES ROUSSEAU

Narziß oder Wer sich selbst liebt

Komödie

8. Szene

ANGELIQUE: Nicht bei Verstand muß ich sein! Mein Herz kommt nicht zur Ruhe, und mein Geist gibt sich mit Possen ab. Ach, womöglich wird Valères Treulosigkeit im nächsten Augenblick zur Gewißheit! Vielleicht weiß er alles, vielleicht schämt er sich, daß es uns geglückt ist, ihn hineinzulegen, und er schenkt sein Herz jemand anderem. So sind die Männer: Je mehr sie im Unrecht sind, desto unbeherrschter ihre Rache. Doch da kommt er ja, ganz versunken in sein Porträt.*

9. Szene

ANGELIQUE, VALERE

VALERE *ohne Angélique zu bemerken:* Ich laufe hierhin und dorthin, ohne zu wissen, wo ich das reizende Ding suchen soll. Will die Liebe nicht meine Schritte lenken?

ANGELIQUE *abgewandt:* Undankbarer! Und ob sie sie lenkt!

VALERE: So hat die Liebe immer ihre Nöte. Ich muß sie auf mich nehmen und die Schöne suchen gehen, die ich liebe, wenn sich schon niemand findet, der verliebt sein will in mich.

ANGELIQUE: Wie dreist! Wie kann man nur so ein Geck und so liebenswert zugleich sein?

VALERE: Ich muß warten, bis Frontin kommt. Vielleicht hat er mehr Glück gehabt. Jedenfalls bewundert mich Angélique …

ANGELIQUE *abgewandt:* Verräter, du kennst meine Schwäche zu gut!

* Um Valère von seiner Eigenliebe zu kurieren, hat man ihm sein Porträt so abgewandelt zugespielt, daß er annehmen konnte, es handle sich um das Bildnis einer Frau. [Anm. d. Übers.]

VALERE: Im Grunde genommen fühle ich noch immer, daß ich bei ihr nichts missen werde: sie hat Herz, sie hat Charme, was will man mehr?

ANGELIQUE *abgewandt:* Es ehrt mich, daß er mich als Notnagel akzeptiert.

VALERE: Wie sonderbar sind doch meine Gefühle! Ich verzichte darauf, ein reizendes Wesen mein eigen zu nennen, zu dem ich mich eigentlich immer noch hingezogen fühle. Ich falle in Ungnade bei meinem Vater, weil ich mir eine Schöne in den Kopf gesetzt habe, die womöglich meiner Seufzer nicht würdig ist oder gar nur in meiner Vorstellung existiert; und all das bloß im Vertrauen auf ein Bildnis, das vom Himmel gefallen und gewiß geschönt ist. Welche Laune, welche Torheit! Und doch! Machen nicht Launen und Torheiten den liebenswerten Mann aus? *Das Bildnis betrachtend:* Diese Züge! Wie zauberhaft! ... Wie göttlich! ... Daß Angélique sich ja nicht einbildet, dem Vergleich mit so viel Liebreiz standzuhalten.

ANGELIQUE *das Bildnis ergreifend:* Davor werd ich mich wahrlich hüten. Doch sei mir erlaubt, Eure Bewunderung zu teilen. Den Liebreiz meiner glücklichen Rivalin zu kennen wird mir zumindest die Bitterkeit meiner Niederlage versüßen.

VALERE: O Himmel!

ANGELIQUE: Was habt Ihr denn? Ihr wirkt ganz verwirrt. Nie hätte ich angenommen, daß ein Geck wie Ihr so leicht die Fassung verliert.

VALERE: Wie grausam Ihr seid! Ihr wißt nur zu gut, welche Macht Ihr über mich habt, und Ihr kränkt mich, ohne daß ich mich zur Wehr setzen kann.

ANGELIQUE: Das ist wahrhaftig nicht recht getan, und eigentlich müßtet Ihr mir die Leviten lesen. Kommt, edler Herr, mich dauert Eure Verwirrung. Nehmt Euer Bildnis! Daß Eure Liebe dem Original gilt, grämt mich um so weniger, als Eure Gefühle sich in diesem Fall völlig mit meinen decken.

VALERE: Wie! Ihr kennt die Person ...

ANGELIQUE: Ich kenne sie nicht nur, sondern kann

Euch auch gestehen, daß sie mir das Liebste auf der ganzen Welt ist.

VALERE: Das hat man wirklich noch nicht erlebt! Eure Worte nehmen sich sonderbar aus im Munde einer Rivalin.

ANGELIQUE: Weiß ich nicht, doch aufrichtig sind sie. *Abgewandt:* Sein Ärger ist mein Triumph.

VALERE: Sie hat wohl viele löbliche Eigenschaften?

ANGELIQUE: Wenn sie guten Willens ist, unzählige.

VALERE: Und keine Fehler, versteht sich.

ANGELIQUE: Doch, viel zu viele, denn es handelt sich um eine sonderbare, launische, leichtfertige, unbesonnene, flatterhafte Person. Aber was macht das! Sie ist dennoch liebenswert, und ich prophezeie Euch, Ihr werdet sie lieben, bis Ihr ins Grab sinkt.

VALERE: Und das findet Eure Zustimmung?

ANGELIQUE: Ja.

VALERE: Macht Euch das gar nichts aus?

ANGELIQUE: Nein.

VALERE *abgewandt:* Ihre Gleichgültigkeit bringt mich zur Verzweiflung. *Laut:* Darf ich mir schmeicheln, daß Ihr Euch mir zuliebe noch fester an diese Person binden würdet?

ANGELIQUE: Mehr würde ich mir nicht wünschen.

VALERE: Ihr äußert das alles mit einer Gelassenheit, die wirklich aufreizend ist.

ANGELIQUE: Was wollt Ihr? Erst beklagt Ihr Euch, daß ich so unbekümmert bin, und jetzt ärgert es Euch, daß ich ruhig Blut bewahre. Ich weiß nicht mehr, welchen Ton ich bei Euch anschlagen soll.

VALERE *leise:* Ich platze vor Wut. *Laut:* Würde mir das Fräulein die Gunst erweisen, mir die Bekanntschaft dieser Person zu vermitteln?

ANGELIQUE: Alles was recht ist! Daß ich Euch einen solchen Gefallen tue, werdet Ihr nicht im Ernst von mir erwarten. Doch will ich Eure kühnsten Hoffnungen noch übertreffen und verspreche Euch auch das.

VALERE: Noch dazu bald?

ANGELIQUE: Vielleicht noch heute.

VALERE: Mich hält nichts mehr hier. *Er will gehen.*

ANGELIQUE *für sich:* Ich beginne zu begreifen; vor lauter Ärger blieb von seiner Liebe nichts. *Laut:* Wo geht Ihr hin, Valère?

VALERE: Ich sehe, meine Anwesenheit ist Euch lästig; so räume ich das Feld.

ANGELIQUE: Nicht doch! Ich bin's, die sich zurückzieht, denn es ist nicht recht von mir, Euch aus Euren eigenen Mauern zu vertreiben.

VALERE: Wartet doch und besinnt Euch darauf, daß jemand, der nicht liebt, auch nicht verdient, geliebt zu werden.

ANGELIQUE: Besser nicht zu lieben als sich selbst.

10. Szene

VALERE: Sich selbst lieben! Ist es ein Verbrechen, zu spüren, was man wert ist? Ich bin tief betroffen. Ist es denn möglich, einen Liebsten, wie ich einer bin, ohne Bedauern zu verlieren? Man könnte meinen, sie sähe in mir nur einen Mann wie jeden anderen. Ach, umsonst verberge ich mein aufgewühltes Herz, und ich fürchte, sie trotz ihrer Unbeständigkeit noch immer zu lieben. Doch nein, meine Seele verlangt nach jenem anderen, zauberhaften Wesen. Laßt uns weiter Recherchen anstellen und auf der Suche nach meinem Glück Angéliques Eifersucht neu entfachen!
Doch da kommt Frontin.

[...]

1752

LUDWIG CHRISTOPH HEINRICH HÖLTY

Narciß und Echo, eine Romanze

Das Fräulein Echo sah einmal
  Den Ahnherrn der Narcißen,
Der manches Jungfernherzgen stahl,
  In grünen Finsternißen,
Sich einer Badequelle nahn.
  Stracks schielten Ihro Gnaden,
Als sie den schönen Jüngling sahn,
  Nach seinen vollen Waden.

Der sechzehn Ahnen Dunst verschwand
  Gemach aus ihrem Hirne,
Sie bot ihm buhlerisch die Hand,
  Wie eine Bürgerdirne.
Narciß dreht ihr den Rücken zu,
  Und schreit ihr in die Ohren:
Mamsellchen, laß sie mich in Ruh,
  Sie hat hier nichts verlohren.

Drauf schlich das Fräulein in den Wald,
  Ihr Leben zu verweinen,
Sie starb, und ihre Stimme hallt
  Noch itzt in unsern Hainen.
Doch soll sie, wie die Rede geht,
  Eh sie im Herrn entschlafen,
Die Götter haben angefleht,
  Den Jüngling zu bestrafen.

Der letzte Seufzer ward erfüllt.
  Er sah in einer Quelle,
Die silbern rann, sein eigen Bild,
  Und liebt' es auf der Stelle.
Am Ufer lag er, wie behext,
  Und floß in Klagen über.

Sein Pfarrer las ihm oft den Text,
 Mit vielem Ernst, darüber.

Was halfs? Narciß, der Starrkopf, blieb
 Bey seinen sieben Sinnen,
Und lief, wie ein verjagter Dieb,
 Sein Gucken zu beginnen,
Sobald die liebe Sonne schien,
 Zum Spiegel seiner Quelle,
Und sah, bedeckt vom Baldachin
 Des Hains, in eine Stelle.

Er machte, wenn er nahe war,
 Verliebte Reverenze,
Bot dem Phantom Geschenke dar,
 Bald Sträußer, und bald Kränze.
Er reichte seiner Abgöttin
 Einst eine Purpurrose.
Sie hielt ihm auch ein Röschen hin,
 Und lächelte, die Lose.

Sein Röschen fiel ihm in den Bach,
 Ich weiß nicht, wie's gekommen,
Stracks fiel das andre Röschen nach,
 Doch kams nicht angeschwommen.
Er gab dem Bache Kuß auf Kuß.
 So liebt' er, wie Poeten,
Ein Ideal, fern vom Genuß
 Und den Realitäten.

Drauf macht' er, im Gehirn verrückt,
 Das Ding noch immer bunter,
Und sprang, nachdem er gnug geguckt,
 Husch, in den Bach hinunter.
Sein Name lebt, wie Doctor Duns
 In dicken Folianten,
In einem Blümchen unter uns,
 Das Gärtner nach ihm nannten.

1770

Italienisch. Narziß. Zeichnung. 1601/1700

VI

… im Zauber der Dichtung: Narziß als Bild des Poeten

das eigene in einem geheimnisvollen Spiegel
anschauen …
Narcissus-motiv, endlich ertrinken in dem
Spiegelnden Dasein die Seele hergeben, die Welt
dafür empfangen, welch ein Gastmahl des Lebens,
welche Grotten des lebensbeherrschenden Traumes,
welch ein Garten der Erkenntnis.

Hugo von Hofmannsthal
Tagebuchaufzeichnung 1895

JOHANN GOTTFRIED VON HERDER

Selbst

Ein Fragment

Vergiß dein Ich; Dich selbst verliere nie.
Nichts Größres konnt' aus ihrem Herzen dir
Die reiche Gottheit geben, als Dich selbst.

Was an der Mutter Brust, was an der Brust
Der großen Mutter, der belebenden
Natur, von Elementen in dich floß,
Luft, Äther, Speis' und Trank, und Regung, Bild,
Gedank' und Phantasei, bist du nicht Selbst.
Du selbst bist, was aus Allem du dir schufst
Und bildetest und wardst und jetzo bist,
Dir bist, dein Schöpfer selbst und dein Geschöpf.

Nicht was du siehest; (auch das Thier bemerkt.)
Nicht was du hörest; (auch das Thier vernimmt.)
Nicht was du lernest, (auch der Rabe lernt.)
Was du verstehest und begreifst; die Macht,
Die in dir wirkt; die innre Seherinn,
Die aus der Vorwelt sich die Nachwelt schafft;
Die Ordnerinn, die aus Verwirrungen
Entwirrend webt den Knäuel der Natur
Zum schönen Teppich in und außer dir;
Das bist du selbst; die Gottheit ists, wie Du.

»Die Gottheit?« Ja! denn denke, denke dir
Der Wesen Chaos ohne Sinn und Geist,
Ohn' einen Allerfüllenden, der Sich
Und Allem Regel ist; gedenke dir
Den großen Unsinn der Sinnreichesten
Natur, und stürz' unsinnig dich hinab
Ins öde Chaos, das sich selbst nicht kennt:
Denn wärest du, wenns nirgend ist, ein Selbst?

Zurück in Dich! In deinem innersten
Bewußtseyn lebt ein sprechender Beweis
Vom höchsten Allbewußtseyn. – Sei ein Thier,
Verliere Dich; und wunderst dich, o Thor,
Daß du die Gottheit mit dir selbst verlohrst?

»Der Wesen Harmonie!« – Ein leeres Wort,
Ohn' einen Hörer. Höre du sie tief
In deinem Herzen, und es nennt dein Herz
In tiefster Stille mit dem vollen Chor
Der Welten Ihn, das höchste Selbst, den Sinn
Und Geist, das Wesen aller Wesen, Gott.

Wohlauf! In deinem Innern baue dann
Der Gottheit einen Tempel, wo sie gern
Mittheilend wohnt. In ihm erschallet laut
Und leise jener Wahrheit Stimme, die
Der Wesen Selbst ist. Auf! Erkenne sie,
Sei Priester dieser Wahrheit, diene dir
Am heiligsten Altar, und ehre dich,
Und pfleg' in Dir dein göttlich Selbst, Vernunft.

Die häßliche Gestalt, die schaudernd du
Im Spiegel deines Lebens an dir siehst,
Die Furie, die dich zu Neid und Haß
Und Eitelkeit anregte, sie, die dich
Von Deinen Liebsten trennete, und schloß
Mit Eisen dir das freundlichste Gemüth;
Sie war nicht Du; die ärgste Feindinn dir,
Dich selbst dir raubend. Hemmte sie dir nicht
Dein Fröhlichstes, das Wirken? stellte dir,
Dem Stolzen, größern Stolz entgegen, der
Dich überwältigend erbitterte,
Daß deine schönsten Früchte du mit Gift
Anhauchtest statt des süßen Wohlgeruchs;
Entzweiete dich mit dir selbst und schuf
Zur Truggestalt dich dir, die außenher
Du suchetest und liebtest, und nur sie
Begehrend, Dich, Dich in dir selbst verlohrst.

Betrogener Narcissus, bist denn Du,
Was du im Quell anlächelst? Sehnsuchtvoll
In allen Spiegeln suchst? dem Echo selbst
Abzwingest? Ist dein Schatte mehr als du?

Und wunderst du dich, der vom ärgsten Gift,
Dem eignen ausgehauchten Athem lebt,
Wenn er von andrer Munde wiederkehrt, –
Du wunderst dich, daß du zum Schatten wirst,
Zum trocknen Quell, zum Grabe deiner selbst,
Zur Puppe; spieltest du mit dir nicht stets?

Wer sich verlohr, was hätt' er ohne Sich?
Was in dem Herzen andrer von Uns lebt,
Ist unser wahrestes und tiefstes Selbst. [...]

1797

AUGUST WILHELM VON SCHLEGEL

An die Rhapsodin

Kunstlos, ohne Müh und Streben,
Giebst du dem Gedichte Leben,
Giebst ihm zarten Hauch und Ton.
Hat das Lied, das ich ersonnen,
Deine schöne Gunst gewonnen:
O gewähr' ihm diesen Lohn!

Daß zu höherem Gehalte
Der Gedanke sich entfalte,
Braucht's nur deinen Zauberblick.
Die Gefühle schweben milder,
Freundlicher begränzt die Bilder,
Mir in Sinn und Geist zurück.

Wie der Silberquelle Rauschen
Hör' ich's mit entzücktem Lauschen,
Wenn sich deine Stimm' ergießt,
Wenn ein Abbild meiner Seele,
Neugeschaffen, ohne Fehle,
Auf den ebnen Wellen fließt.

In Narcissus' Wahn versunken
Könnt' ich ewig schauen, trunken
Auf die Quelle hingeneigt.
Doch zu tiefern Huldigungen
Fühlt sich schnell das Herz gedrungen,
Wenn die Nymphe selbst sich zeigt.

1788

Narcissus

O Nymphe! sprach Narcissus zu der Quelle,
Du Spiegel! Bett des fern und nahen Lieben!
Du Tafel, wo sich Schönheit eingeschrieben,
Und meiner Wünsch' unüberstiegne Schwelle!

Nicht thöricht mehr umarmend deine Welle
Will ich die zarte Mahlerei dir trüben,
Laß mich in mich sie faßen, bei dir drüben,
Indem ich weinend dich gelinde schwelle.

Doch wenn ich nun mich ganz in dich ergoßen:
Wer weiß, ob ich dieß Bild in mir nicht miße,
Und wieder mich aus mir hinweg muß sehnen?

Er sagt' es, und sein Leben war entfloßen,
Doch neigt, nicht mehr Narcissus, die Narcisse
Den schwanken Stiel noch stets zum Bach der Thränen.

1800

FRIEDRICH VON SCHLEGEL

Lucinde

Idylle über den Müßiggang

»Sieh ich lernte von selbst, und ein Gott hat mancherlei Weisen mir in die Seele gepflanzt.« So darf ich kühnlich sagen, wenn nicht von der fröhlichen Wissenschaft der Poesie die Rede ist, sondern von der gottähnlichen Kunst der Faulheit. Mit wem sollte ich also lieber über den Müßiggang denken und reden als mit mir selbst? Und so sprach ich denn auch in jener unsterblichen Stunde, da mir der Genius eingab, das hohe Evangelium der echten Lust und Liebe zu verkündigen, zu mir selbst: »O Müßiggang, Müßiggang! du bist die Lebensluft der Unschuld und der

Philipp Otto Runge: Mutter und Kind an der Quelle (Detail: Narzisse). Leinwandbild. 1804

Begeisterung; dich atmen die Seligen, und selig ist wer dich hat und hegt, du heiliges Kleinod! einziges Fragment von Gottähnlichkeit, das uns noch aus dem Paradiese blieb.« Ich saß, da ich so in mir sprach, wie ein nachdenkliches Mädchen in einer gedankenlosen Romanze am Bach, sah den fliehenden Wellen nach. Aber die Wellen flohen und flossen so gelassen, ruhig und sentimental, als sollte sich ein Narcissus in der klaren Fläche bespiegeln und sich in schönen Egoismus berauschen. Auch mich hätte sie locken können, mich immer tiefer in die innere Perspektive meines Geistes zu verlieren, wenn nicht meine Natur so uneigennützig und so praktisch wäre, daß sogar meine Spekulation unaufhörlich nur um das allgemeine Gute besorgt ist. Daher dachte ich auch, ungeachtet mein Gemüt in seiner Behaglichkeit so matt war, wie die von der gewaltigen Hitze aufgelösten und hingesunknen Glieder, ernstlich über die Möglichkeit einer dauernden Umarmung nach. Ich sann auf Mittel das Beisammensein zu verlängern, und künftig lieber alle kindlich rührenden Elegien über plötzliche Trennung zu verhüten, als uns wie bisher an dem Komischen einer solchen Fügung des Schicksals zu ergötzen, weil es nun doch einmal geschehen und unabänderlich sei. Erst nachdem die Kraft der angespannten Vernunft an der Unerreichbarkeit des Ideals brach und erschlaffte, überließ ich mich dem Strome der Gedanken, und hörte willig alle die bunten Märchen an, mit denen Begierde und Einbildung, unwiderstehliche Sirenen in meiner eignen Brust, meine Sinne bezauberten. Es fiel mir nicht ein das verführerische Gaukelspiel unedel zu kritisieren, ungeachtet ich wohl wußte, daß das meiste nur schöne Lüge sei. Die zarte Musik der Fantasie schien die Lücken der Sehnsucht auszufüllen. Dankbar nahm ich das wahr und beschloß, was das hohe Glück mir diesmal gegeben, auch künftig durch eigne Erfindsamkeit für uns beide zu wiederholen, und dir dieses Gedicht der Wahrheit zu beginnen. So erzeugte sich der erste Keim zu dem wundersamen Gewächs von Willkür und Liebe. Und frei wie es entsprossen ist, dacht' ich, soll es auch üppig wachsen und verwildern, und nie will ich aus niedriger Ordnungsliebe und Sparsamkeit die lebendige Fülle von überflüssigen Blättern und Ranken beschneiden.

Gleich einem Weisen des Orients war ich ganz versunken in ein heiliges Hinbrüten und ruhiges Anschauen der ewigen Substanzen, vorzüglich der deinigen und der meinigen. Größe in Ruhe, sagen die Meister, sei der höchste Gegenstand der bildenden Kunst; und ohne es deutlich zu wollen, oder mich unwürdig zu bemühen, bildete und dichtete ich auch unsre ewigen Substanzen in diesem würdigen Styl. Ich erinnerte mich, und ich sah uns, wie gelinder Schlaf die Umarmten mitten in der Umarmung umfing. Dann und wann öffnete einer die Augen, lächelte über den süßen Schlaf des andern und wurde wach genug um ein scherzendes Wort, eine Liebkosung zu beginnen: aber noch ehe der angefangene Mutwille geendigt war, sanken wir beide fest verschlungen in den seligen Schoß einer halbbesonnenen Selbstvergessenheit zurück.

Mit dem äußersten Unwillen dachte ich nun an die schlechten Menschen, welche den Schlaf vom Leben subtrahieren wollen. Sie haben wahrscheinlich nie geschlafen, und auch nie gelebt. Warum sind denn die Götter Götter, als weil sie mit Bewußtsein und Absicht nichts tun, weil sie das verstehen und Meister darin sind? Und wie streben die Dichter, die Weisen und die Heiligen auch darin den Göttern ähnlich zu werden! Wie wetteifern sie im Lobe der Einsamkeit, der Muße, und einer liberalen Sorglosigkeit und Untätigkeit! Und mit großem Recht: denn alles Gute und Schöne ist schon da und erhält sich durch seine eigne Kraft. [...]

In der Tat man sollte das Studium des Müßiggangs nicht so sträflich vernachlässigen, sondern es zur Kunst und Wissenschaft, ja zur Religion bilden! Um alles in Eins zu fassen: je göttlicher ein Mensch oder ein Werk des Menschen ist, je ähnlicher werden sie der Pflanze; diese ist unter allen Formen der Natur die sittlichste, und die schönste. Und also wäre ja das höchste vollendetste Leben nichts als ein *reines Vegetieren*. [...]

Metamorphosen

In süßer Ruhe schlummert der kindliche Geist und der Kuß der liebenden Göttin erregt ihm nur leichte Träume. Die Rose der Scham färbt seine Wange, er lächelt und scheint die Lippen zu öffnen, aber er erwacht nicht, und er weiß nicht was in ihm vorgeht. Erst nachdem der Reiz des äußern Lebens, durch ein innres Echo vervielfältigt und verstärkt, sein ganzes Wesen überall durchdrungen hat, schlägt er das Auge auf, frohlockend über die Sonne, und erinnert sich jetzt an die Zauberwelt die er im Schimmer des blassen Mondes sah. Die wunderbare Stimme, die ihn weckte, ist ihm geblieben, aber sie tönt nun statt der Antwort von den äußern Gegenständen zurück; und wenn er dem Geheimnis seines Daseins mit kindlicher Schüchternheit zu entfliehen strebt, das Unbekannte mit schöner Neugier suchend, vernimmt er überall nur den Nachhall seiner eignen Sehnsucht.

So schaut das Auge in dem Spiegel des Flusses nur den Widerschein des blauen Himmels, die grünen Ufer, die schwankenden Bäume und die eigne Gestalt des in sich selbst versunkenen Betrachters. Wenn ein Gemüt voll unbewußter Liebe da, wo es Gegenliebe hoffte, sich selbst findet, wird es von Erstaunen getroffen. Doch bald läßt sich der Mensch wieder durch den Zauber der Anschauung locken und täuschen, seinen Schatten zu lieben. Dann ist der Augenblick der Anmut gekommen, die Seele bildet ihre Hülle noch einmal, und atmet den letzten Hauch der Vollendung durch die Gestalt. Der Geist verliert sich in seiner klaren Tiefe und findet sich wie Narcissus als Blume wieder.

Liebe ist höher als Anmut und wie bald würde die Blüte der Schönheit fruchtlos welken ohne die ergänzende Bildung der Gegenliebe! [...]

1799

I wandered lonely as a cloud
That floats on high o'er vales and hills,
When all at once I saw a crowd,
A host, of golden daffodils;
Beside the lake, beneath the trees,
Fluttering and dancing in the breeze.

Continuous as the stars that shine
And twinkle on the milky way,
They stretched in never-ending line
Along the margin of a bay:
Ten thousand saw I at a glance,
Tossing their heads in sprightly dance.

The waves beside them danced; but they
Out-did the sparkling waves in glee:
A poet could not but be gay,
In such a jocund company:
I gazed – and gazed – but little thought
What wealth the show to me had brought:

For oft, when on my couch I lie
In vacant or in pensive mood,
They flash upon that inward eye
Which is the bliss of solitude;
And then my heart with pleasure fills,
And dances with the daffodils.

1807

Ich wanderte der Wolke gleich,
Die einsam treibt auf Tal und Hügel,
Und sah, von Blütengolde reich,
Narzissenheere, deren Flügel
Wind, der vom nahen Ufer blies,
Leuchtend im Spiele tanzen ließ.

Beständig wie der Sterne Schein,
Die glitzernd ziehn auf Himmelswegen,
So zogen sie in dichten Reihn –
Vieltausend wohl – der Bucht entgegen.
Voll Anmut längs der Ufer Kranz
Wiegten die Köpfe sie im Tanz.

Die Wellen tanzten glitzernd mit,
Doch ärmer als der Blumen Reigen:
Er lenkte heiter meinen Schritt
Und gab mir seinen Glanz zu eigen.
Ihn schauend, hab ich nicht bedacht,
Welch Reichtum mir dies Bild gebracht.

Denn wenn ich sinnend manche Zeit
Lieg fern von Glück und Kümmernissen:
Im Aug, dem Freund der Einsamkeit,
Stehn auf die leuchtenden Narzissen.
Mein Herz, beglückt von ihrem Schein,
Reiht freudig in den Tanz sich ein.

PER DANIEL AMADEUS ATTERBOM

Der Narziß

Des Flußgotts Sohn und einer Lilie,
Neig ich mich über Wassers Rand
Und seh, wenn fort die Wolken ziehen,
In Fluten tief ein himmlisch Land.
Dort glänzt, aus meinem Geist empfangen,
Anmutig auf azurnem Grund
Eine Gestalt, die mein Verlangen
Läßt hoffen künftigen Liebesbund.

Vergebens ruft mich aus dem Fernen
Die treue Stimme, welche warnt.
Beim Lied der Wogen, die sich nähern,
Hat ein Gefühl mich jäh entflammt.
Es glüht dort unterm Wellenflimmern,
Bekannt mir, dennoch wundersam,
Und wenn ich seh sein holdes Schimmern,
Bleibt nur mein Leib zurück am Strand.

Ein Seher, ahnend die Gefahren,
Kündete einst mir mein Geschick,
Das Leben sollt ich lange haben,
Nur dürft nicht streifen mich mein Blick.
Bei meinen Kinderspielen folgte
Mir eine Göttin schützend nach,
Einhüllend mich in Zauberwolken,
Wenn mit mir selbst im Streit ich lag.

Doch als ich kühn, mit heißem Sinnen
Das stolze Bild zu schaun begann,
Da schwand es hin, zur dunklen Stimme
Die göttliche Gestalt gerann.
Ihr Rufen oftmals ich vernehme
Von Bergesgipfeln, aus der Schlucht,

Dann wehklagt mein getäuschtes Sehnen
Mit Tönen der erstorbnen Lust.

Bild von der Kunst entbundnen Söhnen
Im Traum allein ich blühend wohn,
Taub für des Lebens heißes Flehen
Seh ich nur *mich* im Dichtungs-Strom.
Und peitscht der Sturm des Wassers Weiten,
Mein Inneres im Schmerz aufschreit;
Das Echo der vergangnen Zeiten
Ist meine Lust dann und mein Leid.

Durchstreift die Herrin das Gelände,
Dies Blütenreich am Saum der Bucht,
Und finden ihre Elfenhände
Am leeren Strand ihn, den sie sucht,
Mit Schwermut ich mein Los betrachte.
Dich bet ich an, grausames Kind;
Denn stets, wenn mir dein Blick schenkt Gnade,
Spiegelt mein Traum sich gleich darin.

Am Morgen schaust, das Herz in Aschen,
Die Pracht du, gestern übersehn;
Denn unter diesen weißen Schatten
Der Blume Herz nicht länger schlägt.
Oh, könnt mir deine Brust gewähren
Ein Abendlicht den Düften zart,
Mich küssend in den Schlaf, verklären
Der Zither-Blüte Himmelfahrt!

1811

JOHN KEATS

I stood tip-toe upon a little hill

Vers 163–180

What first inspired a bard of old to sing
Narcissus pining o'er the untainted spring?
In some delicious ramble, he had found
A little space, with boughs all woven round;
And in the midst of all, a clearer pool
Than e'er reflected in its pleasant cool
The blue sky here and there serenely peeping
Through tendril wreaths fantastically creeping.
And on the bank a lonely flower he spied,
A meek and forlorn flower, with naught of pride,
Drooping its beauty o'er the watery clearness,
To woo its own sad image into nearness:
Deaf to light Zephyrus it would not move;
But still would seem to droop, to pine, to love.
So while the Poet stood in this sweet spot,
Some fainter gleamings o'er his fancy shot;
Nor was it long ere he had told the tale
Of young Narcissus, and sad Echo's bale.

1817

Erwartungsvoll stand ich auf einem Hügel

Was trieb einst einen Dichter an, daß er besinge
Narziß, der unberührten Frühling trug im Sinne?
Auf leichtbeschwingtem Streifzug hatte er gefunden
Ein Fleckchen, das von Zweigen gänzlich war umwunden;
Und in der Mitte einen Weiher, dem der Blick
Auf angenehmer Wasserkühle gab zurück
Den blauen Himmel, welcher spähte dort und hier
Durch dorniger Ranken üppig wucherndes Gewirr.
Am Ufer sah er einsam eine Blüte stehn,
Die zart, verlassen, ohne allen Stolz ihm schien
Und ihre Schönheit neigend übers Wasser hielt,
Herbeizulocken so ihr kummervolles Bild:
Taub für den leichten Zephir, stand sie unbewegt;
Zu sehnen und zu lieben noch schien sie bestrebt.
Während der Dichter an der lauschigen Stelle stand,
Glitt über seine Phantasie ein Schimmern sanft;
Die Sage von Narziß war bald ihm eingefallen
Und von der traurigen Echo langen Liebesqualen.

FRIEDRICH RÜCKERT

Narzissus

1.

Lasset, o Götter der Lieb', o laßt zur Blume mich werden,
Dann mit freundlicher Hand führt mir die Liebste herbei.
Sieht sie die Blum', hinneige sie sich und pflücke sie lächelnd,
Ach, und errath' es nie, wer dann am Busen ihr ruht.

2.

Wann ich sterbe, so laßt mich in diese Büsche begraben,
Wo mein Mädchen so oft sanft mir im Schooße geruht.
Schöne Blumen dann will ich auf meinem Hügel ihr wölben,
Daß sie noch einmal sanft ruhe wie sonst mir im Schooß.

1823

ALBERT EMIL BRACHVOGEL

Narciß

Erster Akt. Zehnte Scene

NARCISS *kommt, wie abwesend vor sich hinstierend, langsam nach vorn und singt parlando vor sich hin:*

»Ich bin ein armer Geselle,
Bin ein verblendeter Thor,
Gleiche der schwankenden Welle,
:,: Die sich am Strande verlor!« :,:

Klatscht. Bravo, bravo! Wahrhaftig, unvergleichlich! Das ist doch noch Musik, Donnerwetter!

DIDEROT *zu ihm tretend:* Ah, Ihr singt die schöne Arie aus dem Dorfwahrsager.

NARCISS *wie erwachend:* Ja wohl! – Ja! – Nicht wahr, sie ist schön? – Sehr schön! – Ich summte sie eben im Kopfe, und so bin ich hereingekommen, ich weiß nicht wie. Eine himmlische Musik! – Apropos, ich vergaß Euch zu fragen, was Ihr wollt.

DIDEROT *sich zur Gesellschaft wendend:* Ei, ich will Euch diesen Herrschaften vorstellen, man wünscht Euch hier kennen zu lernen.

NARCISS *erstaunt:* Aha! – Soll das Schmeichelei sein? – Haha, mich, Diderot? –

DIDEROT: Nun, Ihr seid doch immer eine Curiosität, die man sich einmal ansieht. Lange hält's natürlich Keiner mit Euch aus! *Zur Gesellschaft:* Meine Herren und Damen, das ist Narciß Rameau, der ausbündigste Narr Frankreichs.

NARCISS: Der Welt, Herr, wollt Ihr sagen! – Aufzuwarten! – Ich bin so eine Art Universalnarr, in dem alle Übrigen aufgehn. Wer mich sieht, sieht sich im Spiegel; sehen Sie mich recht an, meine Verehrten! *Zu Quinault:* Ah, Mademoiselle Quinault, unsere Rodogune, unsere Merope! – *Zu Holbach und Grimm:* I, und da sind auch die stolzen Pfeiler der Encyklopädie! – *verneigt sich.* Meine tiefste Ehrfurcht! Ich würde Euch gern eine Vorlesung über die Weltseele oder die Atome halten, Serenissimi, daß Euch der Kopf summen sollte, aber ich habe kein Geld zu einer Allonge!

DIDEROT: Schadet nichts, versucht's mit uns ohne das.

NARCISS *setzt sich links zu Holbach und Diderot an den Tisch:* Die Philosophie? Die ist ein reines Unglück, besonders die Encyklopädistik.

HOLBACH: Was Ihr da sagt, Freund, ist wohl eine Grobheit, aber kein Beweis!

NARCISS: Was, ich soll Beweise führen? – Bin ich ein Gelehrter? – Ich bin Narciß Rameau, ein Nichts von einem Menschen und hab' mich mein Lebtag nie auf Fachstudien eingelassen. Die arme Philosophie, was sie sich quälen muß! – Sie erforscht logisch den Geist und kommt dabei logisch – auf die Materie, dann erforscht sie logisch die Materie und geräth logisch – auf den Geist. Hahaha! der Geist und die Materie sind die zwei Bündel Heu, zwischen denen die liebe Weltweisheit steht.

Bewegung in der Gesellschaft.

ST. LAMBERT: Ihr seid ein geistreicher Schuft, bei Gott, und taugtet genau zu einem Recensenten, etwa beim »Mercur de France«, oder beim »Observateur littéraire«. Ich möchte den Schriftsteller kennen, den Ihr ungerupft ließet.

NARCISS: Keinen, der einer ist, natürlich!

HOLBACH: Den Schriftsteller, der keiner ist? – Mir scheint, Ihr brillirt gern in Paradoxen?

NARCISS: Ach, das scheint nur so. – Nur solche Leute, wie ich, finden Gnade bei mir, zum Beispiel Rousseau.

QUINAULT: Also Rousseau?! – Und wie ist denn ein Schriftsteller, der keiner ist?

GRIMM: Eh, der schwatzt Unsinn!

NARCISS: Seht, Grimm hat's getroffen! Nur immer absprechen, Herr, das ist eine gar bequeme Arbeit, die wenig Hirnschmalz kostet. – – Schriftsteller, die keine sind, sind Menschen, die nichts schreiben wollen, – Träumer, Verrückte, verkommene Menschen mit erquetschten Herzen, die als Schaum auf dem stagnirenden Sumpfe der Pariser Gesellschaft schwimmen, wie ich; – Leute, die von wer weiß was leben, nur nicht von Schriftstellerei. – Da kommt auf einmal ein sonderbares Ding über sie, das Niemand so eigentlich kennt. Es hängt in der Luft, es ist da, aber man kann's nicht fassen; es kommt über Einen allmächtig wie ein neuer Glaube, der die Thore der Zukunft aufreißt, durch die unsre Sehnsucht in die Perspektive aller Ewigkeiten schreitet; – es regiert Einen dann ganz und gar, setzt sich eisern in Herz und Hirn, und will man's los werden, so wird – ein Buch daraus.

QUINAULT: Und könnt Ihr uns dies Ding mit keinem Worte beschreiben?

NARCISS: Ich weiß es nicht. – Ich habe oft darüber nachgedacht, auf den Boulevards, in den Sommernächten. – *Grübelnd:* Ich, – ich möcht', – ja, wenn ich's denn zum Satan doch benennen soll, – möcht' ich's dann den, – den Geist der Geschichte möcht' ich's nennen! Aber es ist eben damit gar nichts gesagt, es ist Alles Schall, Schaum, Rauch! *Auffahrend:* Pah, Ihr die Gelehrten! Ihr seid weise und gut, Ihr verzehrt ruhig Euren Braten, trinkt Euren Wein und thut Euer Amt, – aber – – hahahaha! – in fünfzig Jahren wird man sagen: »Diderot war ein ganz vortrefflicher Kopf, schade, daß sich seine Ideen überlebt haben, und Grimm! – Hm! – Grimm, Grimm! »Wer war Grimm?« wird man fragen. – »Ah so! Der, der einmal auf Rousseau geschimpft hat??« –

DIDEROT: Bravo, das ist köstlich!

Alle geben außer Grimm und d'Epinay ihren Beifall zu erkennen.

GRIMM: Eure Beleidigungen, mein Bester, sind stumpfe Pfeile. Wer von Bedeutung in Paris wird nicht von Euch besudelt!

NARCISS: Recht, das ist mein liebstes Geschäft, darum lieb' ich meine Opfer. Den Rousseau, zum Beispiel, kann ich für den Tod nicht leiden, ich hass' ihn! –

LAMBERT und QUINAULT: Warum?

NARCISS *ärgerlich:* Ich kann ihm nichts anhaben!

DIDEROT: Und was hat er Euch gethan?

NARCISS: Nichts! – Was ich sagen wollte: die kleine Gossin, die den Marquis Mirepoir hat, ist in –

LAMBERT *lachend einfallend:* Nein, nein, erst die Antwort! – Was hat Euch Rousseau gethan? – Warum haßt Ihr ihn? –

NARCISS: Weil ich – Ich sag's nicht!

QUINAULT *legt ihm die Hand auf die Schulter, schmeichlerisch:* O bitte schön, Narciß, sagen Sie es doch!

NARCISS *blöde:* Weil, – weil, weil; – *finster:* Kennt Ihr den – Neid?! – den hirnverwirrenden, herzzerfressenden Neid?! – *bitter:* O nicht wahr, haha! ich sehe danach aus, daß ich noch Jemanden im Leben beneiden könnte? Mein Neid ist doch – wahrhaftig, – haha, – höchst – haha – lächerlich! *sinkt convulsivisch auf den nächsten Sessel, Thränen rollen ihm über's Gesicht.* Aber ich habe mich doch so lieb, mein Gott! – so lieb! – *versinkt in stiere Apathie. Alle sind erschrocken um ihn getreten.*

DIDEROT: So ist er oft. Was mag in ihm vorgehn? – Narciß, erholt Euch! –

QUINAULT: Das hab' ich nie erlebt! – Der Arme! Mir thut das Herz weh, wenn ich ihn ansehe.

LAMBERT: Wahrhaftig, man kann an ihm sich selbst erkennen lernen.

DIDEROT *rüttelt ihn:* Rameau! –

NARCISS *auffahrend:* Ja so! – Haha! – Da seht Ihr, wie jämmerlich abgeschmackt ich bin.

LAMBERT: Hört, Ihr seid doch sehr zu bedauern. Ich an Eurer Stelle versuchte einmal meine Gedanken in eine Form zu bringen und niederzuschreiben. Ehe Ihr gar nichts thut, ist es am Ende doch ehrenwerther, Ihr wagt einmal eine Arbeit auf die Gefahr hin zu verunglücken.

NARCISS: Das fehlte mir! – Pah, man bezahlt meine Nichtswürdigkeiten, Freund, und ich sollte mir die Mühe nehmen, zu sehen, wie sich's bei etwas Reellem verhungern läßt? –

QUINAULT: Geht doch, Ihr gesteht selbst, daß Ihr Rousseau beneidet, und Ihr beneidet ihn doch wahrhaftig nicht um die Rolle, die der Verbannte in der Welt spielt? Eure Logik ist schlecht! –

NARCISS: Oder auch nicht! – Wenn ich Rousseau hasse, habe ich meinen guten Grund, und – der geht Euch nichts an; auf die Prämisse kommt's an. *Gepreßt:* Es ist in jedes Menschen Leben ein Etwas, das er nicht gern lüftet, an dem er nie rüttelt; und seine Existenz ist e i n Bemühn, über dies verwünschte Etwas hinwegzukommen. Könnt Ihr mein vergangenes Leben auslöschen? – Auf die Prämisse kommt's an in der Logik!

QUINAULT: Das heißt: Ich kann mich nicht mehr ändern, ich muß bleiben, wie ich bin. *Faßt ihn bewegt bei der Hand.* Ihr könnt nicht? –

NARCISS *herb:* Ich will, – ich werde mich nicht mehr ändern! *Peinlich:* Ich kann ja nicht aus mir heraus! *Finster:* Ich muß bleiben, wie ich bin, – ich will es so!

1857

Camillo Genelli: Narziß spiegelt sich in der Quelle. Leinwandbild. 1865

PAUL VALÉRY

Narcisse parle

Narcissae placandis manibus

Ô frères! tristes lys, je languis de beauté
Pour m'être désiré dans votre nudité,
Et vers vous, Nymphe, Nymphe, ô Nymphe des fontaines,
Je viens au pur silence offrir mes larmes vaines.

Un grand calme m'écoute, où j'écoute l'espoir.
La voix des sources change et me parle du soir;
J'entends l'herbe d'argent grandir dans l'ombre sainte,
Et la lune perfide élève son miroir
Jusque dans les secrets de la fontaine éteinte.

Et moi! De tout mon cœur dans ces roseaux jeté,
Je languis, ô saphir, par ma triste beauté!
Je ne sais plus aimer que l'eau magicienne
Où j'oubliai le rire et la rose ancienne.

Que je déplore ton éclat fatal et pur,
Si mollement de moi fontaine environnée,
Où puisèrent mes yeux dans un mortel azur
Mon image de fleurs humides couronnée!

Hélas! L'image est vaine et les pleurs éternels!
À travers les bois bleus et les bras fraternels,
Une tendre lueur d'heure ambiguë existe,
Et d'un reste du jour me forme un fiancé
Nu, sur la place pâle où m'attire l'eau triste …
Délicieux démon, désirable et glacé!

Narziß spricht

*Narcissae placandis manibus**

O Schwestern! trauervolle Lilien, ich vergeh vor Schöne,
Da, mir erwünscht zu sein, ich mich in eurer Nacktheit wähne,
Und vor euch, Nymphe, Nymphe, o du Nymphe der Fontänen,
Bring ich dem reinen Schweigen meine eitlen Tränen.

Ein großes Stillsein hört mir zu und ich der Zuversicht.
Der Quellen Stimme wechselt, die zur mir vom Abend spricht;
Ich hör das Silbergras, wie's wächst im heil'gen Schatten dort,
Und seinen Spiegel hebt der hinterhält'ge Mond bis dicht
An der erloschenen Fontäne still verschwiegnen Ort.

Und ich! Geworfen in dies Röhricht, was ich nicht bedauer,
Vergeh ich, o Saphir, in meiner Schönheit Trauer!
Ich weiß nichts mehr zu lieben als das Zaubernaß,
Wo ich das Lachen und die alte Rose auch vergaß.

Daß ich doch deine schicksalhafte, reine Spieglung nur
Beweinen könnte, Quelle, weich, so weich von mir begrenzt;
Draus schöpften meine Augen sich in tödlichem Azur
Mein Ebenbild, von Blumen feucht umkränzt!

Doch ach! Das Bild ist nichtig und die Tränen immerwährend! –
Die blauen Wälder und die brüderlichen Arme querend,
Lebt noch ein milder Schimmer von der Stunde Doppelsinn
Und formt aus einem Rest des Tages nackt und bar
Mir einen Bräutigam am fahlen Ort, wohin
Mich's düstre Naß zieht … Süßer Dämon, wünschenswert
– und eisesstarr!

* um die Manen der Narzissa zu befrieden

Voici dans l'eau ma chair de lune et de rosée,
Ô forme obéissante à mes yeux opposée!
Voici mes bras d'argent dont les gestes sont purs! …
Mes lentes mains dans l'or adorable se lassent
D'appeler ce captif que les feuilles enlacent,
Et je crie aux échos les noms des dieux obscurs! …

Adieu, reflet perdu sur l'onde calme et close,
Narcisse … ce nom même est un tendre parfum
Au cœur suave. Effeuille aux mânes du défunt
Sur ce vide tombeau la funérale rose.

Sois, ma lèvre, la rose effeuillant le baiser
Qui fasse un spectre cher lentement s'apaiser,
Car la nuit parle à demi-voix, proche et lointaine,
Aux calices pleins d'ombre et de sommeils légers.
Mais la lune s'amuse aux myrtes allongés.

Je t'adore, sous ces myrtes, ô l'incertaine
Chair pour la solitude éclose tristement
Qui se mire dans le miroir au bois dormant.
Je me délie en vain de ta présence douce,
L'heure menteuse est molle aux membres sur la mousse
Et d'un sombre délice enfle le vent profond.

Adieu, Narcisse … Meurs! Voici le crépuscule.
Au soupir de mon cœur mon apparence ondule,
La flûte, par l'azur enseveli module
Des regrets de troupeaux sonores qui s'en vont.
Mais sur le froid mortel où l'étoile s'allume,
Avant qu'un lent tombeau ne se forme de brume,
Tiens ce baiser qui brise un calme d'eau fatal!
L'espoir seul peut suffire à rompre ce cristal.
La ride me ravisse au souffle qui m'exile
Et que mon souffle anime une flûte gracile
Dont le joueur léger me serait indulgent! …

Da ist im Wasser jetzt mein Fleisch aus Tau und Mond,
O Form, die folgsam meinen Augen gegenüber wohnt!
Hier meine Silberarme, in den Gesten rein! ...
Die trägen Hände in dem hehren Gold sind's müde, diesen
Gefangenen zu rufen, den die Blätter fest umschließen;
Ich schrei in Echos dunkler Götter Namen laut hinein! ...

Leb wohl, Reflex, verloren auf der Welle, still verschlossen,
Narziß ... der Name selber ist ein zarter Duft
Fürs zarte Herz. Entblättere auf dieser leeren Gruft
Den Manen des Verstorbenen des Grabes Rosen.

Sei du, mein Mund, die Rose blätternd, jener Kuß,
Der einen teuren Geist zur Ruhe kommen lassen muß,
Denn Nacht spricht nun mit halber Stimme, fern und nah,
Zu Kelchen, voll von leichter Müdigkeit und Dämmerung.
Doch Myrten, die sich strecken, sind des Monds Belustigung.

Ich bet dich an bei diesen Myrten da,
O vages Fleisch, das traurig aufbrach fürs Alleinsein, sich
Im Spiegel spiegelt in Dornröschens Schlaf. Ich löse mich
Von deiner süßen Gegenwart vergeblich los;
Die lügenhafte Stunde ist den Gliedern auf dem Moos
Zu weich und läßt mit dunkler Lust den tiefen Wind sich blähn.

Leb wohl, Narziß ... Erlisch! Da ist das Zwielicht schon.
Im Seufzer meines Herzens wogt ein Schein von Position;
Die Flöte moduliert azurverhüllt Bedauern von
Sonoren Herden, die von dannen gehn.
Doch auf der bittern Kälte, wo der Stern jäh aufflammt, halt,
Bevor ein Grabmal zögernd sich aus Nebel ballt,
Den Kuß, der eine Stille unheilvollen Wassers bricht!
Genügen, dies Kristall zu brechen, kann bloß Zuversicht.
Das Kräuseln raube mich dem Hauch, der mich vertreibt, und es
Beseel' mein Atem eine schlanke Flöte, unterdes
Ihr unbeschwerter Spieler zu mir voller Langmut sei! ...

Évanouissez-vous, divinité troublée!
Et, toi, verse à la lune, humble flûte isolée,
Une diversité de nos larmes d'argent.

1891

ВЯЧЕСЛАВ ИВАНОВ

Художник и поэт

Светел, мир отразив, как волна, безкорыстный
художник.
В зыблемый образ глядясь, счастлив поэт: он
Нарцисс.

Грустно-блажен художник-поэт! Он – небо и воды:
Ловит, влюбленный свой лик, видит
прозрачность и – мир.

1904

Нарцисс

Помпейская бронза

Кто ты, прекрасный? В лесах, как Сатир одинокий, ты
бродишь.
Сам же не чадо дубрав: так благороден твой
лик.

Versink in Ohnmacht, Gottheit, ganz verstört und ohne Ruh!
Und gieß, bescheidne und allein gelaßne Flöte, du
Zum Mond hin unsrer Silbertränen Vielerlei.

WJATSCHESLAW IWANOW

Der Künstler und der Dichter

Hell wie der Strom, da die Welt er gespiegelt, der selbstlose Künstler.
Schaut sich im schwankenden Bild: glücklicher Dichter-Narziß.

Traurig-glückselig der Künstler als Dichter! Wie Himmel und Wasser:
Fängt er, ins Selbstbild verliebt, sieht Transparenz – und die Welt.

Narziß

Pompejanische Bronze

Wer bist du, Herrlicher? Streifst durch die Wälder als einsamer Satyr.
Bist doch nicht Eichenwalds Sproß: schön ist dein edles Antlitz.

Прелесть движений пристойных, убранной обуви пышность –
Всё говорит мне: ты – сын вышних иль смертных царей.

Чутко, свой шаг удержав, ты последовал тайному звуку
Стройным склоненьем главы, мерным движеньем перста:

Пана ли внял ты свирель иль Эхо влюбленные стоны?
Говор ли резвых наяд? Шепот ли робких дриад?

Праздную руку, едва оперев о бедро, прихотливо
Легким иаплечным руном ты перевил, как Лиэй.

Дивиый, ие сам ли ты Вакх, лелеемый нимфами Низы,
Довчий, ленивец нагой, нежных любимец богинь?

Или ты – гордый Нарцисс, упоенный мечтой одинокой,
В томном блуждающий сне, тайной гармонии полн?

К нимфе зовущей иди, ты, доселе себя не познавший,
Но не гляди, наклонясь, в зеркало сонной волны!

Ах, если ты не Нарцисс, то, свой лик отраженный увидев,
О незнакомец – дрожу – новый ты станешь Нарцисс.

1904

Gemessner Bewegungen Grazie, der Prunk deines zierlichen Schuhwerks –
Dies alles kündet mir an: höchstem Geschlecht du entstammst.

Hellhörig, zügelnd die Schritte, du folgtest geheimen Klängen,
Anmutsvoll neigend das Haupt, sanft deine Hände bewegend,.

Lauschtest du Pans Schalmei oder Echos verliebtem Seufzen,
Flinker Najaden Geschwätz? Scheuer Dryaden Geflüster?

Leicht auf die Hüfte gestützt deinen unbeschäftigten Arm,
Wandest du Schaffell um ihn, leicht, wie Lyaios es tat.

Strahlender, bist du nicht Bacchus, gekost von den Nymphen zu Nysa,
Weidmann und Tagedieb nackt, sanftester Göttinnen Liebling?

Oder der stolze Narziß, von dem einsamen Traumbild berauscht,
Wandelnd und sinnend im Schlaf, voll heimlicher Harmonien?

Geh zu der rufenden Nymphe, der du dich noch nicht erkannt hast,
Beug dich jedoch nicht hinab, suchend den Spiegel der Quelle!

Ach, bist du nicht Narziß, so wirst du es, fürchte ich, werden,
Wenn du erblickst dein Gesicht, Fremdling, im Wasser gespiegelt.

Liebe.

Ich bin der Liebling meiner selbst.
Ich bin es, der mich liebt und haßt
Ach, keine Liebesmacht erfaßt
mich selbst so völlig wie ich selbst.
Oft, wenn ich stundenlang allein
mit mir in Selbstgedanken lag
war ich mir Nacht, war ich mir Tag
war ich mir Sturm und Sonnenschein.
Ich bin die Sonne, die mich wärmt
Ich bin das Herz, das mich so liebt
das so vergessen hin sich gibt
das sich um seinen Liebling härmt.

ROBERT WALSER

Liebe

Ich bin der Liebling meiner selbst.
Ich bin es, der mich liebt und haßt
Ach, keine Liebesmacht erfaßt
mich selbst so völlig wie ich selbst.
Oft, wenn ich stundenlang allein
mit mir in Selbstgedanken lag
war ich mir Nacht, war ich mir Tag
war ich mir Qual und Sonnenschein.
Ich bin die Sonne, die mich wärmt
Ich bin das Herz, das mich so liebt
das so vergessen hin sich giebt
das sich um seinen Liebling härmt.

kurz vor 1900

GEORG TRAKL

Kleines Konzert

Ein Rot, das traumhaft dich erschüttert –
Durch deine Hände scheint die Sonne.
Du fühlst dein Herz verrückt vor Wonne
Sich still zu einer Tat bereiten.

In Mittag strömen gelbe Felder.
Kaum hörst du noch der Grillen Singen,
Der Mäher hartes Sensenschwingen.
Einfältig schweigen goldene Wälder.

Im grünen Tümpel glüht Verwesung.
Die Fische stehen still. Gotts Odem
Weckt sacht ein Saitenspiel im Brodem.
Aussätzigen winkt die Flut Genesung.

Geist Dädals schwebt in blauen Schatten,
Ein Duft von Milch in Haselzweigen.
Man hört noch lang den Lehrer geigen,
Im leeren Hof den Schrei der Ratten.

Im Krug an scheußlichen Tapeten
Blühn kühlere Violenfarben.
Im Hader dunkle Stimmen starben,
Narziß im Endakkord von Flöten.

1911/12

RAINER MARIA RILKE

Narziß

Narziß verging. Von seiner Schönheit hob
sich unaufhörlich seines Wesens Nähe,
verdichtet wie der Duft vom Heliotrop.
Ihm aber war gesetzt, daß er sich sähe.

Er liebte, was ihm ausging, wieder ein
und war nicht mehr im offnen Wind enthalten
und schloß entzückt den Umkreis der Gestalten
und hob sich auf und konnte nicht mehr sein.

1913

Narziß

Dies also: dies geht von mir aus und löst
sich in der Luft und im Gefühl der Haine,
entweicht mir leicht und wird nicht mehr das Meine
und glänzt, weil es auf keine Feindschaft stößt.

Dies hebt sich unaufhörlich von mir fort,
ich will nicht weg, ich warte, ich verweile;
doch alle meine Grenzen haben Eile,
stürzen hinaus und sind schon dort.

Und selbst im Schlaf. Nichts bindet uns genug.
Nachgiebige Mitte in mir, Kern voll Schwäche,
der nicht sein Fruchtfleisch anhält. Flucht, o Flug
von allen Stellen meiner Oberfläche.

Was sich dort bildet und mir sicher gleicht
und aufwärts zittert in verweinten Zeichen,
das mochte so in einer Frau vielleicht
innen entstehn; es war nicht zu erreichen,

wie ich danach auch drängend in sie rang.
Jetzt liegt es offen in dem teilnahmslosen
zerstreuten Wasser, und ich darf es lang
anstaunen unter meinem Kranz von Rosen.

Dort ist es nicht geliebt. Dort unten drin
ist nichts, als Gleichmut überstürzter Steine,
und ich kann sehen, wie ich traurig bin.
War dies mein Bild in ihrem Augenscheine?

Hob es sich so in ihrem Traum herbei
zu süßer Furcht? Fast fühl ich schon die ihre.
Denn, wie ich mich in meinem Blick verliere:
ich könnte denken, daß ich tödlich sei.

1913

HUGO SONNENSCHEIN

Narziß

(Auf einer Feldpostkarte an A. E.)

Ich habe die Erde unbeschlafen gelassen,
unbefahren die Ringelspiele
der Menschheit an den Heeresstraßen,
nie hab ich angelegt auf ruhmbemalte Ziele.

Wie lächelt die Quelle verliebt sich zu spiegeln
in mir mich spiegelnd im Ferneblauen:
in dem Geheimnis mit den Sternensiegeln
wir selig zu Tode uns schauen.

1914/1916

MAX PULVER

Narzissos und die Amazone

Eine Tragikomödie

Letzter Auftritt

NARZISS:

Die Dämmerung wird bleicher,
Ein zartes Morgenlicht belebt die Triften.
Und selbst mein Bild scheint mählig zu
verschweben.
Vergehe Brust, von Schlag und Weh gerötet!
Wie Wachs am Feuer schmilzt mein junges Leben,

Umschlag
der Erstausgabe.
Zürich 1919

Ich spüre, wie der innre Schmerz mich tötet.
Der Nachttau schwindet so in Morgenmilde
Von neuer Sonnenwärme aufgesogen.
Schenkst du mir, Styx, mich selbst mir noch im Bilde,
So tret ich gern an deine dunklen Wogen.

Er sinkt zurück und stirbt.

1919

HEINRICH DOMINIK

Der Mensch in den Drähten

Eine tragische Komödie

NARZISS / NEKROSE / DER KNABE / MILLICH / ZWILLICH / DRILLICH / DER SOLDAT / DIE PARADESOLDATEN / DAS VOLK

Die Uniformen wie in meiner Komödie: Die Attacke!

Ein Marktplatz. Im Hintergrunde des freien Platzes ein öffentliches Gebäude mit einem Turm, auf den zentripetal Telefondrähte aus allen Himmelsrichtungen zusammenlaufen; links und rechts anschließend, stehen um den Marktplatz Bürgerhäuser; links und rechts je eine geschwungene Gasse. Es ist tiefe Nacht, der Horizont schwarz; hie und da starre Pappelwipfel. Nekrose müde, übernächtig, geht vor dem öffentlichen Gebäude auf und ab. Narziß tritt aus dem Turm heraus und späht vorsichtig umher. Er ist ungewaschen und ungekämmt.

NEKROSE *da sie Narziß bemerkt, freudig:* Narziß! ich vermutete recht!

NARZISS: Im Turm versteckt hielt ich mich auf!

NEKROSE: Seit vierzehn Tagen schon bist du ohne Bett!

NARZISS: Schon seit der Zeit, da ich den Menschen liebe! Seit jener Zeit habe ich keinen Anspruch auf ein Bett, keinen Anspruch auf die einfachste, bürgerliche Bequemlichkeit! Weil ich die Menschen liebe, bin ich entbürgerlicht; weil ich sie liebe, hassen sie mich!

NEKROSE: Hier bringe ich dir etwas; du hast gewiß schon lange nichts mehr gegessen! Du wirst gewiß recht großen Hunger haben? –!

Nekrose reicht es ihm hin, Narziß nimmt es nicht an.

NARZISS: Die Trauer, Nekrose! – – – Sind schon die Freunde hingerichtet! –?

NEKROSE: Ja!

Pause.

Die Pappelwipfel bewegen sich. Narziß stöhnt auf.

NEKROSE: Nun verfolgen sie dich!

NARZISS: Ich weiß. Alle Gassen sind für mich gesperrt!

NEKROSE *reicht im das Brot:* Da nimm! Dein Hunger muß groß sein!

NARZISS: Laß das Wenige dem Kinde!

Pause.

Nekrose senkt das Haupt, Narziß tut es auch.

NEKROSE: Was wird aus uns, Narziß? –!

NARZISS: Wenn es einen Hymnus auf die Zukunft gäbe! Wenn der Schlaf in diesen Häusern nicht in sich gesogen wäre, wie eine matte Limonade! Wenn dieser Schlaf den andern die Muskel stärkte, das Gehirn reinschliefe, damit endlich – endlich der Mensch sich auf sich selbst besänne! – Endlich sich in die Ferne hinaussehnte, grenzenlos alles zu empfangen, zu begehren – begehren das Recht nach der Unendlichkeit! –? –!

NEKROSE *weint.*

NARZISS: Was sind Tränen, geweint in dieser Nacht! Die Andern haben alles zu verlieren, wir müssen alles retten!

Millich und Zwillich kommen aufgeputzt, lebhaft gestikulierend aus der linken Gasse herauf; Nekrose unterdrückt ihr Schluchzen; Narziß tritt in die Nische der Türumrahmung zurück, Nekrose folgt.

NARZISS: Es sind angesehne Bürger! Vielleicht können sie darum nicht schlafen, weil unser Land nicht in Ruhe atmen darf, weil das Unglück der Vielen ihnen zum Erlebnis wird! –? –!

Millich und Zwillich bleiben auf dem linken Bürgersteig vor einem Hause stehn.

MILLICH: In der Tat, es hat mich sehr gefreut, mein lieber Schwiegersohn – beim Möbelfabrikanten Schumann all Ihre Umsicht – Ihr ausgezeichneter Geschmack – in der Tat – Schumann hat das Nötige für die Bestellung sofort veranlaßt – Berlin, Wien, Budapest, Paris, sogar London – denken Sie! – Auf sofortige Lieferung bestanden! – Was mich in grenzenlose, in staunende Erregung gebracht hat –

ZWILLICH: Wirklich?

MILLICH: In der Tat – daß Sie sich schriftlich verpflichtet haben – das Möbel auch in dem Falle: Franziska nähme Sie nicht, Sie ihr das ganze Mobiliar vermachen, auch wenn sie Herrn Drillich heiraten sollte.

ZWILLICH: Das habe ich nicht gesagt.

MILLICH: Ein solcher Mann – in der Tat – ich selber liebe das Geld über alles – habe aber Achtung vor solchen Leuten, die das Geld von sich werfen: – Meine Franziska macht auch ein seltnes Glück; meine Nachbarn werden Augen machen! – Die Witwen werden sie beneiden – in der Tat – mein lieber Herr Schwiegersohn, nicht zu vergessen: ich liebe reinen Tisch, weiche Polster – und Schulden mache ich auch nicht gern. – Sie haben meine Achtung! – Sie stellen in der Tat was vor; bürsten Sie nur gut Ihren Zylinder!

ZWILLICH: Werden Sie Ihrer Franziska und mir Ihr Grundstück überlassen?

Drillich aus der Seitentür.

DRILLICH: Noch nicht zu Bett? Es ist gefährlich, sich jetzt auf der Straße zeigen zu lassen. Die Schießerei der letzten Nacht soll wiederholt werden! Der Knoten der Revolution wird durch das Standrecht aufgelöst.

MILLICH: Gott sei Dank, sie haben alle dingfest gemacht!

DRILLICH: Behüte!

MILLICH *eindringlich zu Zwillich:* Wie gesagt – der Vertrag gibt die beste Bürgschaft!

DRILLICH: Nun, nun – solche Rosinen!

MILLICH: Er wird sein Versprechen halten. Er wird meiner Tochter das Möbel vermachen, auch wenn Franziska Sie, Herr Drillich, zum Manne nähme.

DRILLICH: Nun, nun, dann sinds ja meine Rosinen!

MILLICH: Nichts mehr und nichts weniger soll er halten! Das, was er meiner Tochter versprochen hat.

In der Ferne fällt ein Schuß.

MILLICH *erschreckt:* Was ist das? –! –!

DRILLICH: Die Gefahr, mein Herr! Für die andern – Ihre Freunde – ein Signal. Für Narziß eine traurige Botschaft, daß euch Beiden Möbelstücke das Herz mehr bedrücken als diese schweren Stunden. Unzuverlässige Genossenschaft, ihr! – Wenn Ihr nicht so wohlhabend wäret, nicht so gegen äußre Einflüsse einwattiert! Wenn Ihr nicht die Hoffnung hättet, für später an Körpergewicht zuzunehmen!

MILLICH *mit Verbeugung und Kratzfuß:* Ich danke, ich bin versorgt! – – – – – Wir verdrücken uns, ehe die Wache kommt! Sonst könnte es heißen: Wir haben Narziß für diese Nacht Unterschlupf gewährt, wir halten die Revolution im Herde! *Schnell in sein Haus ab.*

DRILLICH *ruft ihm nach:* Im Kübel! Er sauft ja jeden Tag einige Liter! Und seine Franziska – ist grad so, wie er!

ZWILLICH: Ist eine schlimme Nacht! Gute Nacht, Herr Drillich! *Schnell in sein Haus hinein.*

DRILLICH *zieht es vor, zu verschwinden, und schließt hinter sich die Haustür seines Hauses zu.*

Narziß und Nekrose.

NARZISS: Diese Menschen kommen mir vor wie die Feldmäuse! Sie schleichen und schlüpfen!

NEKROSE: Es waren Krämer!

NARZISS: Und die Welt steht nicht still!

NEKROSE: Narziß, komme zu Bett; du frierst!

NARZISS: Sie lauern! Sie wollen mich an die Wand stellen; vor die Wand, worauf die kalten Schatten der glühendsten Seelen hinsanken, als die privilegierten Rowdys schossen. Es ist um die Erkenntnis ein verteufelt dichtvermaschtes Netz gewickelt; selten einer dreht sich in Sprüngen in diese Welt, einen kühnen Gedanken für eine ganze Stunde auszuhecken; selten einer hat den Mut, sich im Weizenfelde der Moral mit samt der Wurzel auszustechen; so zahnt man sein ganzes Leben fort und kaut an seiner Ipekakuanha, die teure, teuerste Zeit vor seiner Nase fort, und bringt es einmal doch zu einem ehrbaren Staatsbürger.

NEKROSE: Ihnen ist ein Tag dem andern gleich; man hat den Stundenplan fertig.

NARZISS: Nimm dir ein Beispiel an den andern, nicht an mir! Die Welt brennt, und sie träumen von ihrem Krämerladen, schlafen einen Bärenschlaf mit durchmüfftem Gehirn! Der Staat sorgt für Ordnung, die Wache zieht zum Schutze bürgerlicher Blumenartigkeit alle Abende, jede Stunde, pünktlich auf jede Minute die Straße auf und ab und hämmert mit den Stiefeln: die Stunde des Gesetzes wacht! – Noch nie verlor einer den Absatz seines Stiefels, so wohlfeil wird alles im Staate gemacht. *Setzt sich auf die Treppenstufen des öffentlichen Gebäudes nieder.*

NEKROSE: Es ließe sich anständig leben; mehr Gleichmut, und es ginge uns so wie den andern.

NARZISS *springt auf.*

Leuchtende Wolken fliehen am Horizont.

NARZISS *drückt seine Hände auf die bewegte Brust:* Die Brunst!!

NEKROSE: Nichts! Die Nacht ist still!

Das Firmament glüht auf, von unten herauf.

NARZISS *verzückt:* Sieh! – Siehe!! Sieh das Wunder! – Das Licht!!

NEKROSE: Ich sehe nichts! Die Dämmerung bedeutet den Sonnenaufgang!

NARZISS *verträumt:* Den Aufgang!! Was gab uns Gott doch für ein herrliches Gleichnis und verschwendet auch dies! – Die Welt brennt! Die abgestandne, verrufne Welt!

NEKROSE: Dein Hirn! Narziß, wache auf, sonst bist du verloren!

NARZISS *weich:* Weib, warum hältst du mich! –? Jetzt!! wo mein Gott hinhaucht die Fluoreszenz; sie bei den Sternen zu erjagen! –? Warum!!!

NEKROSE: Weil es nicht so ist!

NARZISS: Nekrose, warum ist es dir nicht so, wie es mir ist! – Wenn ich dir sage, der Himmel wird zur drohenden Glorie, warum glaubst dus mir nicht? –!

NEKROSE: Komm schlafen; die Mitternacht ist vorüber!

NARZISS *aufflammend:* Der Morgen dämmert auf. Morgen!! Es ist eine gute Vorbedeutung, da ich in der ersten Morgenstunde meinem Traume folge! Komme mit! Nekrose, komm mit!

Ein matter, feuergelber Schein zittert durch die Luft; ein schwacher Wind setzt ein; schwermütig bewegen sich die Wipfel der Pappeln.

NEKROSE: Narziß, man verfolgt dich!

NARZISS: Die Welt brennt und die Bürger schlafen. Ich muß an ihre Fenster klopfen und rufen: Wacht auf!!! Helft den Brand mir schüren, werft eure Seelen ins Feuer, damit sie neugeboren auffliegen!

NEKROSE: Du gehst den gefährlichen Weg! Was du siehst ist das Morgenrot! Die Stadt brennt nicht! Du bist im Schlafe!

NARZISS: Sengende Flammen überschütten sie und liefern mir in die Hand die Asche meiner vielen verlebten Jahre! Die Andacht dem Wesen, das ich atme. *Spricht befangen in die Ferne.* Die Nacht ist die Erholung für den nächst andern Tag; die nächste Steigerung! – – – Wacht auf! Helfet mir zu beginnen den neuen Tag! Viele Jahre habe ich für euch die Welt durchlaufen, habe Zisternenleid zusammengehäuft für diese Flamme, die aus der Nacht kommt und dem Morgen entgegenglüht!

NEKROSE: Du siehst Gespenster!

NARZISS: Wind blase dich nicht aus! Du bist die Bestätigung meiner Sehnsucht, du kränzst meine Stirn mit kühlen abgestorbnen Blättern, hergeweht aus einer längst verstorbenen Frauenhand! – – – – – – – – – – – – – – – – – – Mutter!!! – – – – – – – – – – Mutter!

Pause.

An dir lebte ich in der riesigen Menschenstadt manch trauriges Kindesjahr! Anders sollte ich werden, als die Andern sind! – Mutter! Morgen ist wirkliches Leben! –: Schellenkleid! Hüpfsprung! Blumenzarte Wangen! Lippen wie Blüten! Die Wohnungen werden Straßen und die Straßen werden Menschen sauber halten, wie eine Frau ihr Schlafkabinett.

NEKROSE *bitter:* Jaa! Für die Andern, nicht für uns.

NARZISS: Soll die Welt nicht wieder kommen, in der ich müffige und müßige Jahre häufen sah! Die schwatzhafte Welt kriegt die Schelle umgehängt, das Schildwachestehn vor dem Sockel des Götzen wird beseitigt!

NEKROSE *rasch:* Du, sie kommen! *Horcht hinaus.*

NARZISS *bleibt unbewegt:* Die Trägheit der dumpfen Körper ist unser Verhängnis. Die Mikrobien sind Krebse! Der Trost ist die Vergangenheit und irrtümlich nennt man sie: Die Ewigkeit!

NEKROSE *eindringlich besorgt:* Sie kommen!

NARZISS: Der erstgetane Schritt soll für den letzten getan sein!

NEKROSE: Sie werden danach nicht fragen!

NARZISS: Am schütternden Nabel hängt unsre Welt; wir vergessen nur alle Leitsätze, mit der wir sie machen!

NEKROSE: Narziß, geh hinein und warte dort, bis der Posten vorüber ist. Dann erschleichen wir den Weg zu unserm Hause.

NARZISS: Schnecke! – Hier ist nicht meine Orientierung! Nicht mein Gesetz! *Reicht Nekrose die Hand hin.* Komm!

NEKROSE: Ich fürchte!

NARZISS: Wen! –?

NEKROSE: Sie fassen dich!

Feurige Wellen durchzittern die Luft.

NARZISS *gebannt vor dieser Erscheinung; verzückt:* Schon wieder dieses wundertätige Licht!

NEKROSE: Der Tag dämmert!

NARZISS: An die Fenster will ich klopfen! Rufen! Warnen!!

NEKROSE: Rufen will ich, um dich zu retten!

NARZISS: Die Andern! Rufen will ich! *Schreit aus innerstem Erlebnis hinaus:* Es brennt!!! Wacht auf! Es brennt!! –!!

Der Horizont erstrahlt, Narziß bricht zusammen.

Große Pause; die Bühne ist dunkel. Im Hause des Bürgers Millich leuchtet Licht in den Fenstern auf.

NEKROSE *kniet nieder; gefaßt:* Narziß! Du Liebender! Du Sorgender!

MILLICH *öffnet das Fenster und lehnt schüchtern-unbehaglich hinaus:* Es brennt?! Ist er betrunken! –?

NEKROSE: Trunken!!

MILLICH: Wo brennt es denn! –? Der Kerl muß auf die Wache! Stört Bürgersleuten den Schlaf!

NEKROSE: Ängste sinds! – Er bangt um dich!

MILLICH: Spektakel ists! Und Narziß ist es! Dieses Schwein!

NEKROSE: Hier liegt Narziß mit brennender Stirn! Ängstlich stößt keuchend seine Brust durch den Mund sengenden Atem. Wenn man so die Hand vor seinen Mund hält, ist, als wenn sie brennen würde. So sehr ist Narziß eine Flamme; er lebt von ihr.

MILLICH *gähnt laut.*

NEKROSE: Was war das, was Sie eben sagten?

MILLICH: Wie gesagt, beim besten Willen ich kann nicht schnarchen! Es ist Nacht, in der Tat, und da liegt man als anständiger Mensch im Bett zu Hause! Weit hat ers gebracht! Ein Glück, daß ich ihm nicht meine Franziska gegeben habe! In der Tat, er schämt sich nicht! Wo ist die Wache! *Brüllt:* Waacheee!

NEKROSE *besorgt:* Die Wache? – Schone mir ihn! Nimm ihn zu dir! Er wird nicht lange Zeit brauchen!

MILLICH: Sein Steckbrief ist unterwegs. Nun liegt er im Rinnstein! dieses Kalb!

NEKROSE: Du solltest ihm helfen! Er tat doch viel für dich!

MILLICH: Man wird ihm schon helfen! In der Tat! – Eine Eiskompresse wird es tun!

NEKROSE: Er ist mein Mann! Der Glaube an dich hat mir ihn für Stunden getötet, nicht fürs Leben! Narziß ist sich selbst durchsichtig und sieht alles viel besser als du! – Der Schatten, den ich sehe, um überhaupt zu sehen, ist, weil er Narziß fehlt, an ihm das Wunder!

MILLICH: Sprich nicht so!

NEKROSE: Es ist wahr!

MILLICH: Wo brennts! –?

NEKROSE: Weil es Narziß sagte, ist es wahr.

MILLICH: Ein verlorner Mensch, der er ist! In der Tat –

NEKROSE: Wie du ihn nimmst, er ist anders.

MILLICH *erregter:* In der Tat, da ist Herr Zwillich ein ganz andrer Kerl. Die teuersten Matratzen hat er ausgesucht, zwei Stunden hat er davor bei Schumann gestanden – mein Schwiegersohn liegt in Zukunft auf feinsten Stahlfedern und hat in der Tat so viel Geld, um das alles zu bezahlen!

NEKROSE: Ich weiß nicht, warum Sie mir jetzt diese Träume sagen.

MILLICH: Mein Schwiegersohn ist auf dem besten Wege sich ein großes Fabrikgrundstück zu kaufen; die Hopfenblüte habe ich ihm ausgeredet.

NEKROSE: Du hast jetzt nicht unsern Kummer? Wie?

MILLICH: Der Zylinder steht ihm besser als unserm Amtsgerichtsrat. Geld hat mein Schwiegersohn, und das brauchst du, brauch ich, braucht er!

NEKROSE: Armer Mann! Was hat nicht alles dein Kopf dir selbst zu widerlegen. Nicht weil Narziß auf dem Straßenpflaster blutet, steht die Welt still; weil dich die Möbelstücke wie ein Alp bedrücken. – Glücklicher Mann! Zu bewundern ists, daß auch du so schöne Träume hast; nur noch ein bißchen Phantasie zu der Politur deiner Möbelstücke und du türmtest als Apollofalter darauf, wetteifernd nach dem vielgezwackten Stern wandelnder Märchenbilder. Du hättest vielleicht dann eine Ahnung, daß sich jetzt nicht deine Welt um den Vertrag bei Schumann drehte! –

NARZISS *öffnet die Augen weit auf:* Ihr –?

NEKROSE: Narziß, wache auf!

MILLICH: Er illuminiert sich selbst!

NARZISS: Illustriert euch! *Setzt sich auf.* Maulwurf, schließe zu dein Fenster! Deine Eingeweide sind schmutzig, du hast einen Raupenmagen mit einer verschuldeten Polsterung. Du siehst nichts von dem, das in dir; siehst nicht, wie der Horizont im Menschen flammt, prophetisch die Verheißung des ersten neuen Tages. Du siehst nicht die Zeichen, den glühenden Zweig, der aus tiefstem Menschenleid hochkeimte mit der letzten Verheißung zu dem Dom der freien Menschen!

MILLICH *ruft in die Nacht:* Waachee!

NEKROSE: Halte du das Maul!

MILLICH: Bist du seine Konkubine? –!

NEKROSE: Nach deinem bescheidnen Begriff sein Kebsweib!

MILLICH: Keine Zuhälterin?

NEKROSE: Wenn Narziß zufaßt, da halte ich zu.

MILLICH: Und wenn er das Laufen kriegt? – Ich bitte dich, steige zu mir durchs Fenster. Du frierst dann nicht mehr bei ihm.

NEKROSE: Komme du! Narziß braucht eine Gemeinde. In dieser ist er nicht geduldet!

MILLICH: Der Mann wird uns und dir zum Verhängnis.

NEKROSE: Und ist ein so guter, ein so edler Mann!

MILLICH: Er ist gefährlich – in der Tat –! Neue Bajonette werden geschliffen; die Wache hat die besten Gardisten, die zu Fuß und zu Pferde wohlauf sind. Gegen ein Bajonett kann man in der Tat nicht mit seinem Bauch anrennen, wenn man nicht gespießt, geschlitzt, gebohrt zugleich verenden will. O es ist gut, wie es ist! Man braucht in der Tat nicht zu sorgen, was einem vor seiner Haustür geschehen könnte! Bürgerliche Ordnung und eine gesicherte Hausmannskost ist schließlich der Lebenstrost und die beste Errungenschaft und die einzige vernünftige Bestätigung: daß man noch was kann. So wars unter der Dynastie! Aber was heute ist? –!

NARZISS: Wenn er sich nicht bewußt wäre, daß er von einem Zwerchfell einwattiert sei!

MILLICH *gähnt:* O jaaha; Gesetz muß sein. Über das Gesetz hinaus – in der Tat – ich! – ich!! – ich!! – ich!! – ich!!!

Schneuzt sich noch ins Taschentuch behaglich und verschwindet; das Fenster schließt er.

Narziß; Nekrose.

NARZISS: Gott gab ihm ins Auge das Gesicht, in die Tat die Hand, in den Plan den Kopf, und Millich, als einer der ersten Bürger –? –? –?

NEKROSE: Er lebt halt einmal von seinem häuslichen Streit.

NARZISS: Hätte er ihn, man würde heute nicht nach mir trommeln.

Schritte fallen in der linken Gasse auf das Pflaster.

NEKROSE: Sie kommen!!

NARZISS: Ich komme nicht mehr fort von hier!

NEKROSE: Fliehe!! *Stößt Narziß in den Turm hinein.*

Aus der Gasse springt der Soldat.

DER SOLDAT: War ers! –?

NEKROSE *schweigt.*

DER SOLDAT *atmet auf:* Endlich!

NARZISS *erscheint oben auf dem Erker des Turmhelms und sieht herab:* Endlich.

DER SOLDAT *froh aufatmend:* Er ists!

NEKROSE: Ja, dort oben! Er liest Zeichen vom Himmel!

DER SOLDAT: Und führt das Volk, wohin?

NARZISS: Als das Volk dem jüngern Michel nachlief, irrte es auf das Meer hinaus und ersoff.

DER SOLDAT: Scapa flow lebt!!!

NARZISS: In den Himmel will ichs klagen!

NEKROSE: Er liebt sein Land!

NARZISS: Dreimal schmiß mich die Kugel, der Splitter, das Gas. In meinen Lungen kocht noch heut die Blausäure. Ich stieg durch alles entmenschte Bad! Ich sah Darm- und Blasenzerrissne mit den Händen in den Eingeweiden wühlen; das Maskaron der Weltseele grinsen in einem einzigen nervenzuckenden Angesicht! Die Menschenbestie, die geifernde Raketen spie, liegt unter dem Prometheusfelsen und ist am Ersticken!

DER SOLDAT: Der Kerl schreits in die Telefondrähte! Er muß herunter!

NARZISS: Ich habe Absätze: darin Bajonette eingebohrt! Dieses lernte ich von dir! Du kommst mir nicht lebend herauf; dies schmachvolle Handwerk trage ich eingeschraubt, unsichtbar im Absatz, mit einem patentierten Druckknopf im Hosenschlitz. Aus Liebe zu dir! – Mann der Affen-Behendigkeit, wenns sich um das Kloakenausnisten eines Pazifisten handelt! Dies ist ein Selbstmord, Herr vom privilegierten Pickelhaubenstande.

DER SOLDAT: Deine Brut soll sterben!

NARZISS: Terrestrische Unversehrtheit ist mein Hymnus. Der mystische Glaube an den Staat ist durch den mystischen Glauben an das Individuum ersetzt!

DER SOLDAT: Dein Bekenntnis!

NARZISS: Der kommende Soldat wird Mikrobien durch ein Fernrohr bewundern lernen. Die nationale Erneuerung muß kommen! Umwandlung von oben herab; Umwandlung von unten herauf! Keine Rettungsaktion ohne die Selbsterkenntnis: jede versuchte Hilfe ist jedes Menschen gerettetes Gut!

DER SOLDAT *trommelt mit den Absätzen auf dem Bürgersteige.*

NARZISS: Rufe die Andern heraus!

DER SOLDAT: Die Bürger des Staats haben dich noch nicht reden gehört!

NEKROSE: Die Bürger des Staats sind neutrale Leute!

Der Bürger Drillich aus seinem Hause.

DER SOLDAT: Jetzt haben wir ihn! Er entkommt mir nicht mehr! Fünftausend Mark hat der Staat auf seinen Kopf gesetzt. Er entgeht mir nicht mehr!

DRILLICH: Über die Dächer! Durchs Telefon! Dieser Mann ist die verkappte, konservierte Idee, die noch kommen soll. Er entkommt daher sicher, auch wenn man ihm das Sterben beibringt. Er ist auch eine Art Inkarnation, geboren aus der Inklination fürs Ganze. Er ist die Parabel, auf der die Zukunft ihr Gewölbe baut und einmal doch den Schlußstein zu Tage fördern wird.

DER SOLDAT: Er wird arretiert!

DRILLICH: Wir haben bewiesen, was noch niemand bewiesen hat – aber über die Dächer fliehen und durchs Telefon wieder hinaus, das haben wir noch nicht bewiesen!

DER SOLDAT: Ich bitte Sie auf Ihr Dach zu steigen! So aufzupassen, daß uns der Pazifist nicht mehr entgeht!

DRILLICH: Er stirbt und entgeht doch! Die Kugeln, mit denen man ihn verfolgt hat, trägt er in seiner Tasche!

NARZISS *zieht beide Fäuste aus der Tasche:* Hier sind sie!

DER SOLDAT *staunt.*

NARZISS: Wenn du es symbolisch nehmen willst!

DRILLICH: Du kannst alles; aber ihn, ihn! begreifen, kannst du nicht.

DER SOLDAT: Der Kerl wird inhaftiert!

DRILLICH: Narziß sucht den Anschluß mit der ganzen Welt; man sollte ihm Zeit lassen! Du hast nicht die seelische Dynamik, die er hat. Du hast wohl einen guten Gewehrgriff, kannst eine Statistik ausarbeiten, kannst mit der Politik, die ein andrer gemacht hat, hausieren gehn; aber das eine, was er kann, kannst du nicht! Und darum laß ihm Zeit. Denn er ist im Grunde des Herzens doch unser Freund! Vielleicht der einzige wahre Freund!

DER SOLDAT: Wenn er mir zehntausend Mark deponiert!

NEKROSE: Er ist arm. Sein Vater lebte von Plänen, die ihm seine Nachbarsleute zunichte machten.

NARZISS: Die Mutter gab es euch nicht! – Auch wenn ihr es habt.

DRILLICH: Das bißchen Schmiere macht doch den Unehrlichen gesund.

DER SOLDAT: Du machst dich verdächtig.

DRILLICH: Der Ehrliche ist er!

DER SOLDAT: Und fürchtet mich! Türmt! – Ha! du sollst das Türmen lernen!

NARZISS: Hier höre ich den Kalifen in der letzten Stunde seufzen, den Sultan aufgeschreckt durch seine Plantagen jagen, ich sehe Penaten die dunkeln Stirnen kräuseln, ich höre erlauchte Stämme sich verbürgerlichen und höre das Hohelied auf ihr endlich geordnetes Leben sagen. Ich sehe das Proletariat ins Bürgerliche auswandern, ich höre die Enthäutung verstaubter Menschen knistern und höre ihren Schwur: Endlich als neuer Bürger an der gemeinschaftlichen Gasthaustafel der politischen Gesinnung mitzuspeisen. – Speisenfolge: Gehirnpasteten aus den kleinen Köpfen der Weizenhalmfliegen, der Nacktschnecken. Verspeist wird alles! Der kommende Bürger soll nicht subaltern pendeln und soll nicht in seinen Äußerlichkeiten das Bekenntnis der höchsten Behörde tragen.

DRILLICH: Trumpf!

DER SOLDAT *unruhig auf und ab:* Der Gerichtshof wirds machen.

NEKROSE: Befangen wie er ist, Narziß verurteilen.

NARZISS: Wer sich noch nicht in seinen Windeln kennt, soll von mir lassen.

DER SOLDAT *erbittert:* Und wenn du dreimal soviel als der Staat deponiertest, nichts kann dich retten! *Setzt die Signalpfeife an den Mund und signalisiert.*

NEKROSE *aus ihrer Lethargie erwachend:* Was bedeutet dies Signal! –?

DER SOLDAT: Die Rechenschaft!

NARZISS: Meine!

Die Bürgerhäuser werden hell erleuchtet; Millich und Zwillich erscheinen am Fenster, öffnen diese und stecken ihre Nasen zaghaft heraus.

DER SOLDAT: Ich bitte euch, kommt heraus! Nur diese eine Nacht! Macht dem Pazifisten die Flucht unmöglich! Steige jeder auf sein Dach!

ZWILLICH *erstaunt:* Auf mein Dach! –! –!

MILLICH *sorgfältig:* Das könnte nicht ersprießlich werden! Wozu hat man denn da erst ein Dach über seinem Kopf für teures Geld –! hm! – und die Steuer dazu! –? Wie? In der Tat, die Sache könnte nicht ersprießlich werden!

NARZISS: Tuts! So werdet ihr die Herren unsrer Zeit!

MILLICH: O bei Gott, es könnte gefährlich werden!

DER SOLDAT: Durchaus nicht! Er ist nicht bewaffnet!

DRILLICH: Durchaus! Denn Narziß revoltiert und kanoniert das Wort, wie ers braucht! Er ist die Bombe und ihr seid das Gas, um das Ding zur Explosion zu bringen!

Die Bürger tauchen unter; das Licht erlischt in den Fenstern.

NEKROSE *frierend:* Und wir hoffen! *Starrt die dunkeln Bürgerfenster an.* Wir opfern! *Ängstlich-fliehend.* Freunde! Freunde!!

DER SOLDAT *zieht von seinem Gürtel die Schußwaffe.*

NEKROSE *springt ihn an:* Was willst du tun!

DER SOLDAT: Ihn erschießen!

NEKROSE *stöhnt auf.*

DRILLICH *verdrückt sich in sein Haus.*

Narziß; Nekrose; der Soldat.

NEKROSE *schauernd:* Ihn erschießen!!

NARZISS: Habe ich den Mut zu bekennen, so habe ich auch den Mut zu sterben! Wer bekennt, stirbt; stirbt den Andern, lebt aber sich!

NEKROSE: Womit hat dies Narziß verdient! –?

DER SOLDAT *gibt ein neues Signal in die Ferne; dies stärker als das erste.*

NEKROSE: Und was bedeutet dies! –?

DER SOLDAT: Jetzt kommen die Füsiliere!

NEKROSE *stöhnt wieder auf:* Und hat doch so vieles getan! Auch für dich!

DER SOLDAT: Er ist erkannt!

NEKROSE: Verkannt!

DER SOLDAT: Es gilt!

NARZISS: Wenn ich sterbe, gilt das Leben!

NEKROSE: O Gott – was bereitet sich vor!

Aus beiden Gassen marschieren in je einem Zuge die Paradesoldaten auf; sie sind bewaffnet und teilen sich links und rechts.

NEKROSE: Soll es geschehen! –! –? *Stiert vor sich hin.*

NARZISS: Sagt wieder –: Herrlich lebt es sich in der Republik! – – – – – – Man hat die Seligkeit, die Seligkeit noch nicht und auch noch nicht die Erinnerung. Kein blutzeugendes Bekenntnis in diesem abgezirkelten Draufsein! Keinen freien Opfergang! – – – Du prächtiger Mann mit der hündischen Demut im Knie!

DER SOLDAT: Gib Antwort!!

NARZISS: Deine Dynastie habe ich zur Seifenblase geformt und steigen lassen! Sie ist verblasen!

DER SOLDAT: Hört!!

NARZISS: Der Alpdruck der Menschheit ist entgeistert! Ihr Schatten das Manöver der Soldateska!

DER SOLDAT *reicht seinem Nachbar die Waffe:* Bitte, versuchs!

DER PARADESOLDAT *zielt und sieht entsetzt auf.*

DER SOLDAT: Was ist! –?

DER PARADESOLDAT: Ein Aff! Mit einem gehörnten Wedel und seinem ganzen nackten Hinterteil! Narziß verwandelt sich!

DER SOLDAT: Er macht sich über einen lustig!

NARZISS: Zielt her! Ich bitte euch!

DER SOLDAT *zum zweiten Nachbar:* Versuchs!

DER ZWEITE PARADESOLDAT *tuts; gleich hinterher erstaunt:* Ich!

DER SOLDAT: Tus!

DER ZWEITE PARADESOLDAT: Mich selbst? –!

NARZISS: Mut! Hier stehe ich! Eines habe ich dir zeigen lassen: Dein eigen Gesicht! Dein eigen Erlebnis! Du bist ich! Bringst du mich zu Tode, um mein Leben bist du dem Tode näher!

DER SOLDAT: Das Gesetz will es! Die Revanche! Der Export!

DER ZWEITE PARADESOLDAT: Mich selbst? –!

DER SOLDAT *feuert einigemal auf Narziß.*

Pause.

NEKROSE: O Wunder!!

DER SOLDAT: Windmühlenflügel sinds! Ich schoß daneben!

NEKROSE: Er lebt!!

NARZISS: Vor mein Herz legte ich schalenförmig meine Hände auf, Hände, die hart geworden sind, weil ich für alle Entbehrung abgetan, den Rest meiner Sorgen meinen Händen anvertraute und immer wieder griff ich mich wund, mühsam für andre Zwecke; von allem blieb mir nur die anschauliche Betrachtung meiner Finger. Mein Bewußtsein: daß ich noch bin! Hundert Mißgriffe habe ich ins Leere getan und noch heute suche ich, taste ich! Geteilt ist die Welt, gähnt sich an, lästert sich an, höhlt sich mit allem Sprühgeifer aus und frißt kahl auch ihren Abgrund. Hätte ich in meinem Schmerze nicht die Hände, elend wäre ich! Denn an ihnen hängen meine Finger und ihnen verdanke ich mein Leben! – Bürger, hier überzeugt euch! *Zeigt die vollen Hände.* Kugeln sinds! Eure hinterlistigen Sendboten auf meiner Flucht! *Bewirft die Fenster der Bürger; die Fensterscheiben fallen klirrend zu Boden.* Ihr habt das falsche Gottesgnadentum mit hündischer Demut erschlichen!

DER SOLDAT *verächtlich:* Deine Zirkusgriffe.

NARZISS: Zum Teufel mit dem Spuk deiner Patronenhülsen!

DER SOLDAT: Deine kleine Gefolgschaft hängt im Schatten an der Schreckenswand –

NARZISS: Deiner Geschichte! Deiner Geschichte!

DER SOLDAT: Und du folgst?

NARZISS: Dir voran!

DER SOLDAT: Lange genug macht er die Probe mit mir! Nun machen wir die Probe mit ihm! *Gibt Zeichen: Beide Gruppen marschieren links und rechts auf und stehn sich jetzt in zwei Reihen gegenüber; in der Verlängerung der »Leibergasse« befindet sich der Eingang zu dem öffentlichen Gebäude, vor dessen großen Türrahmung Narziß später seine letzte Stätte findet.*

NARZISS: Was bleibt zu erhoffen? –!

DER SOLDAT: Das Ende!

NARZISS: Ein Machtwort – nicht deins! Zerrbilder sinds, Muskelparasiten, gefräßig, aber nicht ewig, weil sie dressiert; weil du selbst erlogen bist, erborgt, deine Umwelt eine Garnitur, du ein Kakerlak! Die Meilensteine für die Zukunft meines Landes stehen daneben! Was wäre unser Staat, wenn nicht unsre Fenster Gucklöcher wären, hinter deren Mauern man sich verschanzt, um der bebänderten Minorität die Majorität zu überlassen. Der Bürger Mühsam, der sich mühsam durch viele Jahre Talente erschlich, zieht sich behaglich ins Schneckenhaus zurück und spaziert hinter duftigen

Gardinen, während ich hier stehe und das stolze, ach, mir so lieb gewordne Land in blutiger Schmach verdämmern sehe; sehe, wie alles erwürgt wird, das zu seinem Menschengott ein freies Bekenntnis tut! –? Ein mathematischer Gleichmut bereitet vor, ein blutrünstiges Babel, das auch noch über den fernen Massenfriedhöfen letzter Verirrung droht! Woher soll der Trost kommen, da unsre Politik einige wenige unfreie Menschen machen; woher die Bürger, die die freie Politik machen müßten! Wann kommt die Kunst dem Volke!

DER SOLDAT: Was sollen uns seine Ideale!

NARZISS: Wer die Menschen liebt, ein bittres Los ist ihm gewiß!

DER SOLDAT: Was verliert so ein Mann, der außer Schußweite uns etwas mit einem Zirkusgriff beweisen will! –?

NARZISS: Ich komme zu dir, um dir mein letztes Bekenntnis zu geben! Mein brennendes Herz! – Mein Bekenntnis: daß ich bereit bin!

NEKROSE: Schont mir den Liebsten! Zu groß ist dieses Opfer, es bedeutet viel!

DER SOLDAT: Es bedeutet alles! Nach Ruhe sehnt sich das Land! Gesetz muß wieder werden; wo kein Gesetz, herrscht des Banditen Faust. Was nützen dem Lande zehn Schwärmer, wenn ihre Gefolgschaft das Gekrächz der Masse ist, wenn der Raufbold sich des Schwärmers Liebe zunutze macht?

NARZISS *vor sich hin:* Wenn der Raufbold sich des Schwärmers Liebe zunutze macht!

DER SOLDAT: Hundert Schmarotzer mehr, als er, löschen sein Flämmchen, sein Gnadenlämmchen, um im trüben zu fischen. Die treue, teure Dynastie fiel durch seinen Streich. Heute ist sein Sterbenstag, und er muß herniedersteigen und uns hier das Experiment mit der Kugel vormachen. Gelingt es ihm hier, meiner Gefolgschaft soll er sicher sein!

NARZISS: Das Experiment sagt dir alles, der Flug nichts!

Du willst die letzte seelische Schwingung erspähn, nicht erfühlen! Du kannst nicht ekstatisch zu deinem Horizont den Spruch senden: Viel bin ich, mehr bist du! – – – – – – Und ich soll?

DER SOLDAT: Beweisest du es mir hier unten, so sollst du meiner Gefolgschaft sicher sein.

NARZISS: Und auch dann noch nicht. Ich komme dennoch zu dir! Nicht darum, weil du dich von einer herzlichen Seite zeigst, mich lockst, um der Katze eine Schelle umzuhängen! Ich komme zu dir, weil du mein Gram bist, meine Verzweiflung! Dein Totengräber! Totengräber dir!

Steigt hernieder; Bewegung unten.

NEKROSE: Sein Herz.

Pause.

DER SOLDAT: Es wird kein Wunder sein! Ein Kunststück ists. Wie es der Zirkustölpel oft getan! Er ist ein Taschenspieler! Ich wette, er hat die Kugeln bei sich und streut sie aus, wenn einer von uns fehlgeschossen. Die Fenster friedlicher Bürger bewirft er mit Patronenhülsen und lacht uns aus!

Nekrose hat sich an den Ausgang des Turmes herangeschlichen; Narziß tritt in sich gekehrt auf und bleibt in der Türumrahmung des Haupteinganges stehn.

NEKROSE *fällt Narziß um den Hals:* Beweise es ihnen!

NARZISS: Wer hinter das Geheimnis kommen will, für den gibt es kein Geheimnis mehr! Der sieht den Menschenhorizont nicht zwischen Erde und Himmel! Seßhaft unten und oben!

DER SOLDAT: Du bist bereit? –!

NARZISS: Bereit!

NEKROSE *weint abseits.*

NARZISS: Eines zeigte ich dir oben! Hier unten zeige ich dir, daß ich wie du verdammt! Schlimmer! Weil ich an deiner Schlapp- und Schlaffheit in meinen besten Tagen zugrunde gehe, weil es für mich keinen andern Weg gibt als den Raupengang deines Kasernenglaubens.

DER SOLDAT *zynisch:* Was noch? –!

NARZISS: Meine Hilfe ist die Gnade eines Buzentauren. In ihm wirken die Minoritäten geschwisterlich und vollenden mich; die Knechtsseligkeit im Stier der Raserei, vermag nicht zu folgen in die Sphäre geistiger Selbstzerknirschung! Die Raserei zerknirscht euch! Geisel fielen durch meine Hände, aber was fiel nicht alles, da ihr im alten erschlichnen Recht! –? Bin ich der Letzte? –? –? – ! Der Erste, immer der Erste! Denn unser wird das Reich! – – – – – – – – Hier trifft ins Herz! Erspart mir viehische Qualen! Denn an meinen Wunden kleben eure Hände, kalt wie Fischflossen, hart wie eure Bajonette! *Öffnet das Gewand auf der Brust.* Dies ist mein Narrensschild, daran ich einen ganzen Globus Erde mitschleifte, näher der Wehensstunde, die da kommen wird! Wenn euch mein Leben nichts gilt, ich selber habe daran nichts zu verlieren! – Ich lebte, weil ich litt!

NEKROSE *flieht durch die rechte Gasse.*

NARZISS: Zielt gut! Zielt hin, wo ich sterbe, euern Martertod, zielt nicht hin, wo ich krepieren müßte!

DER SOLDAT: Du gehörst mir! Dein ganzes Besitztum wird konfisziert!

NARZISS: Mein Erbe gehört meinem Kind! Geschrieben hab ich's und versiegelt!

DER SOLDAT: Auch dein Kind wird enteignet!

NARZISS: Nicht mein Blut!!

DER SOLDAT: Narr!

NARZISS: Ich! Deine Seligkeit des Daseins – – – was ist es? –! zu enden, wie ich ende, ist meine Geburt, mein Erlebnis! Mein Schicksal!! – Was gibt es Gottgefälligeres für dich auf dieser Erde? Deine Sicherheit! Deine Philosophie kommt vom Fettansatz her und ist eine Fehlgeburt!

NEKROSE *außer der Szene:* Hilfe!!!

NARZISS: Mein Weib!

DER SOLDAT: Ruft die Letzten gegen dich auf! *Hämisch:* Dein Weib ruft die Letzten gegen dich!

NARZISS: Machts! Gib deinen Befehl!

DER SOLDAT: Noch nicht! Denn dann wäre dir mehr als

dein ganzer Irrtum erspart! Du hast zu warten! Deine Sekunden lebst du jetzt als Jahre – – – für uns!

Armes Volk schleicht aus beiden Gassen hervor; ein Wesen drückt sich schüchtern an das andre.

NARZISS: Die Plünderer! Übergebt nicht meinen Leichnam ihren Händen!

DER SOLDAT: Deine Helfer sinds!

NARZISS: Maulwurfsgänge sind gut, damit den andern alles gedeihe. Und so gedeihte alles um uns. Und wir sollen nicht hinein, weil der Totengräber das Zeichen auf die Stirn brannte.

DER SOLDAT *kommandiert:* Stillgestanden!!!!!

Die beiden Paradereihen überzuckt eine Geste der Straffheit.

NARZISS: Zwischen deiner Garde und mir liegt ein ganzes Land meiner unglücklichen Jahre! Mein armes Land!! Fluch euch, Kreaturen mit den Sternen des kaltpolierten Dynastienhimmels! Fluch euch! – – – Euch!! – – – Euch!

DAS ARME VOLK *murmelt:* Sterben muß er und ist wer? Leben will er und ist nicht mehr, nicht mehr, nicht mehr.

NARZISS: Die Hand voller Würmer! – – – Euch!

DER SOLDAT *kommandiert:* Prrääsentierttt – daaas Gewäährrrrr!!!!!

Es knackt in der Geste; festgeschraubt in der Maschinerie stehen die Gewehre fest.

NARZISS: Setzt statt der Disziplin die Ehrfurcht vor dem Leben in eure Herzen! Würdigt das Leben und achtet es! Es gibt ein jenseitiges Niveau für den Menschen. Heute wandeln wenige dort, in tausend Jahren werden es einige sein.

Pause.

Narziß von einer ätherischen Unruhe befallen.

DER SOLDAT: Dein letztes Wort!

NARZISS: Über der Erde sehe ich grillenhafte Reflexe leuchten. Der Traum, aus dem ich erwacht bin, die Erde in zukünftigen Feuern gehüllt sah, verblaßt an mir; ich irrte mich, als ich die mystische Erkenntnis kommen sah: nun wird es in den Hirnen und in den Herzen jagender Menschen klar, daß wir nicht dienen sollen, sondern uns begreifen! – – – Weil meine letzte irdische Übelkeit naht, bitte ich euch: schenkt mir den Glauben an euch, daß eure Hoffnung in den Sternen ist; denn es kommt die Zeit! Seid nicht kriegerisch-machtlüstern! Seid mutige Kämpfer! Ringt nach Bekenntnis! Die Erkenntnis kommt nachher, nachher!

Pause.

DER SOLDAT *hämisch:* Dein letztes Wort? –?

NARZISS: Ich endige an meinem Kreuz! Betet zu der großen Frau, die kluge Kinder gebiert; betet zu dem dämonischen, aber züchtigen Manne und das Geschlecht kommt – kommt verheißend herauf!

DER SOLDAT *kommandiert:* Aaugään rrrechttts!!!!!

Die Halsmuskeln machen eine marionettenhafte exakte Wendung.

DAS ARME VOLK *murmelt, wobei es niederkniet:* Wir sahen es werden, wir sehen ihn nun sterben! Ein Geschlecht geht, das andre kommt.

DER SOLDAT *macht eine Handbewegung; je zwei Paradesoldaten treten vor und legen ihre Gewehre in Anschlag; die andern präsentieren weiter.*

NEKROSE *schreiend durchs Gedränge:* Mein Kind!!

NARZISS: Mein letzter Wunsch!

NEKROSE *führt den Jungen an der Hand; zum Soldaten:* Laß sie rühren! Ihre Haltung blendet mich!

DER KNABE: Komm Mutter! *Will zum Vater.* Es sind starre, tote Männer!

DER SOLDAT *sperrt Mutter und Sohn den Durchgang zwischen den Gilden.*

DER KNABE *mit einer sehnsüchtigen Gebärde in die Ferne:* Vater! –! –! –!!!

NARZISS: Sohn! –! –!!! Mein Sohn!

Die Salve! Narziß bricht zusammen.
Die Wipfel der Pappeln stehen still!

Ende

1919/20

BERTOLT BRECHT

Der Narziß

1

Das violette Licht vom Hofe her
Scheint noch um sein Gesicht. Oh, es ist blaß.
Man kann noch lesen. Doch es ist schon schwer.
Ein kühles Leuchten schwimmt durch das Gelaß.

2

Wie wird Maria, dir, wenn du ihn siehst?
Er schließt den Deckel. Taumelnd: Ist er blind?
Er knöpft die schwarze Hose auf und liest
Das weiße Blatt: es duftet nach Absynth.

3

Der schwarze Baum im Fenster steht im Licht.
Er schwankt, daß jenem im Papier das Licht verblich
Und er dichtet weiter (es ist ein Gedicht)
Verlösche Licht! Verlösche! ER liebt SICH.

4

Ist's nicht, als schüttle sich der Baum und grinst?
Es regnet. Milch tropft in die Finsternis
Schwankend aus dem Gelaß weicht ein Gespinst
Mit Eiweiß auf der Hose: der Narziß.

1922

RAINER MARIA RILKE

Fragmente zum Narziß

III

... Dieser so reine Leib, weiß er, daß er verführte?
Von welcher Tiefe willst du, daß ich sie verspürte,
Siedler im Abgrund, du höchst zweifelhafter Gast
des Himmels, der aus Himmeln fiel mit Himmelslast? ...
Oh kühle Zier für mein trostloses Abwärtsschauen,
ein Lächeln, seltsam nah und voll von Anvertrauen,
das meine Lippe fast verschattet mit Gefahren,
als wollte sich ein fremdes Sehnen offenbaren!
Wer weckte dieser kühlen Rose Blätterringe? ...
Ich liebe ... liebe! ... Wer hat jemals andre Dinge
geliebt, als sich? ...
Nur dir, mein Leib, gehör ich zu;
denn vor den Toten, Liebster, schützt mich nichts als du!
....
Auf deiner Lippe ich, und du in meinem Schweigen,
fügen wir ein Gebet aus solchem Liebesdrang,
daß ein bewegter Gott aufhält des Abends Gang! ...
Glückliche Meister ihr, Väter des reingewagten
Betrugs, laßt Rosenlicht, laßt Lichte von Smaragden,
die euer Szepter dort dem Abendtraum entreißt,
laßt allerreinstes Licht, wie Geist vom reinsten Geist,
verweilen ..., daß du dich lebendig dann entschältest
und dir ein Blätterbett an meiner Seite wähltest,
um aus der Nymphe Herz dich zitternd zu befrein,
immer in meinem Blick, stets willig, Ich zu sein,
dich wendetest zu mir und tätest, wie ich tue ...
Dich endlich fassen, oh! ... in deiner Schultern Ruhe,
reiner als eine Frau, du Herkunft ohne Frucht ...
doch um mich, wie ein Block, ist meines Tempels
Wucht,
darin ich leb ... Ich leb von deinem Mund gemieden! ...

Oh Leib, mein lieber Leib, Tempel, der mich
geschieden
von meinem Gott, wie wollt ich deine Lippen stillen …
Und bald durchbräch ich, ach, um eines Kusses willen,
das Wenige, das uns trennt von Nichtmehr-wieder-
kommen,
den zarten Zwischenraum, den leicht durchbebten,
frommen,
zwischen der Welle, mir, den Göttern und der Seele! …
Leb wohl … Fühlst du, wie's Abschied weht aus
meiner Kehle?
Unordnung droht mit Schatten, die sich schauernd
neigen!
Bald greift ein Baum, schon blind, nach andrer Bäume
Zweigen
und sucht im Nachbarbaum die schwindende Gestalt …
So flieht die Seele mir in ihrem eigenen Wald
und hat nicht Macht zuletzt, die Formen zu begleiten …
Der Seele schwarzes Aug stößt an die Dunkelheiten,
sie dehnt sich riesig aus und findet nirgends nichts …
Zwischen dem Tod und ihr, die Tiefe des Gesichts!
Götter! Des hohen Tags verblaßte Niederlage
verliert sich in dem Los vorher verbrauchter Tage,
stürzt in die Unterwelt, wo du, Erinnrung, weinst.
Elender Leib, weh dir, Zeit ist, daß du dich einst …
Nun neig dich … küsse dich. Erbeb in deinem Wesen!
Das scheue Liebesziel, das du dir auserlesen,
zieht wie ein Schauer hin und bricht Narziß und flieht …

1926

VII

... in der Arbeit am Begriff: Narziß als Modell zur Beschreibung von Poesie

Im ganzen Universum kann der Mensch keinen hinreichend tiefen Brunnen finden, auf dessen Grunde er, beugt er sich über ihn, nicht sein eigenes Gesicht entdecken würde.

Leszek Kołakowski, 1956

JOHANN GOTTFRIED VON HERDER

Briefe zur Beförderung der Humanität

Achte Sammlung: Brief 92

[…] Wahre Kenner der Alten hat es immer nur wenige gegeben! Die Kritik der Sylben und Worte ist eine unentbehrliche, nützliche Kunst; sie erfordert Genie, Tact, und vor andern viel Känntnisse, Fleiß und Übung; daß sie aber die Känntniß der Alten noch nicht sei, von der das Fragment eine Palingenesie der Dinge herzuleiten scheinet, dies ist wohl Sonnenklar. Kritiker, wie Ruhnken an Hemsterhuis schildert, sind selten; auch von denen, die die Alten mit Geist lesen, wählt Jeder sich gern seinen Alten, den er über Alle hinaussetzt, nach welchem er dann, auch mit Fehlern und Schwächen, seine Denkart präget. Eine Reihe von Beispielen wäre anzuführen, aus welchen erhellen würde, wie selten wir in den Alten sie selbst, wie noch seltner wir in ihnen ihr Höchstes, das καλον κ'αγαθον der Griechen und Römerwelt, ihre Regel des Geschmacks im Wahren, Guten und Schönen studiren. Am öftersten schauen wir sie wie Narcisse an, denken daran, was Wir über Sie zu sagen haben, und bewundern unsre Gestalt in dem flüssigen Spiegel der alten heiligen Quelle. Statt an ihnen gehen zu lernen, verlieren manche durch sie den gesunden Brauch ihrer eignen Glieder.

1796

AUGUST WILHELM VON SCHLEGEL

Athenaeum. Ersten Bandes Zweites Stück

Fragmente

Der Dichter kann wenig vom Philosophen, dieser aber viel von ihm lernen. Es ist sogar zu befürchten, daß die Nachtlampe des Weisen den irre führen möchte, der gewohnt ist im Licht der Offenbarung zu wandeln.

*

Dichter sind doch immer Narzisse.

1798

[DOROTHEA VON SCHLEGEL]

Aus Dorothea's Tagebuch

51. Die Dichter Narcisse? – Nicht alle. Der wahre göttliche Dichter ist Pygmalion. Dieser vergöttert das Werk seiner Kunst und belebt es durch seine Liebe; jener sieht nur sein Bild darin und ist in sich selbst verliebt.

1798/1802

Amor und Psyche und die Weihen von Thespiä

§ 2

*Narcissus**

Er ist, so lautet die Fabel, Sohn des Flusses Cephissus und der Nymphe Lirioessa; ein Jüngling von ausserordentlicher Schönheit, edeln Bestrebungen zugethan. Ermüdet kam er einst an eine Quelle, und als er darin sein eignes Bild erblickte, wurde er wie von einem Zauberschlage berührt; trunken von seines Leibes Schönheit, sah er beständig starr in den Wasserspiegel, bis er so sich selbst verzehrend seinen Tod fand. Bei der Quelle aber wuchs eine Blume gleiches Namens aus der Erde hervor. Etwas abweichend erzählt den Mythus Conon (Narr. 24. p. 263. Gal. p. 20. Kanne).

Pausanias (IX. 31 fin.) läugnet auf des Pamphos Auctorität diese Entstehung der Blume. Sie sey, sagt er, die Blume des Truges, durch welche Proserpina von Pluto berückt worden. Sophocles (Oed. Col. 683. ib. Schol. Natal. Com. IX. 16. Cornut. de N. D. c. 35. Pausan. IX. 31. init) nennt die Narcisse den Kranz der grossen Göttinnen: diese sind entweder Ceres und Proserpina oder die Erin-

* Die Quellen dieses Mythus sind nachgewiesen in der Praeparatio ad Plotin. de Pulcr. p. XLV. besonders Eustath. ad Iliad. II. 498. p. 201. Bas. Eudoc. Viol. p. 304. Ov. Met. III. 342. ib. intt. Paus. IX. 31. [Auf der vorangehenden Seite vermerkt G. F. Creuzer hierzu folgendes: »Dieser Mythus erscheint in dem Erotischen Musendienste von Thespiä als Warnungsbild, und zeigt uns *die zweite Stufe der Liebestheorie*, wo die Seele, in Erinnerung ihres *ursprünglichen Wesens*, wie sie in Gott war, sich selber sucht; wo sie aber, weil sie ihr *individuelles* Selbst (den Schein ihres Wesens) noch irrig für das Wesen selber nimmt, in dieser Selbstsucht (φιλαυτίᾳ) erst zerfliesst, und dann als Trauerblume, als narcotische Grabespflanze, wieder gewinnt.« *Anm. d. Hg.*]

nyen. Auf jeden Fall hatte die Blume auf die Unterwelt Beziehung (s. Plin. H. N. XVIII. 26. 65. vergl. die Ausl. zu Virg. Georg. IV. 122.). Die Blume sollte ihren Namen haben von der ihr eigenen betäubenden Kraft, von ναρκᾷν*, und war darum dem Orcus zugeeignet: denn sie zog herab in die feuchte Tiefe, aus der sie gekommen.

Betrachten wir die Abkunft des Narcissus genauer, so finden wir, dass der Name seiner Mutter *Lirioessa* oder *Liriope* den Begriff des *Süssen, Sanften,* der *Lust* in sich enthält,** und wir müssen bei diesem Sohne eines Flusses an den *Fluss der Lust,* an die *fliessenden Genüsse* denken, in denen das menschliche Leben zerrinnt und zerfliesst (vergl. Nonn. Dionys. XI. 322 sq. XV. 352.). Einige unter den Alten sahen aber in jenem dem Narcissus so verderblichen Flusse den *Fluss des Lebens,* nämlich des materiellen Lebens; welche Geburt *im Feuchten* (d.i. in den Wassern des materiellen Mutterleibes) Verwesung und Untergang zur Folge hat.*** Wenn uns Conon (a.a.O.) erzählt, Narcissus habe die Liebe des *Aminias* verschmäht, so heisst diess: die Liebe des *Edleren* (ἀμείνονος) verschmähte er in kalter Selbstsucht. Platonische Philosophen aber waren es besonders, welche diese in so viele Mythen und Bilder eingekleidete Lehre von dem Herabsinken der menschlichen Seele aus den höhern Sphären in irdische Körper weiter ausbildeten. Man lese nur die Untersuchungen des Proclus in Plat. Tim. p.338 sqq. in Alcib. I. c. 32. p.108. ed. Cr. und das. c. 39. p.116. Im ächt Platonischen Sinne hat Ficinus diese

* Plut. Sympos. III. p.632. Wytt. Νάρκισσος: *Starrblume.* Vergl. Theophr. Hist. Plant. VI. 6. ib. Scal. et Boden a Stapel p.657 sq. Schneider Index ad Scrr. R. Rust. s. v. Bekkeri Anecdd. Gr. I. p.50. Athenäus XV. p.480. Schw. Hesych. I. p.181. Alb. Sprengel Gesch. d. Botan. I. p.31. vergl. auch Clem. Alex. Paed. II. 8. Artemid. Oneirocr. I. 77. p.107. und II. 7. p.139. Jacobs Animadvv. ad Anthol. Gr. I. 1. p.105. und III. 2. p.279.

** Etymol. M. s. v. λειριόεις, Apollon. Lex. Hom. s. v. Heyne ad Iliad. III. 152.

*** S. die Ansicht des Anonymus de Incredibb. c. 9. in den Opuscc. mytholl. p.88. sq. ed. Gale.

Allegorie ergriffen und fortgeführt (Commentar. in Platon. Conviv. c. 17. p. 1165. D. E. ed. Frcf.), dessen Ansicht auf Folgendes hinausläuft: Die *Seele* suchet ihr *Selbst.* Suchet sie es, wie es jetzt ist, in der Wirklichkeit, gefällt sie sich in diesem bedingten Seyn, in diesem abgeblassten, wesenlosen Leben, so muss sie über der Täuschung (da sie dadurch doch nicht befriedigt werden kann) trauernd zerfliessen. Nur wenn sie ihr Selbst sucht, wie es war und wie es wieder seyn soll, das wesenhafte, das göttliche *Selbst* – nur in dem Blicken und Ringen aufwärts, zu ihrer *Idee,* kann sie Heil und Glückseligkeit finden. Auf ähnliche Weise drückt sich Plotinus aus (de Anima p. 381.). […]

§ 3

Eros

Narcissus ist also das Bild der *im Scheine abwärts versunkenen Seele;* der himmlische Eros hingegen der gute *Genius* und Führer zur Weisheit und Glückseligkeit, der aus dem körperlich Schönen den Widerschein der göttlichen Schönheit hervorlockt. […]

1842

ANDRÉ GIDE

Traktat vom Narziß

Für Paul Valéry

Nuper me in litore vidi.*
Vergil

Vielleicht sind Bücher nicht eine so notwendige Sache; einige Mythen genügten am Anfang; eine ganze Religion fand in ihnen Platz. Das Volk staunte, als die Fabeln er-

* Neulich sah ich mich am Strand.

schienen, und betete an, ohne zu verstehen; über den Tiefsinn der Bilder gebeugt, drangen die aufmerksamen Priester langsam ein in das Geheimnis der Hieroglyphe. Schließlich suchte man zu erklären; die Bücher bauschten die Mythen auf; – und doch genügten wenige Mythen.

So der Mythos vom Narziß: *Narziß war vollkommen schön – und darum war er keusch; er verschmähte die Nymphen – denn er war in sich selbst verliebt. Kein Windhauch trübte die Quelle, wo er, vornübergebeugt, den ganzen Tag lang ruhig sein Bild betrachtete* … – Sie kennen die Geschichte. Dennoch wollen wir sie erneut erzählen. Alle Dinge sind bereits gesagt; aber niemand hört zu, und so muß man immer wieder von neuem beginnen.

Keinen Uferhang gibt es mehr, keine Quelle; keine Metamorphose noch die gespiegelte Blume; – nichts mehr folglich als allein Narziß, ein träumender Narziß, der sich von der grauen Eintönigkeit abhebt. In der nutzlosen Monotonie der Stunde ergreift ihn Unruhe, und sein unsicheres Herz stellt sich Fragen. Endlich will er nun die Form seiner Seele kennen; sie muß, so fühlt er, wenn er sie nach seinem langen Erschauern beurteilt, über alle Maßen anbetungswürdig sein; aber ihr Antlitz! ihr Bild! Ach! daß man nicht weiß, ob man sich liebt … daß man seine Schönheit nicht kennt! Ich verliere mich in dieser Landschaft ohne Linien, die ihrer Gestalt keinen Widerstand entgegensetzt. Ach! sich nicht sehen können! Ein Spiegel! ein Spiegel! ein Spiegel! ein Spiegel!

Und Narziß, der sicher ist, daß seine Gestalt sich irgendwo befindet, steht auf und macht sich auf die Suche nach der ersehnten Form, um endlich seine große Seele zu umhüllen.

Am Ufer des Flusses der Zeit hielt Narziß an. Schicksalhafter und zugleich trügerischer Strom, mit dem die Jahre vorüberziehen und zerrinnen. Schmucklose Ufer begrenzen wie eine rohe Einfassung die Wasser: ein Spiegel ohne Grund, hinter dem man nichts würde sehen können; hinter dem leerer Überdruß sich entfalten wird. Ein trüber, lethargischer Kanal, ein nahezu horizontaler Spiegel; und nichts würde dieses matte Wasser von der farblosen Umgebung unterscheiden, spürte man nicht, daß es fließt.

Aus der Ferne hat Narziß den Fluß für eine Landstraße gehalten, und da er sich, ganz allein, in all diesem Grau langweilte, hat er sich ihm genähert, um die Dinge vorüberziehen zu sehen. Die Hände auf die Uferböschung gestützt, neigt er sich nun in seiner gewohnten Haltung vornüber. Und wie er so schaut, schillert plötzlich farbig auf dem Wasser eine zarte Erscheinung. – Blumen der Ufer, Baumstämme, widergespiegelte Bruchstücke von blauem Himmel: eine Fülle von schnell wechselnden Bildern, die nur auf ihn gewartet haben, um zu sein, und die unter seinen Augen Farbe annehmen, fliehen dahin. Dann teilen sich die Hügel, und Wälder zeichnen sich entlang der Hänge der Täler ab – Gesichte, die sich im Wiegen

Hans Thoma: Jüngling an der Quelle. Gemälde auf Pappe. 1890

der Wasser kräuseln und denen die Woge Vielgestalt schenkt. Von Entzücken ergriffen schaut Narziß zu; – aber er versteht nicht recht, denn beide wiegen sich zugleich hin und her, ob seine Seele die Woge lenkt oder die Woge seine Seele.

Wo Narziß hinschaut, ist die Gegenwart. Aus der entferntesten Zukunft drängen die Dinge, noch im Zustand der Möglichkeit befindlich, zum Sein hin; Narziß erblickt sie, sie schwinden vorüber; sie zerrinnen in der Vergangenheit. Bald findet Narziß, daß es immer das gleiche Ding sei. Er fragt sich; er meditiert. Immer gleiten dieselben Formen vorüber; der Schwung der Woge allein bewirkt ihre Verschiedenheit. – Warum mehrere? oder aber warum dieselben? – So sind sie folglich unvollkommen, weil sie immer wieder von neuem beginnen … und alle, denkt er, strengen sich an und schwingen sich auf, hin zu einer ersten, verlorenen, paradiesischen und kristallklaren Form.

Narziß träumt vom *Paradies*.

I

Das *Paradies* war nicht groß; vollkommen entfaltete sich jede Form nur ein einziges Mal; ein Garten faßte sie alle zusammen. – Ob es war oder nicht war, was interessiert es uns? Wenn es aber war, dann war es so. Alles nahm dort Gestalt an in einem unabwendbaren Blühen, und alles war in Vollkommenheit so, wie es sein sollte. – Da nichts zu Besserem strebte, blieb alles unbeweglich. Einzig die stille Schwerkraft bewirkte langsam den stetigen Wechsel dieses harmonischen Ganzen.

Kein Lebensdrang hört je auf, weder in der *Vergangenheit* noch in der *Zukunft*, und so ist das *Paradies* nicht geworden – es war einfach schon von jeher da.

Reines Eden. Garten der *Ideen*! Wo die Formen, rhythmisch sich ihrer selbst sicher, ohne Mühe ihre Zahl offenbarten; wo jedes Ding so war, wie es erschien; wo es sich erübrigte, Beweise zu erbringen. […]

Im Zentrum Edens senkte Yggdrasil, der logarithmische

Baum, seine Lebenswurzeln in den Boden und ließ den dichten Schatten seiner Blätterkrone über das Gras ringsumher gleiten, in dem sich nichts als die *Nacht* ausbreitete. Im Schatten lehnte das Buch des *Mysteriums* gegen seinen Stamm – und darin war die Wahrheit zu lesen, die zu kennen nötig ist. Und der Wind, der in den Blättern des Baumes rauschte, buchstabierte darin den ganzen Tag lang die notwendigen Hieroglyphen.

Adam lauschte andächtig. Allein und noch geschlechtslos, verharrte er sitzend im Schatten des großen Baumes. Der Mensch! Hypostase Elohims und Diener der *Gottheit*! Für ihn, durch ihn erscheinen die Formen. Unbeweglich im Mittelpunkt dieser ganzen Zauberwelt, schaut er, wie sie sich entfaltet.

Aber zu stetigem Zuschauen verpflichtet, kommt ihm keine andere Rolle zu, als das Schauspiel immerwährend zu betrachten, und so wird er seiner bald überdrüssig. – Alles spielt sich nur für ihn ab, er weiß es – aber sich selbst … – sich selbst sieht er nicht. Was soll ihm da alles andere bedeuten? Ach, könnte er sich doch sehen! – Sicher ist er mächtig, denn er ist schöpferisch, und die ganze Welt hängt an seinem Blick – aber was weiß er von seiner Macht, solange er sie nicht bestätigt findet? […]

Ach! etwas fassen! Einen Zweig von Yggdrasil zwischen den selbstgerechten Fingern fassen, damit er zerbrochen werde …

So ist es geschehen.

… Ein unmerklicher Riß zunächst, ein Schrei, aber er schwillt an, breitet sich aus, steigert sich, ein schrilles Pfeifen, das bald zu einem heulenden Unwetter aufstöhnt. Der geschändete Baum Yggdrasil wankt und bricht […].

Zum Himmel hinauf steigt Dampf, steigen Tränen: Wolken, die in Tränen wieder niederfallen und die im Wolkendunst wieder aufsteigen werden: Die Zeit ist geboren.

Und der verstörte *Mensch*, dessen androgyne Gestalt sich in zwei Teile spaltet, weinte vor Angst und Grauen und spürte, mit einem neuen Geschlecht in sich, das rastlose Begehren nach dieser ihm fast gleichen Hälfte hervorbrechen, nach dieser so plötzlich vor ihm erscheinenden Frau, die er umarmen, die er wieder besitzen will – nach dieser Frau, die in dem blinden Bemühen, in sich das vollkommene Wesen neu zu erschaffen und damit das Geschlecht enden zu lassen, dem noch unbekannten Träger einer neuen Rasse in ihrem Schoß Leben schenken wird; und so wird bald in der Zeit ein neues Wesen entstehen, noch unvollständig und sich nicht selbst genügend.

Trauriges Geschlecht, das du dich auf dieser Erde der Dämmerung und der Gebete ausbreiten wirst! Die Erinnerung an das verlorene *Paradies* wird dich aus deinen Ekstasen in tiefste Betrübnis stürzen; die Erinnerung an das *Paradies*, das du überall suchen wirst – von dem dir die Propheten wieder berichten werden – und auch die Dichter hier, die ehrfürchtig die zerrissenen Blätter des uralten *Buches* sammeln, in dem man die Wahrheit lesen konnte, die zu erkennen nötig ist.

II

Wenn Narziß sich umdrehte, sähe er, denke ich, irgendeinen grünen Uferhang, den Himmel vielleicht, den *Baum*, die *Blume* – etwas Beständiges nämlich, das Dauer hat, dessen Widerspiegelung sich aber auf dem Wasser bricht und das sich durch die Flüchtigkeit der Wogen wandelt.

Wann also wird dieses Wasser in seinem Fließen innehalten? Und wann wird es, resignierend schließlich, als ruhender Spiegel, in der ebenmäßigen Reinheit des Bildes die Linien dieser schicksalhaften Formen vollkommen ausdrücken, ebenmäßig, bis es mit ihnen verschmilzt, bis es sie selber wird, endlich.

Wann also wird die Zeit, so sie in ihrem Fließen endet, zulassen, daß dieses Zerströmen zur Ruhe kommt? Ihr Formen, göttliche und ewige Formen! Die ihr nur auf die Ruhe wartet, um wieder zu erscheinen; wann, in welcher

Nacht, in welcher Stille werdet ihr wieder Kristallgestalt annehmen?

Man muß das *Paradies* immer wieder neu beginnen; es liegt gar nicht in einem weit entfernten Thule. Es bleibt bestehen unter dem Schein. Jedes Ding bewahrt in sich, als Möglichkeit, die innere Harmonie seines Seins, so wie jedes Salzkorn in sich die Urform seines Kristalls trägt; – und möge auch eine Zeit der stillschweigenden Nacht anbrechen, in der die Wasser noch schwerer herabstürzen: In den ungestörten Tiefen werden verborgene Kristallkegel aufblühen...

Alles strebt hin zu seiner verlorenen Form; sie scheint durch, aber beschmutzt, verbogen, und sie genügt sich nicht, denn immer wieder beginnt sie von neuem: bedrängt, gestört von den benachbarten Formen, die sich ebenso bemühen, jede für sich, zu erscheinen; – denn, zu sein genügt nicht mehr: Man muß sich beweisen – und der Stolz macht jede Form selbstgerecht. Die Stunde, die zerrinnt, stürzt alles um. [...]

III

Der *Dichter* ist der, der schaut. Und was sieht er? – Das *Paradies*.

Denn das *Paradies* ist überall; wir sollten den äußeren Erscheinungen keinen Glauben schenken. Die Erscheinungen sind unvollkommen: Sie stammeln die Wahrheiten, die sie verbergen; der *Dichter* muß verstehen auf bloße Andeutung hin – und dann diese Wahrheiten erneut aussprechen. Und der *Gelehrte*, tut er etwas anderes? Auch er sucht nach der Urgestalt der Dinge und den Gesetzen ihrer Abfolge; er stellt schließlich eine Welt wieder her, die einfach ist wie das Ideal und in der sich alles natürlich zusammenfügt.

Aber diese ersten Formen sucht der *Gelehrte* durch langsames und ängstliches Schlußfolgern über unzählige Beispiele hinweg: denn er hält inne am äußeren Schein, und nach Gewißheit durstend untersagt er es sich zu erraten.

Der *Dichter* hingegen, der weiß, daß er etwas erschafft, errät durch jedes Ding hindurch – und ein einziges genügt ihm, um als Symbol sein Urbild zu offenbaren; er weiß, daß die äußere Erscheinung der Vorwand ist, eine Umhüllung, die es verschleiert, bei der das profane Auge anhält, die uns aber zeigt, daß *Es* da ist.*

Der andächtige *Dichter* versinkt in Betrachtung; er neigt sich über die Symbole, und still taucht er tief in das Herz der Dinge ein – und wenn er, seherisch, die *Idee* wahrgenommen hat, die innere, harmonische *Zahl* ihres Seins, welche die unvollkommene Form trägt, dann ergreift er sie, und sorglos gegenüber jener vergänglichen Form, die sie in der Zeit umkleidet, vermag er ihr wieder eine ewige Form zu geben, *ihre* endlich wahre und schicksalhafte *Form* – paradiesisch und kristallen.

Denn das Kunstwerk ist ein Kristall – Teil des *Paradieses,* in dem die *Idee* in ihrer höheren Reinheit wieder erblüht [...].

Indessen betrachtet Narziß vom Ufer aus seine Vision, die eine verliebte Sehnsucht verklärt; er träumt. Der einsame und kindliche Narziß verliebt sich in das zarte Bild; er neigt sich mit einem Wunsch zu liebkosen über den Fluß, um seinen Liebesdurst zu stillen. Er neigt sich vornüber, und plötzlich verschwindet dieses blendende Trugbild; auf dem Fluß sieht er nur noch zwei Lippen von den seinen, die sich spannen, zwei Augen, die seinen, die ihn anschauen. Er versteht, daß er selbst es ist – daß er allein ist – und daß er sich in sein Antlitz verliebt. Ringsumher ein leeres Azurblau, das seine blassen Arme aufbrechen, voller Sehnsucht durch die gebrochene Erscheinung durchgreifend, tauchen sie hinab in ein unbekanntes Element.

Da richtet er sich ein wenig auf; das Gesicht entfernt sich. Die Oberfläche des Wassers färbt sich wie vorher, und die Vision erscheint wieder. Aber Narziß sagt sich, daß der

* Hat man verstanden, daß ich Symbol nenne – *alles, was erscheint.*

Kuß unmöglich ist – man darf kein Bild begehren; eine Geste, nur um es zu besitzen, zerstört es. Er ist allein. – Was soll er tun? In Betrachtung versinken.

Schwer und andächtig nimmt er seine ruhige Haltung wieder ein: er verharrt – ein Symbol, das größer wird –, und er spürt, über die Erscheinung der *Welt* geneigt, undeutlich in sich aufgesogen, die Menschengenerationen, die vorüberschwinden.

1891

GOTTFRIED BENN

Das moderne Ich

... schaut er sich selbst in stygischer Flut.
Ovid, Verwandlungen (Narziß)

[...] Meine Herren, die Biographie des Ich ist nicht geschrieben, aber wo Sie sich in die Geschichte des Verhältnisses von Welt und Ich vertiefen, sehen Sie mit großer Deutlichkeit diese Entwicklung vor sich: die Erstarkung des Gefühls der Selbständigkeit des individuellen Subjekts. Das Ich, sich zunächst durchaus in die äußere Welt hineinstellend, in seinem Bewußtsein anfangs kaum die Stellung der eigenen Person und der es umgebenden Lebewesen in seinem Weltbild unterscheidend, sammelt und konzentriert allmählich das subjektive Lebensgefühl zu der Bewußtheit von einer individuellen Existenz.

Aber dies, der Individualismus der attischen Epoche und der hellenistischen Zeit, noch durchaus objektivistisch wie das gesamte Weltbild der Periode, vollendet sich in zwei parallelen Entwicklungsreihen zu dem heutigen Bewußtsein im Sinne des Trägers der rein phänomenalen Welt.

Der Veränderung des Weltbildes, ausgehend von der

durchaus pluralistischen Weltauffassung des Animismus: die Welt zerklüftet in unzählige objektive Einzelexistenzen, unter denen das Ich, ein Einzelwesen wie jene, keine irgendwie ausgezeichnete Stellung einnimmt, über des Polytheismus allmählich sich verschärfende Trennung zwischen Göttern und Geistern: dem vielspältigen, unberechenbaren, launischen Wirken der Geister das irgendwie gesetzliche Walten der Götter gegenüberstellt, bis zu des Monotheismus Einheitsidee: der Welt von *einem* Willen, *einem* Gesetz geregelt, von *einem* Prinzip des Lebens beseelt, geht eine Entwicklung des Lebensgefühls des Menschen parallel, indem das Ich Zug für Zug jenen Gedanken des Subjektivismus in sich bildet, daß die ganze äußere Welt als ein inneres Erlebnis ihm gegeben ist.

Sie kennen den Weg von Heraklits dunklem und fast verschollenem Werk über Marc Aurels Buch an sich selbst, die Lyrik Gregors von Nazianz und Augustins Konfessionen bis zu dem großen Aufstand in der Renaissance, als das Ich es aufgab, sich nur »als Korporation oder sonst in irgendeiner Form des Allgemeinen« (Burckhardt) zu fühlen; Ihnen steht vor Augen die dunkle Fülle subjektivistischer Motive aus der christlichen Mystik des Mittelalters, Sie erinnern sich des grundsätzlichen Zweifels an aller Realität des Descartes, des Neookkasionalismus von Malebranche, für den alle uns mögliche echte Erkenntnis sich in der Erfassung von Ideen und deren Beziehungen erschöpft, des Psychologismus Lockes und seiner Nachfolger, der Trennung Kants von Dingen an sich und Erscheinungen und schließlich vor Ihren Augen des modernen Positivismus Relativierung von Zeit und Raum geradezu orgiastischen Finales.

Nun steht es da, dies Ich, Träger alles erlebten Inhaltes, allem erlebbaren Inhalt präformiert. Anfang und Ende, Echo und Rauchfang seiner selbst, Bewußtsein bis in alle Falten, Apriori experimentell evakuiert, Kosmos, Pfauenrad diskursiver Eskapaden, Gott durch keine Nieswurz zu Geräusch lanciert; – Bewußtsein, fladenhaft, Affekte Zerebrismen; Bewußtsein bis zur Lichtscheu, Sexus inhärent; Bewußtsein, Fels mit des Königs Inschrift, krank von der Syntax mythischem Du, letzter großer Buchstabe: persisch, susisch, eleamitisch, drohend Gewalt unterworfenen Ebenen: Erbe und Ende und Achämenide.

Erloschenes Auge, Pupille steht nach Innen, nirgends mehr Personen, sondern immer nur das *Ich* […].

Erwachend: witternd: nach südlichem Wort; in die Runde: nach ligurischem Komplexe – tödlicher, nördlicher, nebliger Fluch, abendländisches Funèbre.

Hellstes Griechenland, die Taineschen Hellenen, wie kräftig der Hals und wie hoch die Brust. Arme, sparsame, junge Rasse, Hirten von drei Oliven lebend, einer Knoblauchszehe und einem Sardellenkopf; schlafend auf Straßen, die Frauen auf den Dächern, helle Winde, Glücke um ein Nichts –, ihre Götter, die nicht sterben, die die Winde nicht erschüttern, die der Regen nie durchnäßt, die der Schnee nicht erreicht, »wo wolkenlos der Äther sich öffnet und das weiße Licht leichtfüßig läuft«.

Hellstes Griechenland, die Taineschen Hellenen, arme sparsame junge Rasse und plötzlich: aus Thrazien: Dionysos.

Aus den phrygischen Bergen, von Kybeles Seite, unter dem Brand von Fackeln um Mitternacht, beim Schmettern eherner Becken, einklingend ihm tieftönende Flöte von der Lippe taumelnder Auleten, umschwärmt von Mänaden in Fuchspelz und gehörnt, tritt er in die Ebene, die sich ergibt.

Kein Zaudern, keine Frage: Über die Höhen geht der Nächtliche, die Fichte im Haar, der Stiergestaltete, der Belaubte: Ihm nach nun, und nun das Haupt geschwungen, und nun den Hanf gedünstet, und nun den ungemischten Trank –: nun ist schon Wein und Honig in den Strömen – nun: Rosen, syrisch – nun: gärend Korn – nun ist die Stunde der großen Nacht, des Rausches und der entwichenen Formen. […]

Es ist Mittag über dem Ich oder Sommer, es schweigt von Früchten, über allen Hügeln, es schweigt von Mohn. Es ruft, Echo ruft, das ist keine Stimme, keine Antwortstimme, kein Glück, kein Ruf.

Aber es sind Felder über der Erde, die tragen nichts als

Blumen des Rauschs – halt an, Narziß, es starben die Moiren, mit den Menschen sprichst du wie mit Wind –, wie weit du fühltest, wie weit du spültest, dir ward dein eignes lyäisches Bild.

Narziß, Narziß, es schweigen die Wälder, die Meere schweigen um Schatten und Baum: – Du, Erde, Wolken, Meer, um deine Schultern, schreiend nach Zeugung, hungernd in den Fäusten, dir Stücke aus dem Leib der Welt zu reißen, sie formend und sich tief in sie vergessend, aus aller Not und Scham der Einsamkeit – dann: über die Lider des Baumes Hauch, dann: Gurren, dann: zwischen Asphodelen schaust du dich selbst in stygischer Flut.

1920

RUDOLF KASSNER

Narciss oder Mythos und Einbildungskraft

[...] Gehen wir also zu Narciß zurück! Wenn dieser, was die Ansicht vieler ist, nur eitel wäre, ein Sinnbild der Eitelkeit, müßte er da nicht ununterbrochen, um mich eines eben gehörten Wortes zu bedienen, von sich selber deviieren oder vor sich selber, vor seinem wahren Selbst abgelenkt werden? Müßte sein Gesicht nicht im Spiegel und durch ihn allmählich mehr und mehr entstellt und zur Grimasse, zur Maske werden? Oder müßte es sich nicht in den Spiegel ausschütten und leer werden? Der letzte Sinn der Imagination zwischen Narciß und dessen Bild, zwischen Mensch und Spiegel, zwischen Ich und Selbst, zwischen Anfang und Ende ist Rektifizierung. Oder der: Korrektiv zu sein. Mit anderen Worten: ohne diese Imagination, die durch den Tod hindurchgeht gleich dem Pfeil des Odysseus durch die Ringe und kein Ziel hat, wenn wir nicht das ihr Ziel nennen wollen, daß sie eben durch den Tod hindurch gehe gleich dem Pfeil durch die Ringe, ohne diese Imagination also müßte alles entgleisen oder erstarren oder in einer Zwangsvorstellung ersticken oder sich ausschütten und leer werden. Und jetzt bin ich dort, wo Sie mich haben wollten: die Imagination spielt innerhalb der sittlichen Welt, innerhalb der Welt der Inhalte und Wesen dieselbe Rolle wie das Unendliche innerhalb der Zahlenwelt, weshalb ich schon einmal das Unendliche den Spiegel der Zahl genannt habe. Das will bedeuten, daß wir diese Imagination brauchen, um die bewegten Dinge oder die Dinge in der Bewegung zu messen. Die Frage ist also, wie wir Harmonie und Leben vereinigen können? Muß nicht das Leben, in dem es fortgeht oder uns mit sich reißt, die Harmonie stören oder zerreißen? Inwieweit ist das an sich Unharmonische dennoch harmonisch? Antwort: Durch die Imagination. Ist also das Leben des hl. Franz oder sonst eines Heiligen ein harmonisches gewesen? Gewiß, wenn Sie in die Beziehung Gott-Mensch die Einbildungskraft einsetzen. Abnegation, Abtötung des Willens, Askese ist sinnlos in einer Welt ohne Einbildungskraft. Diese fehlt im System Schopenhauers, weshalb es zuletzt auf keine Weise einzusehen ist, warum sich darin der Wille oder der Mensch gegen sich selber kehren solle oder könne. Nach der Ansicht der Vulgären ist das Leben eines Dichters (ganz allgemein gesprochen) »unharmonisch«. Und doch ist jeder echte Dichter harmonisch: durch sein Werk. Im Gehen gleichsam, im Schreiten, in der Bewegung. Unharmonisch müßte ein Dichter erst ohne Werk, ohne Einbildungskraft sein. So steckt das Werk im Dichter und der Dichter im Werk mittels der Einbildungskraft. [...]

Die Imagination ist der Weg, ist die Brücke. Sie ist der Bogen zwischen Nähe und Ferne, das Bogenelement zwischen beiden. Die antike Welt kannte diese Art von Harmonie, von Maß mittels der Imagination ebensowenig, wie ihr in der Mathematik die Differentialmethode zur Berechnung von Bewegungsgrößen bekannt war. Die Harmonie des antiken Menschen, die als solche nichts mit Naivität oder Objektivität, und wie alle die Begriffe des achtzehnten Jahrhunderts heißen, zu tun hat, ist nie durch das Verhältnis vom Schöpfer zum Werk in Frage gestellt. Vergil hat das Maß und die Harmonie des römischen Menschen, das Werk gleicht einem Tempel oder hat das Maß und die Harmonie des Tempels. Und die Einigung beider, der Bogen, die Bewegung vom Dichter zum Werk, vom Schöpfer zur Schöpfung? Ist der Mythos oder ist Mythos. [...]

In dieser sogenannten Objektivität des antiken Dichters ist noch etwas übriggeblieben, wenn wir uns so ausdrücken dürfen, von der alten Verwandlungswelt, das heißt: der antike Dichter steckt in seinem Werk wie der sich verwandelnde Zeus im Schwan oder Daphne im Lorbeer. An die Stelle des Mythos ist im modernen Menschen die Einbildungskraft getreten. Oder das Erlebnis mittels der Einbildungskraft, die spezifische Einsamkeit des modernen Menschen, die Verwandlung als Traum, als Kunst. Wir sind ohne Mythos, oder unser Mythos ist diese Einsamkeit als Hintergrund der Imagination. Ich bin froh darüber, daß ich diesen Begriff der Einsamkeit gefunden habe, einer Einsamkeit ganz ohne Ranküne oder Ähnliches, aus jener Rousseaus und der Romantik entwicklungsgeschichtlich hervorgegangen, doch von höherer Art. An anderer Stelle habe ich gesagt: diese Einsamkeit bedeute das für die moderne Persönlichkeit, was der Goldhintergrund für die Heiligen der Primitiven sei. Und daraus hat sich mir eine neue Bestimmung derselben ergeben: die Harmonie des antiken Menschen ruht auf dem Glück. Wir dürfen auch sagen, das Glück, ein im letzten Grunde Mythisches, sei der Kern dieser Harmonie. Nur um dieses Glück als Kern kann sich die Harmonie bilden. Die Vision des Menschen vermag alles zu durchdringen, nur dieses Glück (als Kern der Harmonie) nicht. So ist das Glück: undurchdringlich, undurchlässig für die Strahlen der Vision. Und sehen Sie, der Einsame in unserem Sinne ist ohne dieses Glück. Und so ist er der Einsame. Narciß ist ohne Glück. Zwischen Narciß und dem Spiegel ist alles, ist die ganze Welt, ist Anfang und Ende der

Welt, zwischen Narciß und dem Spiegel aber ist an keinem einzigen Punkte das Glück. So wiederum ist Narciß, so der Spiegel, so das Glück. Kann es ein Bild für die Einsamkeit geben, das »mythischer« wäre als Narciß vor dem Spiegel?! Mir fällt in diesem Augenblick eine Stelle in Kierkegaards Tagebuch ein. Auch er war wie alle leidenschaftlichen und zugleich tiefen Geister des neunzehnten Jahrhunderts ein Narciß. Niemand war es nebenbei mehr als Tolstoi, wie sehr der Schein auch dagegen sprechen mag. Ich weiß die Stelle nicht auswendig, ich weiß nur, daß sie folgendes besagt, er, Kierkegaard, sei eines Abends aus einer Gesellschaft gekommen, worin er dank seiner guten Laune, seinem Witz, seinem Geist den Mittelpunkt gebildet habe. Keiner, der nach dessen Verlassen nicht bei sich gedacht: Welcher Geist, welche Ausgelassenheit! Welches Glück, so viel Witz zu haben, daß alle durch Stunden atemlos seiner Rede lauschten! Und doch habe dieser Glückliche auf dem Heimweg nur den einzigen Gedanken gehabt: sich zu erschießen, und zwar auf der Stelle. Sehen Sie, das ist Narciß (ohne Spiegel oder mit dem Abgrund vor sich statt des Spiegels), das ist die Einsamkeit, die ich meine, die Einsamkeit als Gegenwelt zum Mythos, die Nacht der Blitze, die Welt ohne Glück. Und dieser Einsame, weiter, ist es, den ich den Menschen der Grenzen nenne: den Menschen auf der Schneide, ohne Besitz. Wie will der besitzen, der auf der Schneide, der an der Grenze lebt! Das, was bei uns Einbildungskraft heißt, ist nicht das Glück des Menschen der Grenzen zu nennen, denn die Einbildungskraft ist, genau genommen, weder Kern noch Mittelpunkt, sondern die Achse, um welche sich die Welt des Narciß bewegt, die Welt des Einsamen, die Welt aus Bild und Gegenbild. Es kann darum in der Welt des Narciß kein Gleichgewicht (und also auch keine Tugend, kein Maß) ohne Einbildungskraft geben, wie immer die Kräfte oder Zustände heißen, zwischen welchen das Gleichgewicht hergestellt werden soll: Körper und Seele, Geist und Sinne. […]

1928

Appendix

Psychoanalyse und Gesellschaftstheorie: Narziß als integraler Bestandteil moderner Theorien vom Ich

Die Welt ist ein unermeßlicher Narziß,
der sich selber denkt.

Joachim Gasquet, Narcisse (1931)

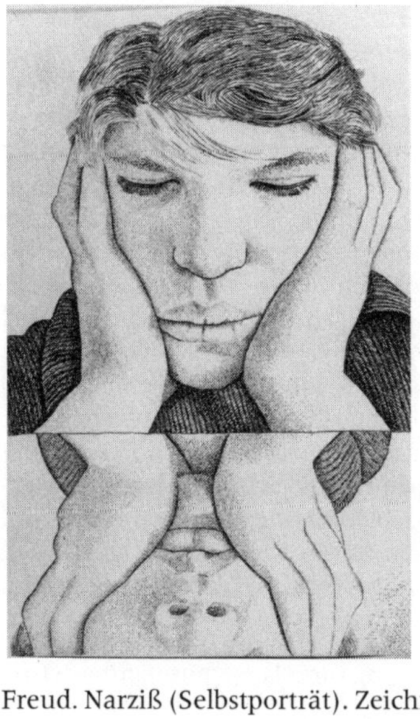

Lucian Freud. Narziß (Selbstporträt). Zeichnung. 1947/48

SIGMUND FREUD

Zur Einführung des Narzißmus

I

Der Terminus Narzißmus entstammt der klinischen Deskription und ist von P. Näcke 1899 zur Bezeichnung jenes Verhaltens gewählt worden, bei welchem ein Individuum den eigenen Leib in ähnlicher Weise behandelt wie sonst den eines Sexualobjekts, ihn also mit sexuellem Wohlgefallen beschaut, streichelt, liebkost, bis es durch diese Vornahmen zur vollen Befriedigung gelangt. In dieser Ausbildung hat der Narzißmus die Bedeutung einer Perversion, welche das gesamte Sexualleben der Person aufgesogen hat, und unterliegt darum auch den Erwartungen, mit denen wir an das Studium aller Perversionen herantreten.

Es ist dann der psychoanalytischen Beobachtung aufgefallen, daß einzelne Züge des narzißtischen Verhaltens bei vielen mit anderen Störungen behafteten Personen gefunden werden, so nach Sadger bei Homosexuellen, und endlich lag die Vermutung nahe, daß eine als Narzißmus zu bezeichnende Unterbringung der Libido in viel weiterem Umfang in Betracht kommen und eine Stelle in der regulären Sexualentwicklung des Menschen beanspruchen könnte.* Auf die nämliche Vermutung kam man von den Schwierigkeiten der psychoanalytischen Arbeit an Neurotikern her, denn es schien, als ob ein solches narzißtisches Verhalten derselben eine der Grenzen ihrer Beeinflußbarkeit herstellte. Narzißmus in diesem Sinne wäre keine Perversion, sondern die libidinöse Ergänzung zum Egoismus des Selbsterhaltungstriebes, von dem jedem Lebewesen mit Recht ein Stück zugeschrieben wird. Ein dringendes Motiv, sich mit der Vorstellung eines primären und normalen Narzißmus zu beschäftigen, ergab sich, als der Versuch unternommen wurde, das Verständnis der Dementia praecox (Kraepelin) oder Schizophrenie (Bleuler) unter die Voraussetzung der Libidotheorie zu bringen. Zwei fundamentale Charakterzüge zeigen solche Kranke, die ich vorgeschlagen habe als Paraphreniker zu bezeichnen: den Größenwahn und die Abwen-

* O. Rank, Ein Beitrag zum Narzißmus. Jahrbuch f. psychoanalyt. Forschungen. Bd. III, 1911.

dung ihres Interesses von der Außenwelt (Personen und Dingen). Infolge der letzteren Veränderung entziehen sie sich der Beeinflussung durch die Psychoanalyse, werden sie für unsere Bemühungen unheilbar. Die Abwendung des Paraphrenikers von der Außenwelt bedarf aber einer genaueren Kennzeichnung. Auch der Hysteriker und Zwangsneurotiker hat, soweit seine Krankheit reicht, die Beziehung zur Realität aufgegeben. Die Analyse zeigt aber, daß er die erotische Beziehung zu Personen und Dingen keineswegs aufgehoben hat. [...]

Anders der Paraphreniker. Dieser scheint seine Libido von den Personen und Dingen der Außenwelt wirklich zurückgezogen zu haben, ohne diese durch andere in seiner Phantasie zu ersetzen. Wo dies dann geschieht, scheint es sekundär zu sein und einem Heilungsversuch anzugehören, welcher die Libido zum Objekt zurückführen will.*

Es entsteht die Frage: Welches ist das Schicksal der den Objekten entzogenen Libido bei der Schizophrenie? Der Größenwahn dieser Zustände weist hier den Weg. Er ist wohl auf Kosten der Objektlibido entstanden. Die der Außenwelt entzogene Libido ist dem Ich zugeführt worden, so daß ein Verhalten entstand, welches wir Narzißmus heißen können. Der Größenwahn selbst ist aber keine Neuschöpfung, sondern, wie wir wissen, die Vergrößerung und Verdeutlichung eines Zustandes, der schon vorher bestanden hatte. Somit werden wir dazu geführt, den Narzißmus, der durch Einbeziehung der Objektbesetzungen entsteht, als einen sekundären aufzufassen, welcher sich über einen primären, durch mannigfache Einflüsse verdunkelten, aufbaut. [...]

Ein dritter Zufluß zu dieser, wie ich meine, legitimen Weiterbildung der Libidotheorie ergibt sich aus unseren Beobachtungen und Auffassungen des Seelenlebens von Kindern und von primitiven Völkern. Wir finden bei diesen letzteren Züge, welche, wenn sie vereinzelt wären, dem Größenwahn zugerechnet werden könnten, eine Überschätzung der Macht ihrer Wünsche und psychischen Akte, die »Allmacht der Gedanken«, einen Glauben an die Zauberkraft der Worte, eine Technik gegen die Außenwelt, die »Magie«, welche als konsequente Anwendung dieser größensüch-

* Vgl. für diese Aufstellungen die Diskussion des »Weltunterganges« in der Analyse des Senatspräsidenten Schreber. Jahrbuch, Bd. III [Ges. Werke, Bd. VIII], 1911. Ferner: Abraham, Die psychosexuellen Differenzen der Hysterie und der Dementia praecox. 1908. (Klinische Beiträge zur Psychoanalyse. S. 23 ff.)

tigen Voraussetzungen erscheint.* Wir erwarten eine ganz analoge Einstellung zur Außenwelt beim Kinde unserer Zeit, dessen Entwicklung für uns weit undurchsichtiger ist.** Wir bilden so die Vorstellung einer ursprünglichen Libidobesetzung des Ichs, von der später an die Objekte abgegeben wird, die aber, im Grunde genommen, verbleibt und sich zu den Objektbesetzungen verhält wie der Körper eines Protoplasmatierchens zu den von ihm ausgeschickten Pseudopodien. Dieses Stück der Libidounterbringung mußte für unsere von den neurotischen Symptomen ausgehende Forschung zunächst verdeckt bleiben. Die Emanationen dieser Libido, die Objektbesetzungen, die ausgeschickt und wieder zurückgezogen werden können, wurden uns allein auffällig. Wir sehen auch im groben einen Gegensatz zwischen der Ichlibido und der Objektlibido. Je mehr die eine verbraucht, desto mehr verarmt die andere. Als die höchste Entwicklungsphase, zu der es die letztere bringt, erscheint uns der Zustand der Verliebtheit, der sich uns wie ein Aufgeben der eigenen Persönlichkeit gegen die Objektbesetzung darstellt und seinen Gegensatz in der Phantasie (oder Selbstwahrnehmung) der Paranoiker vom Weltuntergang findet.*** Endlich folgern wir für die Unterscheidung der psychischen Energien, daß sie zunächst im Zustande des Narzißmus beisammen und für unsere grobe Analyse ununterscheidbar sind, und daß es erst mit der Objektbesetzung möglich wird, eine Sexualenergie, die Libido, von einer Energie der Ichtriebe zu unterscheiden.

Ehe ich weiter gehe, muß ich zwei Fragen berühren, welche mitten in die Schwierigkeiten des Themas leiten. Erstens: Wie verhält sich der Narzißmus, von dem wir jetzt handeln, zum Autoerotismus, den wir als einen Frühzustand der Libido beschrieben haben? Zweitens: Wenn wir dem Ich eine primäre Besetzung mit Libido zuerkennen, wozu ist es überhaupt noch nötig, eine sexuelle Libido von einer nicht sexuellen Energie der Ichtriebe zu trennen? Würde die Zugrundelegung einer einheitlichen psychischen Energie nicht alle Schwierigkeiten der Sonderung von Ichtriebenergie und Ichlibido, Ichlibido und Objektli-

* Siehe die entsprechenden Abschnitte in meinem Buch »Totem und Tabu«, 1913 [Ges. Werke, Bd. IX].

** S. Ferenczi, Entwicklungsstufen des Wirklichkeitssinnes. Intern. Zschr. f. PsA. I, 1913.

*** Es gibt zwei Mechanismen dieses Weltunterganges, wenn alle Libidobesetzung auf das geliebte Objekt abströmt, und wenn alle in das Ich zurückfließt.

bido ersparen? Zur ersten Frage bemerke ich: Es ist eine notwendige Annahme, daß eine dem Ich vergleichbare Einheit nicht von Anfang an im Individuum vorhanden ist; das Ich muß entwickelt werden. Die autoerotischen Triebe sind aber uranfänglich; es muß also irgend etwas zum Autoerotismus hinzukommen, eine neue psychische Aktion, um den Narzißmus zu gestalten. [...]

II

[...] Es ist allgemein bekannt und erscheint uns selbstverständlich, daß der von organischem Schmerz und Mißempfindungen Gepeinigte das Interesse an den Dingen der Außenwelt, soweit sie nicht sein Leiden betreffen, aufgibt. Genauere Beobachtung lehrt, daß er auch das libidinöse Interesse von seinen Liebesobjekten zurückzieht, aufhört zu lieben, solange er leidet. Die Banalität dieser Tatsache braucht uns nicht abzuhalten, ihr eine Übersetzung in die Ausdrucksweise der Libidotheorie zu geben. Wir würden dann sagen: Der Kranke zieht seine Libidobesetzungen auf sein Ich zurück, um sie nach der Genesung wieder auszusenden. »Einzig in der engen Höhle«, sagt W. Busch vom zahnschmerzkranken Dichter, »des Backenzahnes weilt die Seele.« Libido und Ichinteresse haben dabei das gleiche Schicksal und sind wiederum voneinander nicht unterscheidbar. Der bekannte Egoismus der Kranken deckt beides. [...]

Ähnlich wie die Krankheit bedeutet auch der Schlafzustand ein narzißtisches Zurückziehen der Libidopositionen auf die eigene Person, des Genaueren, auf den einen Wunsch zu schlafen. Der Egoismus der Träume fügt sich wohl in diesen Zusammenhang ein. In beiden Fällen sehen wir, wenn auch nichts anderes, Beispiele von Veränderungen der Libidoverteilung infolge von Ichveränderung.

Die Hypochondrie äußert sich wie das organische Kranksein in peinlichen und schmerzhaften Körperempfindungen und trifft auch in der Wirkung auf die Libidoverteilung mit ihm zusammen. Der Hypochondrische zieht Interesse wie Libido – die letztere besonders deutlich – von den Objekten der Außenwelt zurück und konzentriert beides auf das ihn beschäftigende Organ. [...]

Ein starker Egoismus schützt vor Erkrankung, aber endlich muß man beginnen zu lieben, um nicht krank zu werden, und muß erkranken, wenn man infolge von Versagung nicht lieben kann. Etwa nach dem Vorbild, wie sich H. Heine die Psychogenese der Weltschöpfung vorstellt:

»Krankheit ist wohl der letzte Grund
Des ganzen Schöpferdrangs gewesen;
Erschaffend konnte ich genesen,
Erschaffend wurde ich gesund.«

[...] Einen dritten Zugang zum Studium des Narzißmus gestattet das Liebesleben der Menschen in seiner verschiedenartigen Differenzierung bei Mann und Weib. Ähnlich, wie die Objektlibido unserer Beobachtung zuerst die Ichlibido verdeckt hat, so haben wir auch bei der Objektwahl des Kindes (und Heranwachsenden) zuerst gemerkt, daß es seine Sexualobjekte seinen Befriedigungserlebnissen entnimmt. Die ersten autoerotischen sexuellen Befriedigungen werden im Anschluß an lebenswichtige, der Selbsterhaltung dienende Funktionen erlebt. Die Sexualtriebe lehnen sich zunächst an die Befriedigung der Ichtriebe an, machen sich erst später von den letzteren selbständig; die Anlehnung zeigt sich aber noch darin, daß die Personen, welche mit der Ernährung, Pflege, dem Schutz des Kindes zu tun haben, zu den ersten Sexualobjekten werden, also zunächst die Mutter oder ihr Ersatz. Neben diesem Typus und dieser Quelle der Objektwahl, den man den Anlehnungstypus heißen kann, hat uns aber die analytische Forschung einen zweiten kennen gelehrt, den zu finden wir nicht vorbereitet waren. Wir haben, besonders deutlich bei Personen, deren Libidoentwicklung eine Störung erfahren hat, wie bei Perversen und Homosexuellen, gefunden, daß sie ihr späteres Liebesobjekt nicht nach dem Vorbild der Mutter wählen, sondern nach dem ihrer eigenen Person. Sie suchen offenkundigerweise sich selbst als Liebesobjekt, zeigen den narzißtisch zu nennenden Typus der Objektwahl. In dieser Beobachtung ist das stärkste Motiv zu erkennen, welches uns zur Annahme des Narzißmus genötigt hat.

Wir haben nun nicht geschlossen, daß die Menschen in zwei scharf geschiedene Gruppen zerfallen, je nachdem sie den Anlehnungs- oder den narzißtischen Typus der Objektwahl haben, sondern ziehen die Annahme vor, daß jedem Menschen beide Wege zur Objektwahl offenstehen, wobei der eine oder der andere bevorzugt werden kann. Wir sagen, der Mensch habe zwei ursprüngliche Sexualobjekte: sich selbst und das pflegende Weib, und setzen dabei den primären Narzißmus jedes Menschen voraus, der eventuell in seiner Objektwahl dominierend zum Ausdruck kommen kann.

Die Vergleichung von Mann und Weib zeigt dann, daß sich in

deren Verhältnis zum Typus der Objektwahl fundamentale, wenn auch natürlich nicht regelmäßige, Unterschiede ergeben. Die volle Objektliebe nach dem Anlehnungstypus ist eigentlich für den Mann charakteristisch. Sie zeigt die auffällige Sexualüberschätzung, welche wohl dem ursprünglichen Narzißmus des Kindes entstammt und somit einer Übertragung desselben auf das Sexualobjekt entspricht. Diese Sexualüberschätzung gestattet die Entstehung des eigentümlichen, an neurotischen Zwang mahnenden Zustandes der Verliebtheit, der sich so auf eine Verarmung des Ichs an Libido zugunsten des Objektes zurückführt. Anders gestaltet sich die Entwicklung bei dem häufigsten, wahrscheinlich reinsten und echtesten Typus des Weibes. Hier scheint mit der Pubertätsentwicklung durch die Ausbildung der bis dahin latenten weiblichen Sexualorgane eine Steigerung des ursprünglichen Narzißmus aufzutreten, welche der Gestaltung einer ordentlichen, mit Sexualüberschätzung ausgestatteten Objektliebe ungünstig ist. Es stellt sich besonders im Falle der Entwicklung zur Schönheit eine Selbstgenügsamkeit des Weibes her, welche das Weib für die ihm sozial verkümmerte Freiheit der Objektwahl entschädigt. Solche Frauen lieben, strenggenommen, nur sich selbst mit ähnlicher Intensität, wie der Mann sie liebt. Ihr Bedürfnis geht auch nicht dahin zu lieben, sondern geliebt zu werden, und sie lassen sich den Mann gefallen, welcher diese Bedingung erfüllt. Die Bedeutung dieses Frauentypus für das Liebesleben der Menschen ist sehr hoch einzuschätzen. Solche Frauen üben den größten Reiz auf die Männer aus, nicht nur aus ästhetischen Gründen, weil sie gewöhnlich die schönsten sind, sondern auch infolge interessanter psychologischer Konstellationen. Es erscheint nämlich deutlich erkennbar, daß der Narzißmus einer Person eine große Anziehung auf diejenigen anderen entfaltet, welche sich des vollen Ausmaßes ihres eigenen Narzißmus begeben haben und sich in der Werbung um die Objektliebe befinden [...].

Auch für die narzißtisch und gegen den Mann kühl gebliebenen Frauen gibt es einen Weg, der sie zur vollen Objektliebe führt. In dem Kinde, das sie gebären, tritt ihnen ein Teil des eigenen Körpers wie ein fremdes Objekt gegenüber, dem sie nun vom Narzißmus aus die volle Objektliebe schenken können. Noch andere Frauen brauchen nicht auf das Kind zu warten, um den Schritt in der Entwicklung vom (sekundären) Narzißmus zur Objektliebe zu machen. Sie haben sich selbst vor der Pubertät männlich gefühlt und ein Stück weit männlich entwickelt; nachdem diese Strebung mit dem Auftreten der weiblichen Reife abgebrochen wurde, bleibt ihnen die Fähigkeit, sich nach einem männlichen Ideal zu sehnen, welches eigentlich die Fortsetzung des knabenhaften Wesens ist, das sie selbst einmal waren.

Eine kurze Übersicht der Wege zur Objektwahl mag diese andeutenden Bemerkungen beschließen. Man liebt:

1) Nach dem narzißtischen Typus:
  a) was man selbst ist (sich selbst),
  b) was man selbst war,
  c) was man selbst sein möchte,
  d) die Person, die ein Teil des eigenen Selbst war.

2) Nach dem Anlehnungstypus:
  a) die nährende Frau,
  b) den schützenden Mann

und die in Reihen von ihnen ausgehenden Ersatzpersonen. [...]

III

[...] Die Beziehungen des Selbstgefühls zur Erotik (zu den libidinösen Objektbesetzungen) lassen sich formelhaft in folgender Weise darstellen: Man hat die beiden Fälle zu unterscheiden, ob die Liebesbesetzungen ichgerecht sind oder im Gegenteil eine Verdrängung erfahren haben. Im ersteren Falle (bei ichgerechter Verwendung der Libido) wird das Lieben wie jede andere Betätigung des Ichs gewertet. Das Lieben an sich, als Sehnen, Entbehren, setzt das Selbstgefühl herab, das Geliebtwerden, Gegenliebe finden, Besitzen des geliebten Objekts hebt es wieder. Bei verdrängter Libido wird die Liebesbesetzung als arge Verringerung des Ichs empfunden, Liebesbefriedigung ist unmöglich, die Wiederbereicherung des Ichs wird nur durch die Zurückziehung der Libido von den Objekten möglich. Die Rückkehr der Objektlibido zum Ich, deren Verwandlung in Narzißmus, stellt gleichsam wieder eine glückliche Liebe dar, und andererseits entspricht auch eine reale glückliche Liebe dem Urzustand, in welchem Objekt- und Ichlibido voneinander nicht zu unterscheiden sind.

Die Wichtigkeit und Unübersichtlichkeit des Gegenstandes möge nun die Anfügung von einigen anderen Sätzen in loserer Anordnung rechtfertigen:

Die Entwicklung des Ichs besteht in einer Entfernung vom primären Narzißmus und erzeugt ein intensives Streben, diesen wieder zu gewinnen. Diese Entfernung geschieht vermittels der

Libidoverschiebung auf ein von außen aufgenötigtes Ichideal, die Befriedigung durch die Erfüllung dieses Ideals.

Gleichzeitig hat das Ich die libidinösen Objektbesetzungen ausgeschickt. Es ist zugunsten dieser Besetzungen wie des Ichideals verarmt und bereichert sich wieder durch die Objektbefriedigungen wie durch die Idealerfüllung.

Ein Anteil des Selbstgefühls ist primär, der Rest des kindlichen Narzißmus, ein anderer Teil stammt aus der durch Erfahrung bestätigten Allmacht (der Erfüllung des Ichideals), ein dritter aus der Befriedigung der Objektlibido.

Das Ichideal hat die Libidobefriedigung an den Objekten unter schwierigen Bedingungen gebracht, indem es einen Teil derselben durch seinen Zensor als unverträglich abweisen läßt. Wo sich ein solches Ideal nicht entwickelt hat, da tritt die betreffende sexuelle Strebung unverändert als Perversion in die Persönlichkeit ein. Wiederum ihr eigenes Ideal sein, auch in betreff der Sexualstrebungen, wie in der Kindheit, das wollen die Menschen als ihr Glück erreichen.

Die Verliebtheit besteht in einem Überströmen der Ichlibido auf das Objekt. Sie hat die Kraft, Verdrängungen aufzuheben und Perversionen wiederherzustellen. Sie erhebt das Sexualobjekt zum Sexualideal. Da sie bei dem Objekt- oder Anlehnungstypus auf Grund der Erfüllung infantiler Liebesbedingungen erfolgt, kann man sagen: Was diese Liebesbedingung erfüllt, wird idealisiert.

Das Sexualideal kann in eine interessante Hilfsbeziehung zum Ichideal treten. Wo die narzißtische Befriedigung auf reale Hindernisse stößt, kann das Sexualideal zur Ersatzbefriedigung verwendet werden. Man liebt dann nach dem Typus der narzißtischen Objektwahl das, was man war und eingebüßt hat, oder was die Vorzüge besitzt, die man überhaupt nicht hat (vergleiche oben unter *c*). Die der obigen parallele Formel lautet: Was den dem Ich zum Ideal fehlenden Vorzug besitzt, wird geliebt. Dieser Fall der Aushilfe hat eine besondere Bedeutung für den Neurotiker, der durch seine übermäßigen Objektbesetzungen im Ich verarmt und außerstande ist, sein Ichideal zu erfüllen. Er sucht dann von seiner Libidoverschwendung an die Objekte den Rückweg zum Narzißmus, indem er sich ein Sexualideal nach dem narzißtischen Typus wählt, welches die von ihm nicht zu erreichenden Vorzüge besitzt. [...]

1914

LOU ANDREAS-SALOMÉ

Narzißmus als Doppelrichtung

I

Was es auf sich hat mit dem Freudschen Narzißmusbegriff, das stellte sich erst allmählich immer bedeutsamer heraus, und erklärt damit vielleicht, warum, auch bei Gegnern und Dissidenten, der Name so wenig diskutiert wurde, als deckten bereits sonstige Benennungen den gleichen Begriff. Ursprünglich, solange Narzißmus tautologisch für Autoerotismus stand, war das ja in der Tat der Fall, als Freud ihn dann übernahm, zur Kennzeichnung jener Libidophase, wo, nach autoerotischer Selbst- und Weltverwechslung des Säuglings, die erste Objektwahl auf das Subjekt selber fällt, da rührte er dadurch zugleich schon an ein weiterreichendes Problem: »Das Wort ›Narzißmus‹ will betonen, daß der Egoismus auch ein libidinöses Problem sei, oder, um es anders auszudrücken, der Narzißmus kann als die libidinöse Ergänzung des Egoismus betrachtet werden« (Freud, Metaps. Erg. d. Trl.). Also kein Beschränktsein auf einzelnes Libidostadium, sondern als unser Stück Selbstliebe alle Stadien begleitend, nicht primitiver Ausgangspunkt der Entwicklung nur, sondern primär im Sinne basisbildender Dauer bis in alle spätern Objektbesetzungen der Libido hinein, die darin ja, nach Freuds Bild dafür: nur, der Monere gleich, Pseudopodien ausstreckt, um sie nach Bedarf wieder in sich einzubeziehen. Allerdings stellte Freuds Einführung des Narzißmusbegriffs in die theoretische Psychoanalyse von vornherein zu dessen Definition fest, daß die psychischen Energien: »im Zustande des Narzißmus beisammen und für unsre grobe Analyse ununterscheidbar sind, und daß es erst mit der Objektbesetzung möglich wird, eine Sexualenergie, die Libido, von einer Energie der Ichtriebe zu unterscheiden«. Mithin als Grenzbegriff gesetzt, über den Psychoanalyse nicht hinaus kann, bis zu dem hin sie jedoch therapeutisch zu dringen hat, als dem Punkt, wo krankhafte Störung erst ganz sich zu lösen, Gesundheit sich zu erneuen vermag, weil »krank« und »gesund« daran letztlich falsche oder rechte Aufeinanderbezogenheiten der zwei innern Tendenzen bedeuten, je nachdem diese sich hemmen oder fördern.

Indem beides sich am personellen Träger vollzieht, grenzt es, mit dessen steigender Bewußtheit seiner selbst, sich desto undeutlicher voneinander ab: macht den Umstand immer noch unmerklicher, daß im libidinös Gerichteten sich etwas durchsetzt, was der Einzelperson als solcher entgegengerichtet bleibt, was sie löst, zurücklöst in dasjenige, worin sie vor ihrer Bewußtheit noch für alles stand, wie alles gesamthaft für sie. Denn sollen Icherhaltungs-, Selbstbehauptungstriebe sich von libidinösen überhaupt begrifflich streng trennen, so kann Libido nichts anderes besagen, als eben diesen Vorgang: diesen Bindestrich zwischen erlangter Einzelhaftigkeit und deren Rückbeziehung auf Konjugierendes, Verschmelzendes, im narzißtischen Doppelphänomen wäre sowohl die Bezugnahme der Libido auf uns selbst ausgedrückt als auch unsere eigene Verwurzelung mit dem Urzustand, dem wir, entsteigend, dennoch einverleibt blieben, wie die Pflanze dem Erdreich, trotz ihres entgegengesetzt gerichteten Wachstums ans Licht. [...]

Die Frage lautet auch gar nicht: ob's theoretisch vielleicht doch angängig sei, den narzißtischen Doppelsinn eindeutig zu fassen, sei es, den Ichtrieb der Libido zu überantworten (als entspräche z. B. auch das Ernährungsbedürfnis noch einer Art von Konjugation mit dem Außer-uns), oder umgekehrt die Libido dem Bemächtigungsbestreben des einzelnen (als einer Ich-Habgier), zu unterstellen. Nein, nicht solches ist die Grundfrage, sondern es geht um die innere Verschiedenheit von Erlebnissen, die durch zweierlei Namengebung auseinandergehalten wird, anstatt durch gewaltsames Vereinheitlichen des Begriffs sie zu verwischen. Nachgehen, so weit wie möglich, so tief wie tunlich, den verborgenen lebendigen Tatbeständen: um das handelt sichs Freudscher Psychoanalyse, und dazu allein bedient sie sich des populären Gegensatzes von Ich- und Sexualtrieben. Darum erschiene es mir als Gefahr, wenn am Narzißmus seine Doppelseitigkeit nicht als sein Wesentliches betont bliebe, wenn durch Wortverwechslung mit bloßer Selbstliebe sein Problem sich sozusagen ungelöst erledigte. Ich möchte deshalb jene andere, fürs Ichbewußtsein zurücktretende, Seite daran – die der festgehaltenen Gefühlsidentifizierung mit allem, der Wiederverschmelzung mit allem als positivem Grundziel der Libido, an einigen Punkten hervorkehren, und zwar an dreien: innerhalb unserer Objektbesetzungen, innerhalb unserer Wertsetzungen und innerhalb narzißtischer Umsetzung ins künstlerische Schaffen. [...]

IV

Bei dem, was Kunst genannt wird, künstlerisches Schaffen, oder sagen wir allgemeiner: poetisch anstatt praktisch gerichtete Betätigung, braucht man die narzißtische Kinderstube nicht erst an Restbeständen daraus aufzuspüren wie bei Objektbesetzungen oder Wertsetzungen: unmittelbar nimmt es immer wieder von dorther den Ausgang, auf eigenem Pfad, verfährt bis in alle letzten Ziele, narzißtisch »wertend« und »besetzend«. Die gleiche Methode stünde uns allen auch lebenslänglich, jeglichen Augenblick und bei jedem Eindruck zu Gebote, würden wir uns durch unsere logisch-praktische Anpassung an die Ich- und Realwelt nicht ihrer so grundsätzlich entledigen, daß wir meistens nur erinnernd dorthin zurückkönnen, wo Innen-Erlebnis und Außen-Vorfall noch ungetrennt für dasselbe Geschehen stehen. Für dies Erinnern gilt darum etwas anderes als fürs Gedächtnis, wovon Freud vermerkt, es scheine: »ganz am Bewußtsein zu hängen, und ist scharf von den Erinnerungsspuren zu scheiden, in denen sich die Erlebnisse des Unbewußten fixieren« (Fußnote aus »Das Unbewußte«); denn diese sind im Bereich wirkender »Sachvorstellungen«, nicht davon abgezogener »Wortvorstellungen« (Freud) zu denken, dieser bloßen Verständigungskonventionen, deren wir uns gedächtnismäßig bemächtigen. Äußerste Exaktheit, Triumph besten Gedächtnisses, kann so in umgekehrtes Verhältnis geraten zu

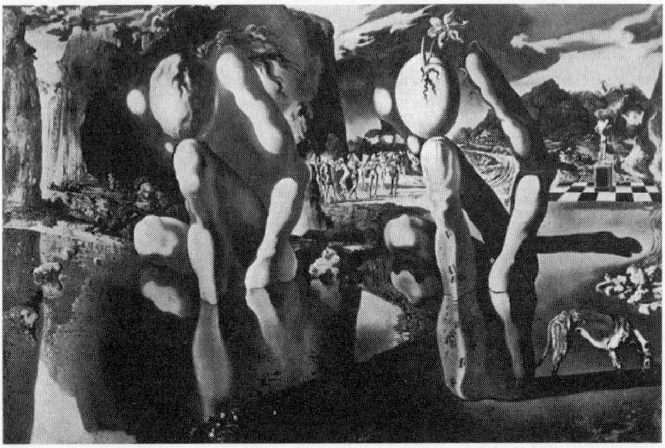

Salvador Dalí: Die Metamorphose des Narziß. Leinwandbild. 1937

Erinnerungsklarheit, die, in lebendigem Zusammenhang der Eindrücke wirksam, gleichsam nur an Leben entlang sich ins Bewußtsein hebt: Gedächtnis *haben* wir, Erinnerung *sind* wir. Das allein ist der Grund des unkünstlerischen bloßen »Abbildes«, und gilt darum weder für Kinder noch für Primitive, sofern sie Reales noch phantastisch, Phantasiertes als real nehmen können. [...] Gewissermaßen ist ja Erinnerung ein nie nur »praktischer«, immer auch schon »poetischer« Vollzug: sie ist damit sozusagen das einem jeden von uns aufbewahrte Stück Dichtertum, Ergebnis zugleich Distanz schaffender, bewußte Überschau ermöglichender Vergangenheit, und ewig-erneuter Aktualität und Affektivität, auch wo sich beides nicht so formend zusammentut wie im Werk des Poeten. Poesie ist Weiterführung dessen, was das Kind noch lebte und was es dem Heranwachsenden opfern mußte für seine Daseinspraxis: Poesie ist perfektgewordene Erinnerung.

Nun gibt es nichts, was tiefer in Kindheitseindrücke zurückbrächte, als aufgehobene Verdrängungen, und nichts strebt von sich aus heftiger nach solcher erinnernder Befreiung als das kindliche, noch so ganz von Geboten und Verboten der Erwachsenen umstellte Leben. An die infantilen Verdrängungen schließen die spätern sich an – bilden damit den »Schatz von Erinnerungsspuren, welche der bewußten Verfügung entzogen sind, und die nun mit assoziativer Bindung das an sich ziehen, worauf vom Bewußtsein her die abstoßenden Kräfte der Verdrängung wirken. Ohne infantile Amnesie, kann man sagen, gäbe es keine hysterische Amnesie« (Freud, Drei Abh. z. Sexth.). Schon früh, in seiner Studie über »die Dichter und das Phantasieren«, faßte Freud daher Kunst auf als Spezifikum gegen Verdrängungsgifte, und welche Erweiterungen seine Arbeit über den Gegenstand auch seither durch ihn erfuhr: dieser Hauptpunkt bleibt derselbe, wenn er auch den Unwillen der Künstler erregt infolge meist zu flacher Auslegung. Man achtet nämlich zu häufig nur darauf, daß die Kunst Wunscherfüllungen gewährleistet, die sonst gar nicht oder nur strafbar oder endlich krankhaft sich durchsetzen, man übersieht aber darüber die ganze Tragweite der Freudschen Unterscheidung von »bewußtem« und »unbewußtem« Wunschziel. Niemand bedarf weniger der Erfüllung von Personalwünschen wie der Künstler. Niemand bleibt weniger in ihnen stecken, ja niemand kommt von vornherein, eben als Schaffender, von Erfüllungen her, statt ihnen nur nachzujagen. Durch zeitweiliges Zurückgenommensein in ursprünglicheren Zusammenschluß dessen, was sich uns sonst nur in Subjekt und Objekt spaltet, ist er seinem Einzelsinn und Privatsein im Schaffen enthobener als sonst irgendwo: ja eben dies allein gestattet und ermöglicht ihm die Aufhebung des Verdrängenden, eben dies erst gibt ja seinen Regungen eine Freiheit wieder, wie wenn sie »ich-gerecht« im Sinn der Bewußtseinszensur wären (vgl. Freud: »das Unbewußte wird für diese eine Konstellation ich-gerecht, ohne daß sonst an seiner Verdrängung etwas abgeändert würde. Der Erfolg des Unbewußten ist an dieser Kooperation unverkennbar; die verstärkten Strebungen benehmen sich doch anders als die normalen, sie befähigen zu besonders vollkommener Leistung«). Dafür ist maßgebend, daß nicht auf unser Individual-Ich, wie es sich bewußt auf sich selbst bezieht, dabei zurückgegangen sei, sondern auf jene noch Allen gemeinsame Grundlage, auf Aller Wesenskindheit, wie sich auch der künstlerische Mitgenuß hierauf nur gründen kann. Ohne es zu wollen, hat so der Künstler sein Publikum in sich, bei sich, und nur um so mehr, je vollständiger er davon abzusehen pflegt, aufgebraucht vom Schaffensvorgang selber. Wird es – meines Erachtens – beim ethischen Verhalten auffallend, wie sehr das Allgemeingültige letztlich sich »ethisch« doch nur durchführen läßt von »Fall zu Fall«, in solchem scheinbaren Selbstwiderspruch gerade seine eigentliche schöpferische Bedeutung erst offenbarend, so überrascht am allerpersönlichsten Erfaßtsein des Künstlers, wie sehr, wie ganz es immer schon das Allgemeine mit umfaßt, um erst daran wirklich, Werk, zu werden. Hier erschließt sich das anscheinend Subjektivste als Anschlußstelle des objektiv Gültigsten. […]

Interessant studiert es sich am Geschlechtlichen: wie durchaus es mit seinen Hauptkomplexen im Schaffensmittelpunkt stehen bleibt, an der Konzeption zutiefst damit beteiligt, und dennoch nur soweit, als es aufgearbeitet wurde ins – gleichsam – Privatwollustfreie, d.h. als der Zentralpunkt sich total aus dem personalen Umkreis verschob. Wo dies auch nur im geringsten mißlang, bedeutet die persönlich erstrebte Phantasiewunscherfüllung sofort das Versagen im Schöpferischen. Denn wohl bedarf der Künstler der Regression bis ins Infantilste und damit am leiblichsten Beeinflußte, aber auch nur er verhält sich auch hiezu »schaffend«. Der Anteil des Eros an Geistschöpferischem – wie stark der Hinweis darauf auch Freud verübelt wird – gehört wohl zu den ältesten Erkenntnissen, und im Grunde sollte doch ebenfalls selbstverständlich sein, daß dafür nur die Anteile daran in Betracht kommen, die wir nicht geradenwegs zum Normalziel abführen, sondern diesem Ziel entgegen, also infantil erhalten. Aber schöpferisch bedeutsam werden sie wiederum erst unter Beihilfe von Verdrängung: nur daß sie sich, anstatt aufs »Desinfantilisieren« und »Genitalisieren«, auf ein Entleiblichen des ursprünglich kindlich Polymorphen bezieht. Man möchte sagen: künstlerisches Schaffen *enthülst* gewissermaßen aus dem Leibhaften den fruchtbaren Kern, der sich im Werk dann allseitig auswächst. Mit E. Jones' Wort (aus der vorzüglichen Studie: »Die Empfängnis Mariae durch das Ohr«, Jahrbuch IV) gesagt, liegt im Künstlerischen: »die Reaktion gegen die Geschlechtlichkeit dem Streben, und ihre Sublimierung den Formen, die das Streben annimmt, zugrunde«.* [...] Entgleist der Mensch aus seinem Schaffenszustand, so sieht er sich infolgedessen furchtbar aufgehängt zwischen Nichts und Nichts: weder geborgen am Werk noch an der Realwelt, worin er dem Urteil der anderen fragwürdig wurde wie dem eigenen, d.h. wie seinem Privatpersonentum innerhalb praktischer Weltgeltungen. Lassen schon Stockungen, Störungen während der Arbeit Künstler leicht als Neurotiker erscheinen, so gleicht die gefährliche Grundvoraussetzung alles Schaffens sie nahezu psychotischer Verfassung an: indem es sie hinter den Rücken ihres Ich zurückzieht in ihrer eigentlichsten Tätigkeit. Gelegentlich mehrfacher Beobachtungen habe ich mich immer wieder überzeugt, mit welcher Selbstverständlichkeit, bei unvermutetem Absturz aus produktivem Verhalten, ein Zurückfallen in Infantilismen sexueller Art sich einstellen kann (Freuds Bemerkung bewahrheitend: »Das Höchste und das Niederste hängen an der Sexualität überall am innigsten aneinander.« Drei Abh. z. Sexth.). Gerade daran pflegt die Befürchtung sich zu verstärken: daß es sich wohl nicht nur um vorübergehende Unterbrechung handle, sondern um Nachlassen der geistigen Potenz überhaupt. Dies ist aber um so bedauerlicher, als Schaffenszustände oft geradezu derartiger Absetzungen, Aussetzungen bedürfen mögen, solcher Erholungspausen des Bewußtseins, dem heimlich weitergehende Arbeit sich entzieht, etwa wie dem Auge der Säfterückzug in winterlichen Stamm entzogen

* Ich finde eben zwei Verse von Hugo von Hofmannsthal, die sowohl die Verdrängungshilfe beim Schaffen als auch dessen widerspruchsvolle Verknüpfung mit der Leiblichkeit hübsch wiedergeben:

1. »Aus der verschütteten Gruft nur wollt' ich ins Freie mich wühlen,
   Aber da brach ich dem Licht Bahn und die Höhle erglüht.«
2. »Fürchterlich ist diese Kunst! Ich spinn' aus dem Leib mir den Faden,
   Und dieser Faden zugleich ist auch mein Weg durch die Luft.«

bleibt, währenddessen die Bäume sich umschütten mit aller Melancholie entleerten, entfärbten Laubes. Wir beurteilen uns eben vom Bewußtseinsauge aus, das wir prüfend auf uns richteten seit Überschreiten unserer Infantilgrenze; und dieser beurteilende, verurteilende Blick ist dann am unerbittlichsten, schärfsten, wie auch die Triebe an dieser Grenze hier am stärksten sich stauen und verstärken. Es ist deshalb, als ob der Schaffende noch einmal Kindheitsparadies wie Kindheitshölle gleichermaßen zu durchkosten bekäme.

Entfremdetsein von unserm Ich ist uns harmlos nur gegeben in unserer allnächtlichen kleinen Psychose, unserem allnächtlichen wundersamen Schaffenszustand, dem Traum, der schon so vielfach primitivem Kunstwerk verglichen wurde. Was den Traum dem Schaffen vor allem anähnelt, ist die ungeheuere Objektivität, womit er seinen Inhalt vor uns hinstellt, auch noch an das scheinbar krauseste Durcheinander verblüffende Kraft überzeugender Formung, Gestaltung, verschwendend. Aber nicht einmal diese selbst enthält, meines Erachtens, das künstlerischste Moment daran: sondern erst die Traumfähigkeit so vielem gerecht zu werden unbeeinflußt von unserer persönlichen Stellungnahme dazu. Man kennt Lichtenbergs ärgerliche Frage, warum, um alles in der Welt, sogar Dichter außerstande seien, fremde Charaktere derartig treffend, wissend, unbestechlich durch eigene Vorurteile zu verlebendigen, wie der Traum es mühelos erzielt. Mir ist das stets als tiefster Beweis dafür erschienen, daß im gesunden, unbeschädigten Narzißmus an sich selber dies übersubjektive Moment wirksam sei, d.h. seine Wunscherfüllungen gar nicht umhinkönnen, aus tiefer Identifikation mit allem herauszuschaffen, weil nur dies seiner unwillkürlichen Tendenz entspricht. […]

So ist denn, ganz abgesehen von der »Begabungsfrage«, auf die beim Künstlertum zurückgegangen sein muß, die Objektivierungsnötigung schon in der narzißtischen Identifikation als alles Schaffens Grundlage gegeben. Der Werkdrang, der Formwille ergibt sich in seiner ganzen Wucht aus dieser noch ungeschiedenen Einheitlichkeit von passiv und aktiv, wovon unsere mittleren, unsere bewußtseinsvermittelteren, abgeleiteteren Zustände so wenig mehr wissen, und was darum auch die Sprache in ein Zweierlei zerzupft (obschon wir noch biologisch »Reizsamkeit« und »Reaktion« als identisches Lebensmerkmal auffassen). Indem nun Schöpfungen der Kunst sich außerhalb des praktischen Daseinsablaufs in ihrer Wirklichkeit durchsetzen müssen, binden sie ihre Erlebnisweise an die Wiederholbarkeit; Form geworden heißt da: in Vorhandenheit, Gegenwart, Sein, beharren durch unabänderliche Festlegung bis ins Letzte und Äußerste, so daß jedem inneren Nachschaffen, jedem Mitgenuß das Ganze sich lebendig darstellt. Kinder, in ihrer Phantasiefrische, wissen am besten um diesen Umstand, wenn sie eifervoll darauf bestehen, Erzähltes absolut gleichlautend wiederzuhören, und jede Änderung daran als »Lüge«, als Angriff auf ein positives Sein, rügen. Diese Formehrfurcht, für die Form noch Inhalt in tieferem Sinn ist und umgekehrt, läßt leicht Kinder künstlerisch begabter erscheinen, als sich später beglaubigt; sie haben eben noch – wörtlich – »Spiel«raum dafür innerhalb der praktisch-logischen Realität, die sie noch nicht von allen Seiten zwingend umlagert und »Urgezeugtes« noch nicht an Welt und Ich vorbei, in ganz andere Kategorie verweist. So spielend-selig würde der Künstler sein Werk erleben, handelte es sich nicht darum, nachdem es ihm geschenkt ward, es zu übersetzen wie Träume erst in »sekundärer Bearbeitung« vor dem Entsinken bewahrt werden können. Eben daß es nicht um ein stückweis Werdendes, erst zu Erarbeitendes geht, sondern um Vorhandenheit, davon nur Schleier zu reißen sind, die sich verdichten, plötzlich undurchdringlich werden können, macht die eigentlich aufreibende Anstrengung bei der Arbeit aus, ihre Hast und Angst. Ohne die drei Allzumenschlichkeiten, die mit allem Schöpferischen zusammenhängen: den Kampf gegen dabei zu behebende Verdrängungen, die Gefahr des Entgleisens in infantile Materialität und endlich diese hastende Überspannung – wäre es eine »Anweisung zu seligem Leben«, wie sie sonst nichts auf Erden kennt, ein Schwelgen aus dem Vollen, worin Rausch und Frieden sich zur gleichen unerhörten Erfahrung einen. [...]

1921

JACQUES LACAN

Über den Narzißmus

[...] Er [sc. Freud] hat an mehreren Stellen, insbesondere in der *Traumdeutung* und im *Abriß*, erklärt, daß die fundamentalen psychischen Instanzen in ihrer Mehrzahl aufgefaßt werden müssen, als repräsentierten sie etwas, das sich in einem photographischen

Apparat abspielt, das heißt als die, sei's virtuellen, sei's realen, Bilder, die sein Funktionieren erzeugt. Der organische Apparat repräsentiert den Mechanismus des Apparats, und was wir aufnehmen, sind Bilder. Ihre Funktionen sind nicht homogen, denn ein reales Bild und ein virtuelles Bild sind nicht dasselbe. Die Instanzen, die Freud herausgearbeitet hat, dürfen nicht für substantiell gehalten werden, für epiphänomenal im Verhältnis zur Modifikation des Apparates selbst. Also durch ein optisches Schema müssen die Instanzen interpretiert werden. Eine Konzeption, auf die Freud vielfach hingewiesen hat, aber die er nie materialisiert hat.

Sie sehen links den Konkavspiegel, auf dem sich das Phänomen des umgekehrten Blumenstraußes herstellt, den ich hier, weil es bequemer ist, in das der umgekehrten Vase verwandelt habe. Die Vase ist in dem Kasten, der Strauß darauf.

Die Vase wird durch das Spiel der Strahlenreflexion in einem realen, und nicht einem virtuellen, Bild reproduziert, auf das sich das Auge einstellen kann. Wenn sich das Auge auf die Höhe der Blumen einstellt, die wir aufgestellt haben, wird es das reale Bild der Vase sehen, wie sie den Strauß umgibt und ihm Stil und Einheit verleiht – Reflex der Einheit des Körpers.

Damit das Bild eine gewisse Konsistenz hat, muß es wirklich ein Bild sein. Wie wird das Bild in der Optik definiert? – jedem Punkt des Objekts muß ein Punkt des Bildes korrespondieren, und alle von einem Punkte ausgehenden Strahlen müssen sich irgendwo in einem einzigen Punkt schneiden. Ein optischer Apparat definiert sich durch die bloße Konvergenz eindeutiger oder zweieindeutiger Strahlen – wie man in der Axiomatik sagt.

Wenn der konkave Apparat hier steht, wo ich bin, und der kleine Aufbau für dies Gaukelspiel vor dem Tisch, kann das Bild nicht mit zureichender Deutlichkeit gesehen werden, um die Illusion von Realität, eine reale Illusion zu erzeugen. Sie müssen in einem bestimmten Winkel plaziert sein. Zweifellos könnten wir nach den verschiedenen Stellungen des Auges, das betrachtet, eine bestimmte Anzahl von Fällen unterscheiden, die uns vielleicht erlauben würden, die verschiedenen Stellungen des Subjekts zur Realität zu begreifen.

Gewiß, ein Subjekt ist kein Auge, ich habe Ihnen das gesagt. Doch dieses Modell läßt sich anwenden, weil wir uns beim Imaginären aufhalten, wo das Auge eine große Bedeutung hat.

Jemand hat die Frage der zwei Narzißmen eingeführt. Sie merken ganz richtig, daß es sich eben darum handelt – um die Beziehung zwischen Realitätskonstitution und dem Bezug zur Körperform, den Mannoni mehr oder weniger angemessen *ontologisch* genannt hat. [...]

Das Auge nun, dies hypothetische Auge, von dem ich Ihnen gesprochen habe, wollen wir irgendwo zwischen den Konkavspiegel und das Objekt bringen.

Damit dies Auge die vollkommene Illusion der umgekehrten Vase habe, daß heißt damit es sie unter optimalen Bedingungen sehe, genauso gut als stünde sie am Saalende, ist nur eines vonnöten und ausreichend – daß es zur Mitte des Saals hin einen ebenen Spiegel gebe.

Mit anderen Worten, wenn man in der Mitte des Saals einen Spiegel aufstellte, würde ich, den Rücken zum Konkavspiegel gekehrt, das Bild der Vase genauso gut sehen, wie wenn ich am Saalende stünde, auch wenn ich es nicht direkt sehe. Was werde ich in dem Spiegel sehen? Erstens, meine eigene Gestalt dort, wo sie nicht ist. Zweitens, an einem symmetrischen Punkt desjenigen Punktes, an dem das reale Bild steht, werde ich dieses reale Bild als virtuelles erscheinen sehen. Kommen Sie mit? Das ist nicht schwer zu verstehen, wenn Sie nach Hause kommen, stellen Sie sich vor einen Spiegel, halten Sie die Hand vor sich ...

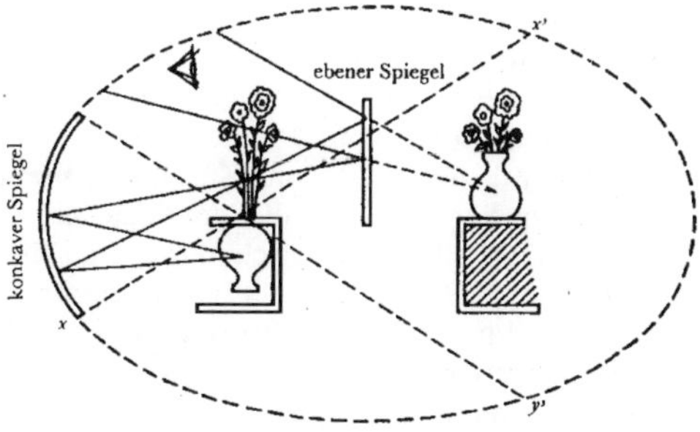

Zwei Spiegel-Schema

Dies kleine Schema ist nur eine sehr einfache Bearbeitung dessen, was ich Ihnen seit Jahren mit dem Spiegelstadium zu erklären versuche.

Eben sprach Mannoni von den zwei Narzißmen. Es gibt, in der Tat, zuerst einen Narzißmus, der sich auf das Körperbild bezieht. Dies Bild ist identisch für die Gesamtheit der Mechanismen des Subjekts und gibt seiner *Umwelt* seine Form, sofern es Mensch ist und nicht Pferd. Es bildet die Einheit des Subjekts, und wir sehen es sich auf tausenderlei Weise projizieren, bis zu dem, was man die imaginäre Quelle der Symbolik nennen kann, die das ist, wodurch sich die Symbolik auf das *Selbstgefühl* bezieht, das der *Mensch* von seinem eigenen Körper hat.

Dieser erste Narzißmus siedelt sich, wenn Sie so wollen, auf der Ebene des realen Bildes in meinem Schema an, sofern es erlaubt, die Gesamtheit der Realität in einer bestimmten Zahl präformierter Rahmen zu organisieren.

Dies Funktionieren ist, wohlgemerkt, bei Mensch und Tier vollkommen verschieden, denn das Tier ist einer einförmigen *Umwelt* angepaßt. Es gibt bei ihm bestimmte vorgeprägte Korrespondenzen zwischen seiner imaginären Struktur und dem, was es in seiner *Umwelt* interessiert, das heißt was für die Fortpflanzung der Individuen wichtig ist, die ihrerseits eine Funktion der typischen Fortpflanzung der Gattung sind. Beim Menschen dagegen stellt die Reflexion im Spiegel eine ursprüngliche noetische Möglichkeit dar und führt einen zweiten Narzißmus ein. Sein grundlegendes *pattern* ist sogleich die Beziehung zum andern.

Der andere hat für den Menschen verhaftenden Charakter, vermöge der Antizipation, die das einheitliche Bild repräsentiert, wie es, sei's im Spiegel, sei's in jeder Realität von Seinesgleichen, wahrgenommen wird.

Der andre, das Alter ego, vermischt sich mehr oder weniger, je nach den Etappen des Lebens, mit dem *Ich-Ideal*, das in Freuds Aufsatz dauernd beschworen wird. Die narzißtische Identifizierung – das Wort Identifizierung ist, unbestimmt, unbrauchbar – diejenige des zweiten Narzißmus, ist die Identifizierung mit dem andern, der, im Normalfall, dem Menschen erlaubt, seinen imaginären und libidinösen Bezug zur Welt überhaupt präzis zu situieren. Sie erlaubt ihm, an seinem Ort sein Sein zu *sehen* und es als Funktion dieses Ortes und seiner Welt zu strukturieren. Mannoni hat eben *ontologisch* gesagt, einverstanden. Ich würde, genau, sagen – sein *libidinöses Sein*. Das Subjekt sieht sein Sein in einer Reflexion im Bezug auf den andern, das heißt im Bezug auf das *Ich-Ideal*.

Sie sehen hier, daß es nötig ist, zwischen den Funktionen des Ich zu unterscheiden – einerseits spielen sie für den Menschen wie für alle Lebewesen eine fundamentale Rolle in der Strukturierung der Realität – andrerseits müssen sie beim Menschen jene fundamentale Entfremdung durchlaufen, die das reflektierte Bild seines Selbst, das das *Ur-Ich* ist, bewirkt, die ursprüngliche Form des *Ich-Ideals* wie der Beziehung zum andern. [...]

Die strenge Äquivalenz von Objekt und Ich-Ideal in der Liebesbeziehung ist einer der fundamentalsten Begriffe in Freuds Werk, und man begegnet ihr auf Schritt und Tritt. Das geliebte Objekt ist in der Liebes-Besetzung, durch die Fesselung, die sie am Subjekt vollzieht, dem Ich-Ideal streng äquivalent. Aus diesem Grund gibt es in der Suggestion, in der Hypnose jene überaus wichtige ökonomische Funktion, die der Zustand der Abhängigkeit darstellt, eine wahrhafte Perversion der Realität durch die Faszination am geliebten Objekt und seine Überschätzung. Sie kennen diese Psychologie des Liebeslebens, die schon von Freud so fein entwickelt worden ist. Daran haben wir ein wichtiges Stück, so groß, wie Sie sehen, daß wir es noch heute kaum in den Griff bekommen. Aber davon gibt es welche in allen Schattierungen zu dem, was er Objektwahl nennt.

Nun, Sie können den Widerspruch nicht übersehen, der sich zwischen diesem Begriff von Liebe und gewissen mythischen Konzeptionen der Libido-Askese in der Psychoanalyse auftut. Man gibt als Realisierung der affektiven Reife ich weiß nicht welche Fusion, Kommunion, zwischen Genitalität und der Konstitution des Realen aus. Ich sage nicht, daß an der Konstitution der Realität nicht etwas Wesentliches dran wäre, aber noch muß man verstehen, wie es dazu kommt. Denn entweder oder – entweder ist die Liebe das, was Freud beschreibt, in ihrem Grund imaginäre Funktion, oder aber sie ist Grund und Basis der Welt. So wie es zwei Narzißmen gibt, so muß es zwei Lieben geben, Eros und Agape. […]

1954

MARSHALL McLUHAN

Verliebt in seine Apparate

Narzißmus als Narkose

Die griechische Sage von Narziß hat, wie das Wort Narziß andeutet, direkt mit einer Gegebenheit menschlicher Erfahrung zu tun. Es kommt vom griechischen Wort *narkosis* oder Betäubung. Der Jüngling Narziß faßte sein eigenes Spiegelbild im Wasser als eine andere Person auf. Diese Ausweitung seiner selbst im Spiegel betäubte seine Sinne, bis er zum Servomechanismus seines eigenen erweiterten und wiederholten Abbilds wurde. Die Nymphe Echo warb um seine Liebe mit Bruchstücken seiner eigenen Worte, doch vergebens. Er war betäubt. Er hatte sich der Ausweitung seiner selbst angepaßt und war zum geschlossenen System geworden.

Nun, worauf es bei dieser Sage ankommt, das ist der Umstand, daß Menschen sofort von jeder Ausweitung ihrer selbst in einem andern Stoff als dem menschlichen fasziniert sind. Es hat Zyniker gegeben, die fest behaupten, daß Männer sich am innigsten in Frauen verlieben, die ihnen das Vorstellungsbild ihrer selbst wiedergeben. Sei dem, wie es wolle, die Lehre aus dem Narzißmythus besagt in keiner Weise, daß Narziß sich in irgend etwas, das er als sein Selbst betrachtete, verliebt hat. Offenbar hätte er ganz andere Gefühle für das Abbild gehabt, wenn er gewußt hätte, daß es sich um eine Ausweitung oder Wiederholung seiner eigenen Person handelte. Es ist vielleicht bezeichnend für die Tendenz unserer stark technischen und daher narkotischen Kultur, daß wir die Geschichte des Narziß lange Zeit so ausgelegt haben, daß sie ein Verliebtsein in sich selbst bedeute, in das Spiegelbild, von dem er glaubte, es sei Narziß!

Physiologisch gesehen gibt es Gründe genug für eine Ausweitung unserer selbst, die uns in einen Zustand der Betäubung versetzen. Forscher auf dem Gebiete der Medizin wie Hans Selye und Adolphe Jonas sind der Ansicht, daß alle Ausweitungen unserer selbst, sowohl im gesunden wie im kranken Zustand, Versuche darstellen, das innere Gleichgewicht aufrechtzuerhalten. Jede Ausweitung unserer eigenen Person betrachten sie als »Selbstamputation« und glauben, daß der Körper zu dieser Methode oder diesem Mittel der Selbstamputation greift, wenn das Wahrnehmungsvermögen den Grund der Reizung nicht genau feststellen oder sie umgehen kann. [...]

Wenn Jonas und Selye auch nicht direkt beabsichtigten, uns eine Erklärung für menschliche Erfindungen und Techniken zu geben, haben sie uns doch eine Theorie der Krankheit (oder des Unbehagens) geschenkt, die weitgehend erklärt, warum der Mensch gezwungen ist, die verschiedenen Teile seines Körpers in einer Art Selbstamputation auszuweiten. Unter körperlichem »Stress« oder bei Überreizung schützt sich das Zentralnervensystem selbst aktiv mit der Waffe der Amputation oder Absonderung des »kränkenden« Organs, Sinnes oder der gestörten Funktion. So ist also die Belastung durch Beschleunigung des Tempos oder die größere Last der Anreiz zu neuen Erfindungen.

Im Falle des Rades als Ausweitung des Fußes zum Beispiel war der Druck durch neue Belastung als Folge des beschleunigten Austauschs durch die Medien der Schrift und des Geldes unmittelbar Anlaß zur Ausweitung oder »Amputation« dieser Funktion von unserem Körper. Das Rad als Gegenmittel gegen größere Belastung wiederum führt durch die Verstärkung einer gesonderten oder isolierten Funktion, nämlich der des Fußes im Abrollen, erneut zu intensiverer Wirkung. Eine solche Verstärkung kann das Nervensystem nur mit Betäubung oder Blockierung der Wahrnehmung ertragen. Das ist der Sinn der Sage von Narziß. Das Bild des jungen Mannes ist eine Selbstamputation oder eine durch Reizdruck hervorgerufene Ausweitung. Als Gegenreizmittel verursacht das Abbild eine generelle Betäubung oder Schockwirkung, die jede Erkenntnis unmöglich macht. Selbstamputation schließt Selbsterkenntnis aus.

Das Prinzip der Selbstamputation, die das ZNS sofort vom Druck befreit, läßt sich ohne weiteres auf den Ursprung der Kommunikationsmedien – von der Sprache bis zum Computer – anwenden. Physiologisch spielt das Zentralnervensystem, jenes elektrische Netz, das die verschiedenen Medien unserer Sinnesorganisation koordiniert, die Hauptrolle. Was immer seine Funktion stört, muß unterdrückt, lokalisiert oder abgetrennt werden; das geht sogar bis zur völligen Entfernung des »kränkenden« Organs. Es ist die Funktion des Körpers, als eine Gruppe lebenserhaltender und schützender Organe des Zentralnervensystems, als Stoßdämpfer für plötzlich auftretende Reizveränderungen in der natürlichen und sozialen Umwelt zu wirken. Plötzliche Verfehlungen anderen gegenüber oder Scham sind ein Schock, den manche »sich sehr zu Herzen nehmen« oder der eine allgemeine Erregung der Muskulatur bewirken kann, wodurch der betreffenden Person bedeutet wird, sie soll sich aus der bedrohlichen Situation zurückziehen. [...]

Mit dem Aufkommen der Elektrotechnik schuf der Mensch ein naturgetreues Modell seines eigenen Zentralnervensystems, das er erweiterte und nach außen verlegte. Insofern das der Fall ist, handelt es sich um eine Entwicklung, die den Eindruck einer verzweifelten und selbstzerstörerischen Amputation macht, als ob das Zentralnervensystem sich nicht mehr auf die Körperorgane als schützende Stoßdämpfer gegen die »Pfeile und Schleudern« der wütenden Mechanismen stützen könnte. Es wäre gut möglich, daß durch die zunehmende Mechanisierung der verschiedenen Körperorgane seit der Erfindung des Buchdrucks das gesellschaftliche Leben zu brutal und überreizt geworden ist, um vom Zentralnervensystem noch ertragen werden zu können.

Wir können uns nun, in bezug auf diesen nur zu plausiblen Grund für eine solche Entwicklung, wieder dem Narzißthema zuwenden. Denn, wenn Narziß von seinem selbstamputierten Bild betäubt wird, ist diese Betäubung wohlbegründet. Zwischen dem Schema eines psychischen und eines physischen Traumas oder Schocks besteht eine deutliche Parallelität der Reaktion. Ein Mensch, dem plötzlich die von ihm geliebten Personen entzogen werden, und ein Mensch, der unerwartet ein Stück weit hinunterfällt, werden beide einen Schock registrieren. Sowohl der Verlust der Familienangehörigen wie körperliches Fallen sind Grenzbeispiele von Amputationen des Ich. Schock führt zu allgemeiner Betäubung oder genereller Erhöhung der Bewußtseinsschwelle für alle Arten von Wahrnehmungen. Das Opfer scheint gegen Schmerz oder Empfindung gefeit. [...]

Jede Erfindung oder neue Technik ist eine Ausweitung oder Selbstamputation unseres natürlichen Körpers, und eine solche Ausweitung verlangt auch ein neues Verhältnis oder neues Gleichgewicht der anderen Organe und Ausweitungen der Körper untereinander. Es gibt z.B. keine Möglichkeit, sich gegen das neue Verhältnis der Zuordnung der Sinne oder gegen die »Schließung« der Sinne als Folge der Fernsehbilder zu sträuben. Aber die Wirkung der Aufnahme von Fernsehbildern wird von Kultur zu Kultur verschieden sein, je nach der vorliegenden Zuordnung der Sinne in der betreffenden Kultur. Im audio-taktilen Europa hat das Fernsehen den Gesichtssinn verstärkt und drängt die Europäer immer mehr zu amerikanischen Verpackungs- und Bekleidungsformen. In Amerika, der stark visuellen Kultur, hat das Fernsehen der nicht visuellen Welt der gesprochenen Sprachen, der Eßkultur und der bildenden Kunst die Tore der audiotaktilen Wahrnehmung geöffnet. Als Erweiterung und Beschleunigung des Sinneslebens beeinflußt jedes Medium sofort die gesamte Sinnesorganisation [...].

Das Sehen, Verwenden oder Wahrnehmen irgendeiner Erweiterung unserer selbst in technischer Form heißt notwendigerweise auch sie einbeziehen. Radiohören oder eine bedruckte Seite lesen heißt, diese Ausweitungen unserer selbst in unser persönliches System aufzunehmen und die »Schließung« oder die Verdrängung der Wahrnehmung, die darauf automatisch folgt, mitmachen. Gerade die dauernde Aufnahme unserer eigenen Technik in den Alltag versetzt uns in die narzißtische Rolle unterschwelligen Bewußtseins oder der Betäubung in bezug auf diese Abbilder von uns selbst. Indem wir fortlaufend neue Techniken übernehmen, machen wir uns zu ihren Servomechanismen. Deswegen müssen wir, um sie überhaupt verwenden zu können, diesen Objekten, diesen Ausweitungen unserer selbst, wie Göttern kleinerer Religionen dienen. Ein Indianer ist der Servomechanismus seines Kanus, wie der Cowboy der seines Pferdes oder der Beamte der seiner Uhr ist.

Physiologisch wird der Mensch bei normaler Verwendung seiner technischen Mittel (oder seines vielseitig erweiterten Körpers) dauernd durch sie verändert und findet seinerseits immer wieder neue Wege, um seine Technik zu verändern. Der Mensch wird sozusagen zum Geschlechtsteil der Maschinenwelt, wie es die Biene für die Pflanzenwelt ist, die es ihnen möglich macht, sich zu befruchten und immer neue Formen zu entfalten. Die Welt der Maschine erwidert den Liebesbeweis des Menschen, indem sie seine Wünsche und sein Begehren schnell erfüllt, ihm nämlich Reichtum verschafft. Es war ein Verdienst der Motivforschung, daß sie die sexuellen Beziehungen des Menschen zum Auto aufdeckte. […]

Das Prinzip der Betäubung gilt in der Technik der Elektrizität genauso wie in jeder anderen. Wir müssen unser Zentralnervensystem betäuben, wenn es erweitert oder exponiert wird, oder wir gehen zugrunde. So ist das Zeitalter der Angst und der elektrischen Medien auch das Zeitalter des Unbewußten und der Apathie. Aber es ist bezeichnenderweise auch das Zeitalter, in dem wir uns des Unbewußten bewußt sind. Mit unserem systematisch betäubten Zentralnervensystem wird die Aufgabe des bewußten Erfassens und Ordnens auf das physische Leben des Menschen übertragen, so daß er zum erstenmal die Technik als eine Ausweitung seines natürlichen Körpers bewußt erlebt. Offenbar hätte es dazu vor dem Zeitalter der Elektrizität, das uns die Möglichkeit eines augenblicklichen Erfassens des Gesamtfeldes gab, nicht kommen können. Durch ein solches Erfassen ist das persönliche und gesellschaftliche unterschwellige Leben plötzlich voll und ganz sichtbar geworden, und zwar mit dem Ergebnis, daß sich uns das »soziale Bewußtsein« als eine Ursache von Schuldgefühlen offenbart. Der Existentialismus bietet eher eine Philosophie der Strukturen als der Kategorien und des totalen gesellschaftlichen Einbezogenseins anstatt der individuellen Isolierung oder der Standpunkte im Geiste des Bourgeois. Im Zeitalter der Elektrizität wird die ganze Menschheit zu unserer eigenen Haut.

1964

ERICH FROMM

Aggression und Narzißmus

Neben den bereits besprochenen Faktoren ist eine der wichtigsten Quellen der defensiven Aggression der verletzte *Narzißmus.* [...]

Oft gelangt ein narzißtischer Mensch zu einem Gefühl der Sicherheit durch seine völlig subjektive Überzeugung von der eigenen Vollkommenheit, von seiner Überlegenheit über andere, von seinen außerordentlichen Qualitäten, und nicht dadurch, daß er auf andere bezogen ist, oder durch wirkliche eigene Arbeit oder Leistung. Er muß sich an seine narzißtische Vorstellung von sich selbst klammern, da sich sein Wert- und Identitätsgefühl darauf gründet. Wird sein Narzißmus bedroht, so ist *er* in einem lebenswichtigen Bereich bedroht. Wenn andere seinen Narzißmus verletzen, indem sie ihn geringschätzig behandeln, ihn kritisieren und bloßstellen, weil er etwas Falsches gesagt hat, wenn sie ihn beim Spiel schlagen oder bei zahlreichen anderen Gelegenheiten kränken, dann reagiert ein solcher narzißtischer Mensch gewöhnlich mit intensivem Zorn oder mit Wut, ob er es nun zeigt oder nicht. Es kommt sogar vor, daß er sich dessen selber nicht bewußt ist. Wie intensiv diese aggressive Reaktion oft sein kann, zeigt sich daran, daß ein solcher Mensch jemandem, der seinen Narzißmus verwundet hat, dies niemals verzeiht und daß sein Rachedurst oft größer ist, als wenn ihn jemand körperlich verwundet oder um sein Eigentum gebracht hätte.

Die meisten Menschen sind sich ihres Narzißmus nur insofern bewußt, als es sich um Manifestationen handelt, in denen er nicht offen zum Ausdruck kommt. So pflegen sie zum Beispiel eine übertriebene Bewunderung für ihre Eltern oder für die eigenen Kinder zu empfinden, und es macht ihnen auch nichts aus, diese Gefühle zum Ausdruck zu bringen, weil ein solches Verhalten gewöhnlich als kindliche Pietät, als Elternliebe oder Loyalität positiv bewertet wird. Wenn sie jedoch ihren Gefühlen Ausdruck verleihen würden, die sie über ihre eigene Person empfinden, wie zum Beispiel »Ich bin der wunderbarste Mensch auf der ganzen Welt«, »Ich bin besser als alle anderen« usw., so kämen sie nicht nur in den Verdacht, unmäßig eitel zu sein, sondern man würde sie vielleicht sogar für leicht verrückt halten. Wenn andererseits jemand etwas erreicht hat, was auf dem Gebiet der Kunst, der Wissenschaft, des Sports, im Geschäftsleben oder in der Politik Anerkennung gefunden hat, dann erscheint seine narzißtische Einstellung nicht nur als realistisch und vernünftig, sie wird durch die Bewunderung der anderen auch noch ständig genährt. In solchen Fällen kann der Betreffende seinem Narzißmus freien Lauf lassen, weil er sozial sanktioniert und anerkannt ist. [...]

Unter politischen Führern ist ein hochgradiger Narzißmus sehr häufig anzutreffen. Man kann ihn als Berufskrankheit – oder auch als Berufskapital – auffassen, besonders bei denen, die ihre Macht ihrem Einfluß auf ein Massenpublikum verdanken. Wenn der betreffende Führer von seinen außergewöhnlichen Gaben und von seiner Mission überzeugt ist, wird es ihm leichter fallen, das große Publikum zu überzeugen, das sich von Männern angezogen fühlt, die ihrer Sache absolut sicher zu sein scheinen. Aber der narzißtische Führer benutzt sein Charisma nicht nur als Mittel zum politischen Erfolg; er braucht den Erfolg und den Beifall auch zur Aufrechterhaltung seines eigenen inneren Gleichgewichtes. Die Idee seiner Größe und Unfehlbarkeit beruht im wesentlichen auf seinem narzißtischen Größenwahn und nicht auf seinen wirklichen Leistungen als menschliches Wesen. [...]

Wenn, wie beim Gruppennarzißmus, das Objekt nicht der einzelne, sondern die Gruppe ist, der er angehört, kann sich der einzelne dieses Narzißmus voll bewußt sein und ihn ohne Hemmungen zum Ausdruck bringen. Die Behauptung, daß »mein Vaterland« (oder meine Nation oder meine Religion) am wunderbarsten, kultiviertesten, mächtigsten, friedliebendsten usw. ist, klingt durchaus nicht verrückt. Im Gegenteil, es klingt nach Patriotismus, Glaube und Loyalität. Außerdem erscheint es als ein realistisches und vernünftiges Werturteil, da es von vielen Mitgliedern der gleichen Gruppe geteilt wird. Dieser Konsensus bringt es fertig, die Phantasie in eine Realität umzuwandeln, da Realität für die meisten Menschen durch den allgemeinen Konsensus erzeugt wird und sich nicht auf vernünftige oder kritische Überlegungen gründet.

Der Gruppennarzißmus hat wichtige Funktionen. Vor allem fördert er die Solidarität und den inneren Zusammenhalt der Gruppe und erleichtert ihre Manipulation, da er an narzißtische Vorurteile appelliert. Zweitens ist er außerordentlich wichtig als ein Element, das den Mitgliedern der Gruppe Befriedigung verschafft, vor allem jenen unter ihnen, die an sich wenig Grund hätten, sich stolz und schätzenswert zu finden. Wenn man das armseligste, ärmste und am wenigsten respektierte Mitglied einer Gruppe ist, wird man für seinen elenden Zustand durch das Gefühl entschädigt: »Ich bin ein Teil der wundervollsten Gruppe der Welt. Ich, der ich in Wirklichkeit ein armseliger Wurm bin, werde zum Riesen dadurch, daß ich zu dieser Gruppe gehöre.« Folglich entspricht der Grad des Gruppennarzißmus dem Mangel an wirklicher Befriedigung im Leben. Jene sozialen Klassen, die ihr Leben mehr genießen, sind weniger fanatisch (Fanatismus ist eine charakteristische Eigenschaft des Gruppennarzißmus) als die, welche wie das Kleinbürgertum an einem Mangel auf allen materiellen und kulturellen Gebieten leiden und ein Leben führen, das unerträglich langweilig ist. [...]

Diejenigen, deren Narzißmus mehr ihre Gruppe als sie selbst betrifft, sind ebenso empfindlich wie individuelle Narzißten, und sie reagieren wütend auf jede wirkliche oder eingebildete Beleidigung, die ihrer Gruppe angetan wird. Sie reagieren womöglich nur noch intensiver und ganz gewiß bewußter darauf. Ein einzelner wird, wenn er nicht gerade geisteskrank ist, wenigstens manchmal einige Zweifel in bezug auf sein narzißtisches Selbst-Image hegen. Das Mitglied einer Gruppe kennt solche Zweifel nicht, da die Mehrheit seinen Narzißmus teilt. Im Falle eines Konfliktes zwischen verschiedenen Gruppen, die ihren kollektiven Narzißmus gegenseitig herausfordern, ruft diese Herausforderung eine intensive wechselseitige Feindschaft hervor. Das narzißtische Image der eigenen Gruppe wird aufs höchste gesteigert, während man die feindliche Gruppe möglichst herabsetzt. Die eigene Gruppe wird zum Verteidiger der menschlichen Würde, des Anstandes, der Moral und des Rechts. Die andere Gruppe wird verteufelt. Sie ist betrügerisch, skrupellos, grausam und von Grund auf unmenschlich. Die Beleidigung eines Symbols des Gruppennarzißmus – zum Beispiel der Fahne oder der Person des Kaisers, des Präsidenten oder eines Gesandten – ruft als Reaktion beim Volk eine so intensive Wut und Aggression hervor, daß es sogar bereit ist, seine Führer in ihrer Kriegspolitik zu unterstützen.

Der Gruppennarzißmus ist eine der wichtigsten Quellen der

menschlichen Aggression, und trotzdem ist er – wie alle anderen Formen der defensiven Aggression – eine Reaktion auf einen Angriff auf vitale Interessen. […]

1973

ALICE MILLER

Schicksale der narzißtischen Bedürfnisse

[…] Jedes Kind hat das legitime narzißtische Bedürfnis, von der Mutter gesehen, verstanden, ernst genommen und respektiert zu werden. Es ist darauf angewiesen, in den ersten Lebenswochen und Monaten über die Mutter verfügen zu können, sie zu gebrauchen, von ihr gespiegelt zu werden. Am schönsten läßt sich das veranschaulichen mit einem Bild von Winnicott: Die Mutter schaut das Baby an, das sie im Arm hält, das Baby schaut in das Antlitz der Mutter und findet sich selbst darin … vorausgesetzt, daß die Mutter wirklich das kleine einmalige, hilflose Wesen anschaut und nicht ihre eigenen Introjekte, auch nicht *ihre* Erwartungen, Ängste, Pläne, die sie für das Kind schmiedet, auf das Kind projiziert. Im letzteren Fall findet das Kind im Antlitz der Mutter nicht sich selbst, sondern die Not der Mutter. Es selbst bleibt ohne Spiegel und wird in seinem ganzen späteren Leben vergeblich diesen Spiegel suchen.

Die gesunde Entwicklung

[…] Hat ein Kind das Glück, bei einer spiegelnden Mutter aufzuwachsen, die verfügbar ist, d.h. sich zur Funktion der Entwicklung des Kindes nutzbar machen läßt, so kann im heranwachsenden Kind allmählich das gesunde Selbstgefühl entstehen. Im optimalen Fall ist es eine Mutter, die auch ein freundliches affektives Klima und das Verständnis für die Bedürfnisse des Kindes bietet. Aber auch nicht sehr warmherzige Mütter können diese Entwicklung ermöglichen, und zwar indem sie sie lediglich nicht hindern. Dann kann sich nämlich das Kind bei anderen Personen das holen, was seiner Mutter fehlt. Verschiedene Untersuchungen zeigen diese unerhörte Fähigkeit des gesunden Kindes, jede noch so geringe affektive »Nahrung«, jede Anregung in der Umgebung zu nutzen.

Unter gesundem Selbstgefühl verstehe ich die unangezweifelte Sicherheit, daß empfundene Gefühle und Wünsche zum eigenen Selbst gehören. Diese Sicherheit wird nicht reflektiert, sie ist da, wie der Pulsschlag, den man nicht beachtet, solange er in Ordnung ist.

In diesem unreflektierten, selbstverständlichen Zugang zu eigenen Gefühlen und Wünschen findet der Mensch seinen Halt und seine Selbstachtung. Er darf seine Gefühle leben, darf traurig, verzweifelt oder hilfsbedürftig sein, ohne Angst haben zu müssen, jemanden damit unsicher gemacht zu haben. Er darf Angst haben, wenn er bedroht wird, darf böse werden, wenn er seine Wünsche nicht befriedigen kann. Er weiß nicht nur, was er nicht will, sondern auch, was er will, und darf es zum Ausdruck bringen, unabhängig davon, ob er dafür geliebt oder gehaßt wird.

Die Störung

Was geschieht, wenn die Mutter nicht imstande ist, ihrem Kind zu helfen? Was geschieht, wenn sie nicht nur nicht in der Lage ist, die Bedürfnisse ihres Kindes zu erraten und zu erfüllen, sondern selbst bedürftig ist, was sehr häufig vorkommt? Dann wird sie unbewußt mit Hilfe ihres Kindes ihre eigenen Bedürfnisse zu befriedigen suchen. Das schließt eine affektive Bindung nicht aus. Aber es fehlen dieser ausbeuterischen Beziehung zum Kind lebenswichtige Komponenten wie Verläßlichkeit, Kontinuität und Konstanz, es fehlt ihr vor allem der Raum, in dem das Kind seine Gefühle, seine Empfindungen erleben könnte. Das Kind entwickelt dann etwas, das die Mutter braucht und das ihm im Moment zwar das Leben (die »Liebe« der Mutter oder des Vaters) rettet, aber es eventuell lebenslang daran hindert, es selbst zu sein. In einem solchen Fall können die zum Alter des Kindes gehörenden natürlichen Bedürfnisse nicht integriert werden, sondern werden abgespalten oder verdrängt. Dieser Mensch wird dann später, ohne es zu wissen, in seiner Vergangenheit leben. [...]

Es sind in der Praxis verschiedene Mischformen und Nuancen der narzißtischen Störung vorzufinden. Der Klarheit halber versuche ich, zwei extreme Formen zu schildern, wobei ich die eine als die Kehrseite der anderen anschauen würde: die Grandiosität und die Depression. Bei manifester Grandiosität lauert ständig die Depression, und hinter der depressiven Verstimmung verbergen sich oft abgewehrte Ahnungen über unsere tragische Geschichte. Eigentlich ist die Grandiosität die Abwehr des tiefen Schmerzes über den Selbstverlust, der aus der Verleugnung der Realität resultiert.

Die Grandiosität als Selbsttäuschung

Der »grandiose« Mensch wird überall bewundert, und er braucht diese Bewunderung, kann gar nicht ohne sie leben. Er muß alles, was er unternimmt, glänzend machen, und er kann es auch (etwas anderes unternimmt er eben nicht). Auch er bewundert sich – seiner Eigenschaften wegen: seiner Schönheit, Klugheit, Begabung, seiner Erfolge und Leistungen wegen. [...]

Der Zusammenbruch des Selbstwertgefühls beim »grandiosen« Menschen zeigt mit aller Schärfe, wie es eigentlich in der Luft, »an einem Luftballon« (Traum einer Patientin) gehangen hatte, bei gutem Wind zwar hoch hinaufflog, aber plötzlich ein Loch bekam und nun wie ein kleines Fetzchen am Boden liegt. Vom Eigenen

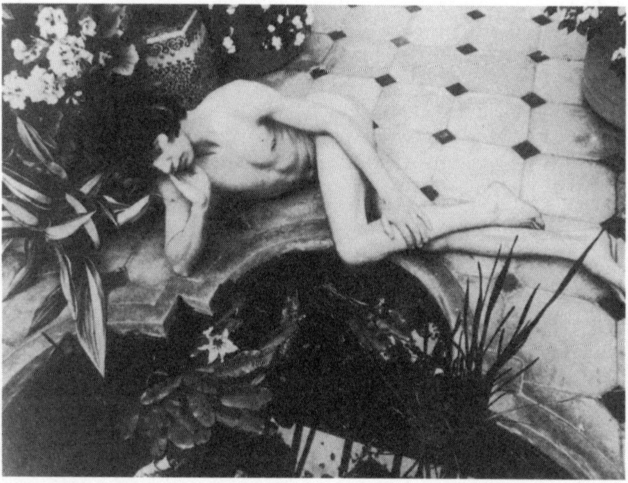

Cecil Beaton: Gervase (Porträtstudie). Fotografie. 1968

durfte nichts entwickelt werden, das später einen Halt hätte bieten können. [...]

Der grandiose Mensch ist nie wirklich frei, weil er ständig von der Bewunderung anderer abhängig ist und weil diese Bewunderung an Eigenschaften, Funktionen und Leistungen gebunden ist, die plötzlich zusammenbrechen können.

Die Depression als Kehrseite der Grandiosität

Bei der mir bekannten Gruppe von Patienten war die Depression in vielfältiger Weise mit der Grandiosität gekoppelt. [...]

Obwohl die Depression im äußeren Erscheinungsbild der Grandiosität diametral entgegengesetzt ist und durch ihre ganze Stimmung irgendwie der Tragik des Selbstverlustes mehr Rechnung trägt, weisen sie doch viele Gemeinsamkeiten auf. Folgende können wir beobachten:

1. ein falsches Selbst, das zum Verlust des wahren Selbst geführt hat;
2. die Brüchigkeit der Selbstachtung, die nicht in der Sicherheit über das eigene Fühlen und Wollen, sondern in der Möglichkeit, das falsche Selbst zu realisieren, wurzelt;
3. Perfektionismus;
4. Verleugnung der verachteten Gefühle;
5. ausbeuterische Beziehungen;
6. große Angst vor Liebesverlust, deshalb große Anpassungsbereitschaft;
7. abgespaltene Aggressionen;
8. Anfälligkeit für Kränkungen;
9. Anfälligkeit für Scham- und Schuldgefühle;
10. Ruhelosigkeit.

Depression als Verleugnung des Selbst

Die Depression läßt sich also verstehen als ein direktes Signal des Selbstverlustes, der in der Verleugnung der eigenen Gefühlsreaktionen und Empfindungen besteht. Diese Verleugnung begann im Dienste der lebensnotwendigen Anpassung aus Angst vor dem Liebesverlust in der Kindheit. [...]

Die Sage von Narzissos

Die Sage vom Narzissos schildert die Tragik des Selbstverlustes, der sogenannten narzißtischen Störung. Der sich im Wasser spiegelnde Narzissos ist in sein *schönes Antlitz* verliebt, auf das seine Mutter sicher stolz war. Auch Nymphe Echo beantwortet die Rufe des Jünglings, in dessen Schönheit sie verliebt ist. Echos Rufe täuschen den Narzissos. Auch sein Spiegelbild täuscht ihn, indem es nur den vollkommenen, großartigen Teil von ihm spiegelt, nicht aber die anderen Seiten. Seine Rückenseite z. B. und sein Schatten bleiben ihm verborgen, gehören nicht zum geliebten Spiegelbild, werden ausgeklammert.

Dieses Stadium des Entzückens ist mit der Grandiosität vergleichbar, wie das nächste – die verzehrende Sehnsucht nach sich selbst – mit der Depression. Narzissos wollte nichts anderes als der schöne Jüngling sein, verleugnete total sein wahres Selbst, wollte sich mit dem schönen Bild vereinigen. Das führte zur Selbstaufgabe, zum Tod bzw. – in der Darstellung von Ovid – zur Verwandlung in die Blume. Dieser Tod ist eine logische Konsequenz der Fixierung auf das falsche Selbst. Denn es sind nicht nur die »schönen«, »guten«, die gefälligen Gefühle, die uns lebendig sein lassen, unser Dasein vertiefen und uns entscheidende Einsichten gewähren, sondern oft gerade die unbequemen, unangepaßten, die wir am liebsten fliehen möchten: Ohnmacht, Scham, Neid, Eifersucht, Verwirrung, Wut, Trauer. Im Raum der Therapie können diese Gefühle erlebt, verstanden und zugeordnet werden. Insofern ist dieser Raum ein Spiegel der inneren Welt, die viel reicher ist als das »schöne Antlitz«.

Der Narzissos ist in sein idealisiertes Bild verliebt, aber weder der grandiose noch der depressive »Narzissos« kann sich wirklich lieben. Seine Begeisterung für sein falsches Selbst verunmöglicht ihm nicht nur die Liebe zum anderen, sondern auch, allem Anschein zum Trotz, die Liebe zu dem einzigen Menschen, der ihm voll und ganz anvertraut ist – zu ihm selber.

überarbeitete Version (1997) von 1979

CHRISTOPHER LASCH

Narzißmus und Alter

Immer haben die Menschen den Tod gefürchtet und sich nach ewigem Leben gesehnt; aber die Angst vor dem Tode wächst in einer Gesellschaft, die sich selbst der Religion beraubt hat und nur wenig Interesse für die Nachwelt zeigt. Das Alter weckt überdies Befürchtungen, nicht nur weil es als Beginn des Todes gilt, sondern weil sich die Lebensbedingungen alter Menschen heute objektiv verschlechtert haben. Unsere Gesellschaft hat für die Älteren wenig Verwendung. Man betrachtet sie als unnütz; zwingt sie, sich zurückzuziehen, noch bevor ihre Arbeitskraft sich erschöpft hat. Unter dem Vorwand respektvollen Wohlwollens besteht man darauf, daß die alten Leute ihr Leben genießen sollen, und weist sie darauf hin, daß es für ihre Zeit keine bessere Verwendung gibt. Die Gesellschaft wertet die Erfahrung ab und legt den Hauptwert auf körperliche Stärke, Gewandtheit, Anpassungsfähigkeit und die Gabe, mit neuen Ideen Schritt zu halten. Damit definiert die Gesellschaft den Begriff »Produktivität« in einer Weise, die die älteren Mitbürger automatisch ausschließt. Der sattsam bekannte Jugendkult schwächt die gesellschaftliche Position derer, die nicht mehr jung sind, noch mehr.

»Unsere Einstellung zum Alter« ist also, wie kürzlich ein Kritiker formulierte, »nicht zufällig«. Sie resultiert aus sozialen Veränderungen, die seit langem im Gange sind und die Wertung der Arbeit verändert haben. Arbeitsplätze wurden rarer, die Altersweisheit bagatellisiert und die Autorität in jeder Form (darunter auch die Autorität der Erfahrung) in Verruf gebracht. Da der schwindende Einfluß und der Statusverfall der alten Menschen so tiefliegende soziale Ursachen hat, reicht es nicht aus, die Werbetrommel zu rühren und menschenwürdige Umstände für sie zu postulieren, um ihnen ihr Los zu erleichtern. Wer argumentiert, Alter sei eher ein soziales denn ein medizinisches Problem, muß dennoch erst einmal begreifen, wie abhängig Alter von der sozialen Situation ist und wie wenig nur beschönigende Maßnahmen erbringen. Erst eine Neuordnung von Arbeitswelt, Erziehung und Familie – das heißt jedes wesentlichen Lebenskreises – würde das Alter erträglicher machen. Davon abgesehen begrenzt der biologische Alterungsprozeß das Maß, in dem Alter noch wirklich angenehm sein kann, und nicht nur weniger von Krankheit beeinträchtigt. Dieser unwiderlegbaren Tatsache gehen die Anhänger der Sozialtheorie von Tod und Alter (die in ihrem reformistischen Eifer ebenso optimistisch sind wie die »Langlebigkeits«-Theoretiker in ihrem Glauben an medizinische Wunder) immer wieder aus dem Wege.

Das Problem des Alterns ist noch aus einem anderen Grunde schwer zu fassen. Außer sozialen und biologischen spielen auch psychische Faktoren eine Rolle. Die Veränderung der Gesellschaft zeigt sich, nach innen wie nach außen, in einer gewandelten Auffassung, in neuen Denkgewohnheiten und unbewußten Assoziationen. Wenn unser Zeitalter besonders große Furcht vor Alter und Tod empfindet, so muß diese Furcht auf gewissen inneren Voraussetzungen beruhen. Sie muß nicht nur objektive Veränderungen in der gesellschaftlichen Position der Älteren, sondern auch subjektive Erfahrungen widerspiegeln, die die Aussicht auf das Alter unerträglich machen. Die Angst vor dem Alter mag aus der realistischen Einschätzung dessen herrühren, was mit alten Leuten in einer hochentwickelten Industriegesellschaft geschieht; doch sie wurzelt in einem irrationalen Panikgefühl. Diese Panik zeigt sich am deutlichsten darin, daß sich dieses Gefühl im Leben der Menschen so früh bemerkbar macht. Mann und Frau fangen an, sich vor dem Altwerden zu fürchten, bevor sie überhaupt die mittleren Lebensjahre erreicht haben. Die sogenannte *midlife crisis* präsentiert sich als die ängstliche Einsicht, daß das Alter schon hinter der nächsten Ecke droht. Die Amerikaner erleben ihren vierzigsten Geburtstag bereits als den Anfang vom Ende. Sogar der Lebenshöhepunkt wird damit von der Angst vor dem überschattet, was noch in der Zukunft liegt.

Diese irrationale Bedrohung durch Alter und Tod ist eng verbunden mit der Ausprägung der narzißtischen Persönlichkeit als der häufigsten Charakterstruktur unserer heutigen Gesellschaft. Da der Narzißt über besonders wenig innere Reserven verfügt, erwartet er von anderen eine Bestätigung seines Selbstwertgefühls. Er braucht Bewunderung für seine Schönheit, seine Anziehungskraft, seine Berühmtheit oder seine Macht – Attribute, die gewöhnlich im Laufe der Zeit dahinwelken. Er ist unfähig, in Liebe und Arbeit Befriedigung zu finden, und wird gewahr, daß ihm wenig bleibt, wenn die Jugend erst hinter ihm liegt. Er nimmt kein Interesse an der Zukunft und tut nichts, um sich den traditionellen Tröstungen des Alters zu versichern, deren wichtigste die Überzeugung ist, sein Lebenswerk werde in einem bestimmten Sinne von den kommenden Generationen fortgesetzt. Liebe und Arbeit verbinden sich in der Sorge um die Nachwelt, vor allem im Bemühen, die jüngere Generation zur Weiterführung der Aufgaben der älteren zu rüsten. Der Gedanke, daß wir stellvertretend in unseren Kindern fortleben (und im weiteren Sinne in den kommenden Generationen), versöhnt uns damit, daß wir selbst beiseite treten müssen. Diese Hauptsorge des Alters ist noch quälender als Hinfälligkeit und Einsamkeit. Wenn sich das Band zwischen den Generationen zu lockern beginnt, werden diese Tröstungen hinfällig.

Die Ausprägung der narzißtischen Persönlichkeit spiegelt unter anderem auch einen drastischen Wandel unseres Geschichtsbewußtseins wider. Der Narzißmus als Charakterstruktur ist typisch für eine Gesellschaft, die jedes Interesse an der Zukunft verloren hat. Psychiater, die einem Elternpaar raten, sich nicht in seinen Kindern zu verwirklichen; verheiratete Paare, die Elternschaft ablehnen oder verschieben, oft aus guten – praktischen – Gründen; Gesellschaftsreformer, die für ein Nullwachstum der Bevölkerung plädieren: alle bezeugen sie eine universelle Unsicherheit hinsichtlich der Reproduktion, die weitverbreiteten Zweifel, ob sich unsere Gesellschaft denn überhaupt reproduzieren solle. Unter diesen Bedingungen wird der Gedanke an unser eines Tages fälliges Abtreten und an unseren Tod absolut unerträglich und führt zu dem Versuch, das Alter überhaupt abzuschaffen und das Leben unbegrenzt zu verlängern. Wenn die Menschen sich außerstande sehen, Interesse für das Leben auf Erden nach ihrem eigenen Tode aufzubringen, trachten sie nach ewiger Jugend. Deshalb machen sie sich auch keine Sorgen um die Fortpflanzung ihrer Art. Wenn die Perspektive der Ablösung durch die nächste Generation – die natürliche Folge der Elternschaft – unerträglich wird, so nimmt Elternschaft fast die Form einer Selbstzerstörung an. In Lisa Althers *Kinflicks* erklärt ein junger Mann, daß er keine Kinder haben wolle. »Mir kommt die Welt immer wie eine Bühne vor... Und jedes Kind, das ich hätte, wäre doch nur ein verdammter junger Schauspieler, der darauf brennt, mich ganz von der Bühne zu drängen, der aufpaßt und darauf wartet, mich zu beerdigen, damit *er* im Mittelpunkt des Bühnengeschehens stehen kann.«

1979

WOLFGANG SCHMIDBAUER

Durch die Wüste (Der bürgerliche Held I)

> Ich habe in meiner Kindheit stundenlang still und regungslos gesessen und in die Dunkelheit meiner kranken Augen gestarrt.
>
> *Karl May**

Wer Anschauungsmaterial für die inneren Gesetze des bürgerlichen Narzißmus sucht, kann an den Werken Karl Mays nicht vorbeigehen. Viele von uns verdrängen ihre frühe Faszination später, wie sie ihre Pubertät verdrängen, finden die Romane unerträglich schwülstig, primitiv und pathetisch. Andere, wie Arno Schmidt, suchen das Geheimnis der Wirkung dieses größten »Volksschriftstellers« der Deutschen durch eine komplizierte Umdeutung zu enträtseln, in der es von verborgener Homoerotik, Analmythologie und Sexuallandschaften wimmelt. Narziß kann doch nicht soviel mächtiger sein als Ödipus!

Ich möchte versuchen, die Grundstruktur der Selbstdarstellungen von Karl May herauszuarbeiten. Gute Dienste dabei leistet ein Schema, das ich für die Analyse der Persönlichkeitsprobleme in Helfer-Berufen entworfen habe.** Es enthält folgende fünf Themen:

1. Das abgelehnte Kind
2. Die Identifizierung mit dem Über-Ich
3. Die narzißtische Unersättlichkeit
4. Die Vermeidung von Gegenseitigkeit
5. Die gehemmte, indirekte Aggression.

Das erste Thema, welches die Kindheit betrifft, soll uns erst später beschäftigen, jedoch ist so viel gewiß, daß Karl May in großem Elend und ständig von narzißtischen Kränkungen bedroht herangewachsen ist. Die Über-Ich-Identifizierung war daher anders als bei vielen Helfern, die unter weniger verwahrlosten Umständen aufwachsen. Sie läßt sich auf die Formel bringen: »Wenn ihr mich groß sein laßt, will ich auch gut sein.« In den Romanen ist

* Karl May, Mein Leben und Streben, zit. n. H. Wollschläger, Karl May, Zürich 1976, S. 15.
** W. Schmidbauer, Die hilflosen Helfer, Hamburg 1977.

Karl May immer groß, mächtig, siegreich – und daher ist er auch in seinen moralischen Überzeugungen unerschütterlich gefestigt. Sein Leben sah anders aus, doch davon später. Während viele Helfer durch ihre strenge Pflichterfüllung ein Stück Grandiosität verwirklichen können, ist für Karl May die Möglichkeit zur Grandiosität eine Voraussetzung der Moral. Daher konnte er auch in seinem ursprünglichen Beruf als Lehrer nicht erfolgreich arbeiten, sosehr sich in seinem Phantasieleben und in seinen Büchern das Bedürfnis ausdrückt, zu belehren, recht zu behalten, den Führer, Häuptling, Arzt und gelegentlich die Gouvernante zu spielen.

Die Elemente der Grandiosität

Allmacht, Allwissenheit, Allgüte, Allgerechtigkeit – mit solchen Worten wird bis ins zwanzigste Jahrhundert den Kindern von den Religionslehrern das Wesen Gottes anschaulich gemacht. Karl May hat Anteil an allen diesen Eigenschaften. Sein Kriegsname »Old Shatterhand« belegt, daß seine Faust wie der Hammer des Donnergottes ist. Kein Mensch kann ihr standhalten, selbst Riesen werden durch den »Jagdhieb« gefällt. Freilich muß diese Stärke in ständigen Wettkämpfen immer wieder bewiesen, die Überzeugung erneuert werden. Ähnlich der Triumph des Dummlings im Märchen, der den magischen Säbel gewinnt: »Alle Köpfe runter, nur meiner nicht.« Und so geschieht es.

Doch wird der Ich-Erzähler nicht müde, darauf hinzuweisen, daß es nicht seine rohe Kraft, sondern seine durch Übung und Intelligenz erworbene Geschicklichkeit ist, die ihm seine Überlegenheit in jedem Zweikampf verschafft: Sei es mit der bloßen Faust, mit dem Messer, mit dem Tomahawk (oder im Balkan mit dem Tschakan), mit dem Säbel, mit dem Gewehr. Die Omnipotenz wird differenziert. Sie drückt sich in der rohen Kraft aus, in Geschicklichkeit und in den vielfältigsten Kriegslisten. »Jetzt stand ich auf, ergriff ihn mit der rechten Hand beim Gürtel, schwang ihn mir einige Male um den Kopf, so daß er laut aufschrie, stellte ihn dann wieder auf die Beine und fragte: ›Ist das genug, oder soll ich Euch zeigen, wie es tut, wenn Ihr meine Faust auf den Schädel bekommt?‹« So lüftet Old Shatterhand sein Inkognito, das er zuerst gerne wahrt, um endlich um so strahlender hervorzutreten. Das narzißtische Darstellungsprinzip der Erhöhung aus der Erniedrigung heraus hat hier eine auffällig kontrollierte Abwandlung erfahren. Nicht äußeren Umständen, die ihn überwältigen, ist die verhüllte, unterschätzte Gestalt des ersten Auftritts des Helden zuzuschreiben, sondern seinem wohlüberlegten Entschluß, seiner Freude darüber, insgeheim seine Überlegenheit zu genießen und auf die Stunde ihrer Schaustellung zu warten. Karl May ist sehr stark an den ständigen Beweis seiner Überlegenheit gebunden. Das drückt sich in zahlreichen Kleinigkeiten aus.* Er irrt sich nie, verliert nie seinen Mut, sein Selbstvertrauen. In der Sprache der Narzißmustheorie ausgedrückt: Er gibt nie seine Identifizierung mit dem Größenselbst und seine idealisierte Bindung an ein grandioses Objekt – an Gott – auf, sondern behält beide in jeder Situation, ist daher zu echter Einfühlung nicht fähig. Old Shatterhand bzw. Kara Ben Nemsi unterscheiden sich von anderen Helden gerade dadurch, daß sie keine verwundbaren Stellen haben. Dort, wo die Wechselfälle des Lebens auch den unerschütterlichen Mut bedrohen, befestigt ihn das unerschütterliche Gottvertrauen. Liebesbeziehungen oder Elternschaft, die dem Menschen seine Verwundbarkeit und Abhängigkeit bewußtmachen, gibt es in dieser Welt nicht. [...]

Allwissenheit

[...] Der Erfolg von Karl Mays Reiseromanen rührt daher, daß er kollektive Träume verwirklicht hat. Die Wahrheit liegt nicht in einem Traum, sondern in vielen Träumen, sagt ein orientalisches Sprichwort.** Der Stamm der Apatschen und Winnetou adoptieren Old Shatterhand wie eine neue, ideale Mutter ein Kind. Winnetou belehrt ihn über die Künste des Westmannes und wird bald von Old Shatterhand belehrt. Die Fremde macht keine Angst mehr, wenn man in ihr Freunde findet, welche den Fremden als liebenswert und überlegen anerkennen. Karl May hat den Deutschen ihre Lieblingsillusion immer wieder als Wirklichkeit hinge-

* Nicht zuletzt in seiner Bewaffnung, in den immer wieder zitierten Gewehren, von denen das eine weiter und mächtiger schießt als alle anderen Büchsen, während das andere öfter schießt, »ohne heiß zu werden«. Die Aufspaltung dieser Potenz auf zwei Gewehre ist ein Weg, mit der Verlustangst umzugehen, und wohl auch ein Symbol für den Wunsch, sowohl ein tiefer, weitreichender, wie auch ein sehr produktiver Schriftsteller zu sein.

** Das Pier Paolo Pasolini zum Leitmotiv seines Films über die Erotik in 1001 Nacht machte.

stellt. Es ist die Illusion, daß man gleichzeitig überragend tüchtig und überall beliebt sein kann, daß es möglich ist, beides zu haben, die Macht und die Sympathie, die Überlegenheit und die Bewunderung. Das Bedürfnis nach Überlegenheit herrscht vor allem dann vor, wenn der Betroffene tief unsicher ist, ob er geliebt wird. Das narzißtische Paradies ist wiederhergestellt, wenn die Unsicherheit der Gefühlsbeziehungen ausgeglichen wird durch die Sicherheit der eigenen, unerschütterlichen Dominanz.* Zugleich ist dieser Versuch zum Scheitern verurteilt, er kann nur in der Phantasie gelingen. Tyrannen, auch aufgeklärte, vernünftige Tyrannen, wie Old Shatterhand, werden nicht geliebt. [...]

1981

JULIA KRISTEVA

Narziß: Die neue Dementia

... novitasque furoris.
Ovid, Die Metamorphosen, III 350

Plotin oder Die Theorie des Abbilds und des Schattens: Eine Innerlichkeit**

Das *Abbild*, in das sich Narziß verliebt und das ihn in den Tod treibt, wird zum grundlegenden *Topos* eines Denkens werden, das sich von der antiken Philosophie löst, um bis zur Patristik der ersten Jahrhunderte des christlichen Zeitalters die Spekulation zu nähren. Die hermetische Literatur sowie die Gnostiker werden die Sinneswelt für das Resultat eines gewissermaßen narzißtischen Vergehens halten, insofern der archetypische Mensch für

* Caligula, der zum Muster des »Cäsarenwahns« erhobene römische Kaiser, prägte für diese narzißtische Grandiosität die Formel: »Sie mögen mich hassen, solange sie mich fürchten.«
** Vgl. P. Hadot, *Le Mythe de Narcisse et son interprétation par Plotin*, in: »Narcisses«, *Nouvelle Revue de Psychanalyse*, Nr. 13, 1976, S. 81 bis 108. Die folgende Reflexion verdankt ihre Anregung und ihre Denkbewegung der letztgenannten Arbeit.

sein eigenes Abbild entbrennt, das jedoch nur das Resultat eines Sündenfalls ist.* Bei Plotin (205–270 n. Chr.) hingegen ist das *ursprüngliche,* allstiftende *Abbild* ein notwendiger Prozeß, und nur das *Abbild dieses Abbilds* in den vergänglichen Substanzen entfernt uns vom Ideal und wird folglich verurteilt.

Diese doppelte Plotinsche Bewegung verdient eine eingehendere Betrachtung.

Wie in den Kosmogonien seiner Zeit ist die Sinneswelt bei Plotin einerseits das Resultat einer Reflexion im Spiegel: als ob das verderbliche und heute abwertend als »narzißtisch« bezeichnete Abbild auf logische und sehr normale Weise der notwendige Schöpfer der Welt wäre. Im Grunde erzeugt die Seele bei der Begegnung mit der leblosen Materie auf dieselbe Weise ein Abbild wie ein Körper, der sich auf einer glänzenden Oberfläche widerspiegelt.**

Andererseits wäre es jedoch ein schwerer Irrtum, das bloß Widergespiegelte für eine feste Wirklichkeit zu halten, wie dies Narziß tut. Damit ist der Narzißmus verurteilt, doch diese Verurteilung gilt nicht dem Ursprung des Spiegelungsprozesses: Der Lektüre Plotins zufolge beginnt der Irrtum bloß in dem Moment, wo das Individuum diesen Bildern Wirklichkeit zuschreibt, anstatt sich über sein eigenes Inneres zu beugen.

»So mache sich denn auf und folge ihr ins Innere wers vermag,

* Vgl. H.-Ch. Puech, in: *Le Néoplatonisme,* Paris 1971, S. 99.

** »Daher auch die Dinge die an ihr (der Materie) zu sein scheinen, Possen sind, wahrhaft Schattenbilder am Schattenbilde, so wie in einem Spiegel der Gegenstand ganz wo anders erscheint als er ist. Und wenn sie voll scheint, ist sie leer; sie hat nichts in sich und scheint doch alles zu haben.« Und Plotin greift eine Idee aus dem *Timaios* auf: »Was aber in sie eingeht und austritt, sind Nachbilder des Seienden, Schatten, die auf einen gestaltlosen Schatten fallen« (*Enneaden,* III, 6, 7–25, in: *Plotins Schriften,* übers. von R. Harder, 5 Bde., Hamburg 1956–1960). Und weiter: »Wenn nun die Materie nicht wäre, würde dann kein Ding ins Dasein treten? Es wäre ja auch kein Spiegelbild da, wenn es keinen Spiegel oder dergleichen gäbe. Denn was seiner Natur nach an einem anderen ins Dasein tritt, das kann, wenn jenes nicht da ist, nicht entstehen; eben darin besteht ja das Wesen eines Spiegelbildes daß es an einem andern ist« (ebd., III, 6, 14, 1–5). Dieser Spiegelbewegung haftet übrigens nichts Verächtliches an: »Indessen, wenn das Hinabwenden ein Hineinleuchten in das Niedere ist, so ist es nicht Verfehlung, so wenig wie der Schatten beim Licht, ...« (ebd., I, 1, 12, 24).

und lasse das mit Augen Gesehene draußen und drehe sich nicht um nach der Pracht der Leiber wie einst. Denn wenn man Schönheit an Leibern erblickt, so darf man ja nicht sich ihr nähern, man muß erkennen, daß sie nur ein Abbild Abdruck Schatten ist, und fliehen zu jenem von dem sie das Abbild ist. Denn wenn einer zu ihr eilen wollte und sie ergreifen als sei sie ein Wirkliches, so geht es ihm wie Jenem – irgendeine Sage, dünkt mich, deutet es geheimnisvoll an: der wollte ein schönes Abbild, das auf dem Wasser schwebte, greifen, stürzte aber in die Tiefe der Flut und ward nicht mehr gesehen: ganz ebenso wird auch, wer sich an die schönen Leiber klammert und nicht von ihnen läßt, hinabsinken nicht leiblich aber mit der Seele in dunkle Tiefen die dem Geiste zuwider sind; so bleibt er als Blinder im Hades und lebt schon hier wie einst dort nur mit Schatten zusammen.«*

Alle Kommentatoren sehen darin eine Anspielung auf Narziß. Diese Erwähnung des narzißtischen Irrtums verleiht der Plotinschen Reflexion eine Bedeutung, die über den orthodoxen Platonismus hinausreicht (*Das Gastmahl* wird in Plotins Abhandlung *Über das Schöne* kommentiert) und eine eher psychologische, weil spekulativere Entfaltung der Seelenbewegungen vornimmt.

Ein anderer mythischer Verweis auf den Spiegel scheint ebenfalls in die Richtung einer Verurteilung des Sichverlierens an die Bilder zu weisen, während die Wiedervereinigung der Seele in der immer gewärtigen Einheit des Intellekts empfohlen wird: »Der Menschen Seelen aber, da sie gleichsam im Spiegel des Dionysos Nachbilder ihrer selbst erblickten, gingen hinab zu ihnen, sie ließen sich herab aus der oberen Welt; gewiß sind sie auch von ihrem eigenen Ursprung nicht abgeschnitten, auch nicht vom Geist.«** Erinnern wir daran, daß in einer Version des Mythos Dionysos sich als Kind mit Hilfe eines Spiegels von Hera verführen läßt, bevor er in die Hände der Titanen fällt, von ihnen zerstückelt und schließlich wieder zusammengesetzt wird von Athena und Zeus oder Demeter oder Apollo ...*** Die wunderbaren Details dieses Mythos, der von der Plotinschen Reflexion aufgegriffen wird, münden also, wie uns scheint, in das Motiv der Vereinigung durch die Vielfalt der unwesenhaften Abbilder, das man unvermittelter in der Plotinschen Behandlung des Mythos von Narziß wiederfindet.

* Ebd., I, 6, 8, 8. ** Ebd., IV, 3, 22, 1–4.
*** Vgl. J. Pépin, *Plotin et le miroir de Dionysos*, in: *Revue internationale de philosophie*, 1970, Nr. 92, S. 304–320.

Der Irrtum besteht also darin, nicht zu wissen, daß das Abbild nur auf einen selbst verweist: Im Grunde ist Narziß schuldig, weil er sich nicht als Ursprung des Abbildes erkannte.* Halten wir diese Anklage fest, die Narziß der mangelnden Selbsterkenntnis überführt: Wer ein Abbild liebt und nicht weiß, daß es seines ist, weiß im Grunde nicht, wer er ist. Merken wir jedoch an, daß Plotin durch das Abbild – von Narziß –, und über dieses Vergehen hinaus, die Möglichkeit erhält, die Bewegung der Reflexion bis hin zur vollständigen Ausbildung eines Selbstbewußtseins zu hypostasieren, dem gegenüber der Schatten (der narzißtische, der nicht weiß, daß seine Quelle das Ich selbst ist) eine höchste Verfehlung darstellt. Plotin reagiert auf das Spiegelbild von Narziß, doch bei ihm ist das Abbild keineswegs narzißtisch: Narzissianisch, wenn man so will, aber äußerst antinarzißtisch, verurteilt er die Anbetung der Bilder, angefangen bei seinem eigenen: »Es soll also nicht genug daran sein, das Abbild zu tragen, mit dem die Natur uns umkleidet hat«, weist er seinen Schüler Amelius ab, der ihn bittet, ein Bild von ihm verfertigen zu lassen. »Nein, ihr fordert, ich soll freiwillig zugeben, daß ein Abbild des Abbildes von mir nachbleibe, ein dauerhafteres, als sei dies Abbild etwas Sehenswertes!«**

Der Schatten und die Fetisch-Bilder werden zwar verurteilt, doch der *Blick* und das *Abbild* – gewiß platonische, aber wie sehr durch Narziß dramatisierte, humanisierte und erotisierte Instrumente – werden bei Plotin über die narzißtische Dementia hinaus zu den logischen Elementen der Konstituierung dieses abendländischen Selbstbewußtseins, das vielleicht nichts mit einem in sich selbst verliebten Ich zu tun hat, dessen autoerotische Lust jedoch nicht minder deutlich zutage tritt. Hören wir Plotin:

Das nunmehr »innerlich« gewordene Auge sieht nicht mehr »die glänzenden Gegenstände«, sondern die »Schönheit der guten Seele«, vorausgesetzt, es folgt dieser Anweisung: »Kehre ein zu dir selbst und sieh dich an; und wenn du siehst daß du noch nicht schön bist, so tu wie der Bildhauer, der von einer Büste, welche schön werden soll, hier etwas fortmeißelt, hier etwas ebnet, dies glättet das klärt, bis er das schöne Antlitz an der Büste vollbracht hat: so meißle auch du fort was unnütz und richte was krumm ist, das Dunkle säubere und mach es hell und laß nicht ab an deinem Bild zu handwerken bis dir hervorstrahlt der göttliche Glanz

* Vgl. P. Hadot (Anm. 1).
** Porphyrios, *Über Plotins Leben*, in: *Enneaden*, a.a.O., Bd. 5, S. 167.

der Tugend … Bist du das geworden und hast es erschaut, bist du rein und allein mit dir selbst zusammen, und nichts hemmt dich auf diesem Wege eins zu werden, *und keine fremde Beimischung hast du mehr in deinem Innern* … wenn du so geworden dich selbst erblickst, dann bist du selber Sehkraft, …, denn allein ein solches Auge schaut die große Schönheit. […] Man muß nämlich das Sehende dem Gesehenen verwandt und ähnlich machen, wenn man sich auf die Schau richtet; kein Auge könnte je die Sonne sehen, wäre es nicht sonnenhaft.«*

Hier erfolgt eine meisterhafte Synthese aus der Platonschen Suche nach der idealen Schönheit und dem Autoerotismus des eigenen Bildes, der unweigerlich an Narziß gemahnt. Als ob der narzißtische Autoerotismus innerhalb des Plotinschen Vorhabens zunächst ermöglichte, die *Bewegung* der narzißtischen Operation zu rehabilitieren – die von ihrem *Widerlager* zu unterscheiden ist: dem für eine wesenhafte Realität gehaltenen Schattenbild. Durch diese Bewegung verwandelt sich bei Platon das auf Dialog begründete Denken in einen Monolog, der wohl als spekulativ zu bezeichnen ist: Er führt das Ideal in das Innere eines Selbst, das sich in der Verkettung der Abbilder als *Innerlichkeit* konstituiert. An die Stelle des narzißtischen Schattens, des Köders und Sturzes, tritt die autoerotische Reflexion, welche die ideale Einheit ins Innere eines von ihr erleuchteten Selbst führt. Narziß wird transzendiert, und die Schönheit inkarniert sich im Innenraum. Ist Narziß demnach jener leidende Leib, der wie der seines berühmten Zeitgenossen Christus die Idee – aber nachträglich, bei anderen – zur Inkarnation in einem Selbstbewußtsein, zur Subjektivierung führt? Der Schmerz von Narziß hinterläßt jedoch seine Spur in der Apotheose dieses zur Innerlichkeit des Bewußtseins gewordenen noetischen Ganzen: Als griffe es das Unbehagen des jungen Mannes vor seinem unerreichbaren Abbild auf, weiß das plotinsche Selbst als Vereinigung von Individualität und Totalität, die einander abstoßen, um seine Andersheit: »Er ist gleichsam ein anderer geworden, nicht mehr er selbst.«** […]

* Ebd., I, 6, 9, 7 ff. ** Ebd., VI, 9, 10, 15.

Die Liebe: Ein Schauen des Unsichtbaren

Diese aus der Innenschau hervorgehende innere Einheit ... verläuft über die Liebe und den Ausschluß des Unreinen. Die Liebe ist im Grunde der *Blick* der Seele für die unsichtbaren Dinge*: Die Betrachtung löst die Empfindung aus, doch: »Auch gegen das nicht sichtbare kann man sie erleben, es erleben sie auch eigentlich alle Seelen, aber stärker die liebebewegten unter ihnen.«** Die Liebe ist es, die letztlich die innere Einheit der Seele konstituiert: Wie im *Gastmahl*, aber auf ausdrücklich autoerotische Weise, konstituiert sich die Seele als sich im Ideal liebend. »Und wenn ihr euch selbst erblickt in eurer eigenen inneren Schönheit, was empfindet ihr, warum seid ihr dabei in Schwärmerei und Erregung und sehnt euch nach dem Zusammensein mit eurem Selbst, dem Selbst, das ihr aus den Leibern versammelt? Das nämlich sind die Empfindungen dieser echten Liebebewegten. (...) in euch selbst wahrzunehmen oder beim andern zu schauen Großherzigkeit, gerechten Sinn, lautere Selbstzucht ...«*** Parallel dazu und umgekehrt ist die häßliche Seele keine Innerlichkeit, besitzt keinen eigenen Raum, so daß sie in dieser Zirkularität, die vereint, weil sie zum Schönen erhebt, nicht mehr sehen kann: »... daß sie nicht mehr sehen kann was eine Seele sehen soll, und nicht mehr die Ruhe hat in sich selbst zu verweilen, da sie immer nach außen, zum Niedern, Dunkeln hingezerrt wird (...) ist doch das Häßliche ein fremder Zusatz ...«†

Was als *Liebe* definiert wird,†† das ist das Ausstrahlen des Lichts, die spiegelnde Reflexion des Einen, den die Seele erblickt und liebt. Der Eine jedoch unternimmt keinerlei Anstrengung, um zu lieben oder geliebt zu werden, er ist in ständiger Ruhe, und nur die Geschöpfe können sich durch ein verdienstvolles Dasein zu ihm aufschwingen. In dieser Liebesstrahlung des Plotinschen Einen gibt es also nichts, das an die Großzügigkeit der christlichen Agape denken ließe. Der Ausdruck »Gott ist Liebe« findet sich jedoch durchaus bei Plotin im Sinne einer autarken Liebe, die an sich und für sich strahlt – einer gelungenen und glanzvollen Wiederaufnahme unseres Narziß. Der Eine ist gleichzeitig »das Liebeerweckende und das Liebesverlangen, er ist Liebe zu sich selber; er kann schön ja nur aus sich selber und in sich selber sein«†††

* Ebd., I, 6, 4, 5ff. ** Ebd., I, 6, 4, 15ff. *** Ebd., I, 6, 5, 5ff.
† Ebd., I, 6, 5, 35–50. †† Ebd., VI, 8, 15. ††† Ebd., VI, 8, 15.

(kai erasmion kai eros o autos kai autu eros). Dieser *autu eros*, der uns als eine sublime Hypostase der narzißtischen Liebe erscheint, sollte der entscheidende Schritt im Aufschwung des Innenraums sein, des selbstreflektierenden Raums des abendländischen Seelenlebens. Gott ist Narziß, und wenn die *narzißtische* Illusion für Mich eine Sünde ist, so ist mein Ideal nichtsdestoweniger *narzißianisch*. [...]

1983

VAMIK D. VOLKAN / GABRIELE AST

Erfolgreiche Narzißten: Studie über narzißtische Führer

Wer eine narzißtische Persönlichkeitsorganisation hat, hält sich, oberflächlich gesehen, für ganz besonders schön und mächtig. Er meint selbstverständlich das Recht zu haben, seinen eigenen Willen durchzusetzen, und ist davon überzeugt, einen Anspruch auf das zu haben, was sein grandioses Selbst fordert. Er hat ein übermäßiges Bedürfnis danach, sowohl in seinen Augen als auch in den Augen der anderen die Nummer Eins zu sein, sein Selbstwertgefühl aufrechtzuerhalten und die Angst zu vermeiden, die aus dem Eingeständnis seines hungrigen Selbst entstehen würde.

Es kann nicht verwundern, daß ein solcher Mensch versucht ist, eine Führungsrolle einzunehmen. Er kann dies beispielsweise in einer *kleinen Gruppe* versuchen, wo er mit den zu ihr gehörenden Personen direkten Kontakt halten kann. Obwohl er zu den Gruppenmitgliedern überaus charmant sein kann, ist er dennoch distanziert und nicht wirklich an ihrem Wohlergehen interessiert. Er verhält sich ihnen gegenüber nicht loyal. Sein Hauptziel ist es, ständig von ihnen Bestätigung, Beifall und Lob zu ernten.

Auf der anderen Seite gibt es Menschen, die aufgrund ihres verminderten Narzißmus »objekthungrig« sind, um einen Ausdruck von Kohut und Wolf (1978) zu verwenden. Diese Menschen suchen nach anderen Personen, die geeignet scheinen, von ihnen als außerhalb von ihnen gelegenes »Depot« ihres eigenen Narzißmus erlebt zu werden. Es kann zu einer Übereinstimmung kommen zwischen den Gefolgsleuten, die auf der Suche nach einer »Führungsperson« sind, die ihr Bedürfnis nach einem idealisierten Objekt erfüllen soll, und der Person, die ständig in sich selbst ein grandioses Selbst aufrechterhalten muß. [...]

Kernberg (1976) erinnert uns daran, daß Menschen mit übermäßigem Narzißmus sich auf verschiedenen Ebenen der Persönlichkeitsorganisation befinden können. Der Narzißt mit niederem Organisationsniveau ähnelt in seinen Funktionsweisen mehr den Personen mit Borderline-Persönlichkeitsorganisation, wohingegen das grandiose Selbst eines Narzißten mit höherem Organisationsniveau kohärenter ist und er eine bessere »Übereinstimmung« zwischen seinen inneren Forderungen und der äußeren Realität erzielen kann.

Die meisten *erfolgreichen Narzißten* haben ein höheres Organisationsniveau. Mit dem Ausdruck »erfolgreich« bezeichnen wir die Fähigkeit, die äußere Welt entsprechend den Erfordernissen der inneren Welt beeinflussen und möglicherweise auch drastisch verändern zu können, um beide in Übereinstimmung zu bringen. Erfolgreiche Narzißten *verwirklichen* ihre Grandiosität. Mit dem Begriff »erfolgreich« bewerten wir *nicht* die Qualität ihres Einflusses oder die Art und Weise der Veränderung ihrer Umgebung. Der Einfluß auf die Umgebung und ihre Umgestaltung kann vom Standpunkt eines Außenstehenden eine Veränderung zum Besseren oder zum Schlechteren bewirken. Aus diesem Grund hat Volkan (1980) zwei verschiedene Typen narzißtischer charismatischer Führer beschrieben – *Reparative* und *Destruktive* –, wobei beide von einem intrapsychischen Gesichtspunkt aus »erfolgreich« sind.

Die narzißtische Person als nationaler Führer

Es ist faszinierend zu untersuchen, unter welchen Umständen ein narzißtischer Mensch, der für gewöhnlich ein höheres Organisationsniveau hat und seine Grandiosität im täglichen Leben aufrechterhalten kann, eine führende Rolle übernimmt, insbesondere wenn er der mächtige Führer einer Nation wird. Da bei jedem dieser Fälle viele und wechselnde Faktoren eine Rolle spielen, sollte zweifellos jeder Fall einzeln untersucht werden. Unabhängig vom Charakter des einzelnen beeinflussen natürlich politische, ökonomische, militärische, soziale und andere Faktoren jeden Aufstieg eines Menschen in eine Führungsrolle. Die Einschätzung des Zusammenwirkens dieser Elemente liegt außerhalb des Kompetenzbereichs der beiden Autoren, zweier Kliniker. Wir verfolgen hier ein sehr viel bescheideneres Ziel und werden nur auf bestimmte psychische Faktoren eingehen, die bei einem solchen Aufstieg eine Rolle spielen, wie etwa das »Zusammenpassen« der grandiosen Ambitionen eines Individuums und der Bedürfnisse seiner potentiellen Anhänger, wobei diese Bedürfnisse selbst wieder die psychische Reaktion auf Folgen so realer Umstände wie wirtschaftliche Not sein können.

Post (1984) schrieb, daß der reale Anteil der Selbstrepräsentanz vieler narzißtischer Führer Erfahrungen mit Müttern einschließt, die von zukünftigem Ruhm träumen. Solche Eltern können eigene, unerfüllte Wünsche haben und ihr Kind als Vehikel zum Erreichen dieser Träume erleben. Die Kinder werden als etwas Besonderes angesehen, und ein Teil dieser Besonderheit wird zur Motivation, die begabte Menschen zu Außergewöhnlichem antreibt.

Wir meinen, daß das grandiose Selbst eines narzißtischen Führers nicht nur die oben beschriebene besondere reale Selbstrepräsentanz beinhaltet, sondern auch die Identifikation mit einer idealisierten Objektrepräsentanz der bemutternden Person, die immer – und nur – dann zufrieden ist, wenn dieser Mensch ehrgeizig ist und nach Ruhm strebt. Das Bemühen dieses Menschen darum, im Rampenlicht zu stehen, und sein Streben nach Macht dienen dazu, die Zusammensetzung des grandiosen Selbst kohärent zu halten. [...]

Wir meinen, daß Eltern nicht nur ihren Traum von Ruhm und Ehre an ihre Nachkommenschaft weiterreichen können, sondern daß sie, durch ihre Verwicklung in eine besondere Psychodynamik, auch in die reale Selbstrepräsentanz ihres Kindes ein Gefühl einpflanzen können, für ein großes Schicksal bestimmt zu sein. Volkan (1980), Volkan und Itzkowitz (1984) und Volkan, Itzkowitz und Dod haben Daten vorgelegt, welche Rolle beispielsweise eine trauernde Mutter dabei spielen kann, die Grundlagen für eine spätere Führerschaft ihres Kindes zu legen. Wenn die Mutter um ein Kind trauert, welches sie kurz vor der Geburt des Kindes verloren hat, das später ein Narzißt wird, so kann es sein, daß das sich entwickelnde grandiose Selbst dieses nachgeborenen Kindes die »Mission« mit einschließt, die trauernde Mutter zu retten und »wieder heil zu machen«. Falls später andere Faktoren, etwa bestimmte politische oder militärische Umstände, hinzukommen, so ist es möglich, daß dieses Kind später eine führende Position übernimmt und versuchen wird, das Land zu retten, falls es in einer schwierigen Lage ist oder ebenfalls über Verluste trauert.

Eine weitere Möglichkeit ist, daß eine Mutter, die das Gefühl hat, ihrer Aufgabe als Mutter nicht zu genügen oder gänzlich darin zu versagen, sich dies nicht eingestehen kann oder will und dagegen eine Abwehrreaktion bildet, die sie dann an ihr Kind weitergibt. Die Lebensgeschichte Richard Nixons, des späteren amerikanischen Präsidenten, läßt erkennen, daß er eine gut entwickelte narzißtische Persönlichkeitsorganisation hatte. In den ersten Jahren seines Lebens weinte er viel und galt als »Schrei-Baby«. Dieses häufige Weinen kann viele Gründe gehabt haben. Die Studie von Volkan, Itzkowitz und Dod zeigt, daß einer dieser Gründe die Reaktion des Kindes auf seine depressive Mutter war, die damals ihren mütterlichen Aufgaben nicht ganz gewachsen war. Nixons Mutter wollte nicht wahrhaben, daß es möglicherweise auch an ihr lag, daß ihr Sohn so viel weinte. Daher sagte sie voller Stolz, wie großartig es doch sei, daß ihr Sohn Richard eine so starke Stimme habe. Auf diese Weise veränderten seine Mutter, und auch seine Großmutter, zur Abwehr eigener Insuffizienzgefühle, die Funktion des kindlichen Weinens; sie waren davon überzeugt, daß die »kräftige Stimme« des Kindes ein Zeichen dafür war, daß dieser Junge später einmal als Erwachsener ein großer Redner und mächtiger Mann werden würde. [...]

Die Handlungen eines narzißtischen nationalen Führers spiegeln die Forderungen seiner inneren psychischen Struktur wider; aufgrund seiner Persönlichkeitsorganisation tendiert er dazu, einige seiner Anhänger zu entwerten, um seine eigene Überlegenheit herauszustellen, und großen Wert auf andere zu legen, die ihm die Huldigung erweisen, die er so dringend braucht. Obwohl er es für nötig hält, sich die Bewunderung seiner Anhänger zu verdienen, benützt er sie nur und gesteht ihnen keinerlei Eigenständigkeit zu; insbesondere bekämpft er jede Form von Eigenständigkeit, die nicht mit seinen Wünschen übereinstimmt.

Reparative und destruktive narzißtische Führer

Der Typus des narzißtischen Führers, der von den Anhängern, die er schätzt, bewundert werden will, kann versuchen, deren Niveau anzuheben, um dafür zu sorgen, daß er von einem möglichst hohen, imposanten Niveau aus unterstützt wird. Volkan (1980, 1988) nannte diesen Typ der narzißtischen Führerschaft *reparativ*. Die Anhänger werden bei dieser Form auf eine höhere Ebene angehoben, wodurch sie, aus metapsychologischer Sicht, zu idealisierten Objekten werden, ihre Repräsentanzen werden in das grandiose Selbst ihres Führers aufgenommen und mit ihm verschmolzen. Die Identifikation des narzißtischen Führers mit idealisierten äußeren Objekten schafft eine Illusion, die die Kohärenz und Stabilität seiner dominierenden Selbstrepräsentanz unterstützt. Die Existenz einer solchen Fusion war spürbar bei de Gaulles Ausspruch: »Ich bin Frankreich« oder Sadats Erklärung: »Ich bin Ägypten«.

Auch wenn die Repräsentanzen solcher idealisierten äußeren Objekte nicht Teil des grandiosen Selbst geworden sind, empfindet sich der reparative narzißtische Führer doch schon dadurch bedeutend, daß diejenigen, die ihn bewundern, selbst so hervorragende Menschen sind. Daher tut er alles in seiner Macht Stehende, um seine Anhängerschaft, seine trauernde Nation, zu »reparieren« und sie auf einem hohen Niveau zu halten.

Im Gegensatz dazu schützt der narzißtische Führer des *destruktiven* Typus die Kohärenz seines grandiosen Selbst vor allem dadurch, daß er eher andere Menschen entwertet als seine Anhänger zu fördern. Er stellt eine erhebliche Gefahr dar. Die Geschichte zeigt, daß ein übermäßiges Bedürfnis, andere zu entwerten, oft die Vernichtung sehr vieler Menschen zur Folge hat. Diese Führer weisen einen malignen Narzißmus auf, wie wir ihn oben beschrieben haben. Eines der vielen Beispiele dafür wurde von Hamilton (1978) in seiner Hitler-Studie dargestellt; Posts (1992) Untersuchung über das Leben Saddam Husseins weist nach, daß auch der irakische Führer eine maligne narzißtische Persönlichkeit aufweist. Für den destruktiven narzißtischen nationalen Führer werden die entwerteten Personen oder Gruppen Ziel der Externalisation seiner abgespaltenen und entwerteten Selbst- und Objektrepräsentanzen. Er greift diese Gruppe, die seine eigenen entwerteten Aspekte repräsentiert, an, um so die aus Gründen der Abwehr errichtete Kluft zwischen seinem grandiosen Selbst und seinen entwerteten Selbst- und Objektrepräsentanzen zu sichern.

Ein solcher Führer, der sich den Massen gegenüber destruktiv verhält, kann jedoch zur selben Zeit konstruktiv und fürsorglich einzelnen Menschen gegenüber sein, insbesondere wenn diese zu ihm aufschauen und ihn bewundern. So beschreibt Valentin Berezhtov, Stalins Übersetzer, in einem Interview (Volkan 1991), wie besorgt und hilfsbereit Stalin war, als Berezhtov einmal ausrutschte und stürzte und sich dabei seine Hand verletzte. Stalin verhielt sich damals diesem jungen Mann gegenüber ausgesprochen väterlich – so lange, wie er in Stalins Wahrnehmung sein »Werkzeug« war. Dieser Vorfall fand zu einer Zeit statt, als Stalin Tausende in den Tod schickte.

In gewisser Hinsicht ist die Unterscheidung zwischen den beiden Typen des narzißtischen Führers künstlich. Zwar können wir mehr Beispiele von reparativen Führern anführen, die zu destruktiven Führern wurden. Die umgekehrte Entwicklung ist jedoch, wenn auch seltener, ebenfalls möglich.

Eine weitere Gemeinsamkeit dieser beiden Arten von narzißtischen politischen Führern besteht darin, daß sie bei ihren Gefolgsleuten eine kollektive Regression bewirken. Die Anhänger eines reparativen Führers sehen ihn als wirklichen Retter an. Sie regredieren im Dienste des Ich (Kris 1952), um sich auf einer höheren Ebene neu zu organisieren. Wenn jedoch der ursprünglich reparative narzißtische Führer zu einem destruktiven Führungsstil übergeht, so kann die ursprünglich im Dienste des Ich stehende kollektive Regression dekompensieren. Abse und Ulman (1977) haben sich mit diesem Thema ausführlich beschäftigt. Sie beziehen sich dabei auf neuere psychoanalytische Studien über Hitler, Stalin und Gandhi und beschreiben, wie diese charismatischen politischen Führer mit ausgeprägten narzißtischen Persönlichkeiten die politische Bühne betraten, um gegen Unrecht anzukämpfen. In der politischen Arena gelang es ihnen, ihr Bedürfnis nach Machtausübung mit dem Bedürfnis des Volkes nach einem Retter zu verbinden. Abse und Ulman weisen darauf hin, daß diese Art von Führern – anders als der offen psychotische Mensch, der in der Gesellschaft scheitert – ein Publikum findet, das ihn rettet. Außerdem stellen sie fest, daß, trotz einer Zurschaustellung offensichtlicher Ich-Stärke über eine beachtliche Zeitspanne, die Vulnerabilität dieses Typus des Führers oft schon unverkennbar werde, noch bevor die Desintegration der Persönlichkeit wirklich stattfindet. [...]

1994

Literatur

D. W. Abse/R. B. Ulman: »Charismatic Political Leadership and Collective Regression«, in: R. S. Robins (Hrsg.): *Psychopathology and Political Leadership*. New Orleans 1977.

J. W. Hamilton: »Some Remarks on Certain Vicissitudes of Narcissism«, in: *International Review of Psycho-Analysis* 6 (1978), S. 275 bis 284.

O. F. Kernberg: *Object Relations Theory and Clinical Psychoanalysis*. New York 1976 (dt.: *Objektbeziehungen und Praxis der Psychoanalyse*, Stuttgart 1988).

H. Kohut/E. Wolf: »The Disorders of the Self and their Treatment. An Outline«, in: *International Journal of Psycho-Analysis* 59 (1978), S. 413–425.

E. Kris: *Psychoanalytic Explorations in Art*. New York 1952.

J. M. Post: »Dreams of Glory and the Life Cycle. Reflections on the Life Course of Narcissistic Leaders«, in: *Journal of Political and Military Sociology* 12 (1984), S. 49–60.

J. M. Post: »Current Concepts of the Narcissistic Personality: Implications for Political Psychology«. Paper presented at the Annual Meeting of the International Society of Political Psychology, San Francisco, California, July 6, 1992.

V. D. Volkan: »Narcissistic Personality Organisation and ›Reparative‹ Leadership«, in: *International Group Psychotherapy* 30 (1980), S. 131–152.

V. D. Volkan: *The Need to Have Enemies and Allies. From Clinical Practice to International Relationships*. Nortvale 1988.

V. D. Volkan: »Valentin Berezhtov. An Interview with Stalin's Interpreter«, in: *Mind and Human Interaction* 2 (1991), S. 77–80.

V. D. Volkan/N. Itzkowitz: *The Immortal Atatürk. A Psychobiography*. Chicago 1984.

V. D. Volkan/N. Itzkowitz/A. Dod: *Richard Nixon. A Psychobiography*. New York u. a. 1997.

Quellen- und Rechtenachweise

I

Nino Erné (*1921): Narziß. An sich selbst/An Eros
N. E.: Der sinnende Bettler. Karlsruhe 1946, S. 11.
Marie Luise Kaschnitz (1901–1974): Narziß
M. L. K.: Neue Gedichte. Hamburg 1957, S. 52. © 1957 Claassen Verlag Hamburg, jetzt München.
Günter Grass (*1927): Narziss
G. G.: Gedichte und Kurzprosa. Werkausgabe Bd. 1. Göttingen 1997, S. 110. © Steidl Verlag, Göttingen 1997.
Rose Ausländer (1901–1988): Battery Park
R. A.: Blinder Sommer. Gedichte. Frankfurt a. M. 1987, S. 33. © S. Fischer Verlag, Frankfurt am Main 1987.
Inge Müller (1925–1966): Wer gibt dir ein Recht den Stummen zu spielen
I. M.: Irgendwo; noch einmal möcht ich sehn. Lyrik, Prosa, Tagebücher, mit Beiträgen zu ihrem Werk, hrsg. von Ines Geipel. Berlin 1996, S. 141 f. © Aufbau-Verlag GmbH, Berlin.
Uwe Berger (*1928): An Narkissos
U. B.: Lächeln im Flug. Gedichte. Berlin/Weimar 1975, S. 85 f. © Aufbau-Verlag GmbH, Berlin.
Karin Kiwus (*1942): Herr und Knecht
K. K.: Von beiden Seiten der Gegenwart. Gedichte. Frankfurt a. M. 1984, S. 35 f. © Suhrkamp Verlag Frankfurt am Main 1984.
Michael Simbruk (*1957): narcis 5. Versuch. Narcis i. Split personality/Narcis ii. Condemned to be free
M. S.: narcis. 22 Versuche sich in die eigene Haut zu retten. Mit einem Echo von Jochen Winter. Frankfurt a. M. 1980, S. 14 f. © Castor Seibel, Paris/Bonn.
Detlev Meyer (*1950): Narziß 80
D. M.: Heute Nacht im Dschungel. Fünfzig Gedichte. Berlin 1981, S. 23.
Michael Krüger (*1943): Um 1700
M. K.: Lidas Taschenmuseum. Gedichte. Pfaffenweiler 1981, S. 26. © Pfaffenweiler Presse, Pfaffenweiler 1981.
Lutz Rathenow (*1952): Narziß
L. R.: Zangengeburt. Gedichte. München/Zürich 1982, S. 66.

Karl Krolow (*1915): Harmonium
K. K.: Schönen Dank und vorüber. Gedichte. Frankfurt a. M. 1984, S. 46f. © Suhrkamp Verlag Frankfurt am Main 1984.
Kurt Marti (*1921): spätlings frühling
K. M.: Mein barfüßig Lob. Gedichte. Darmstadt/Neuwied 1987, S. 71. © Kurt Marti, Bern.
Dagmar Leupold (*1955): Narziß und Echo I/Narziß und Echo II
D. L.: Die Lust der Frauen auf Seite 13. Gedichte. Frankfurt a. M. 1994, S. 61f. © S. Fischer Verlag, Frankfurt am Main 1994.
Uwe Kolbe (*1957): Narziß am Drachenberg
U. K.: Vineta. Gedichte. Frankfurt a. M. 1998, S. 35. © Suhrkamp Verlag Frankfurt am Main 1998.
Dieter P. Meier-Lenz (*1930): der dichter/abendtoilette
Urfassungen in: D. P. M.-L.: Frau Luna liebt den Mann im Mond. Gedichte und Prosa. Gießen 1998, S. 58 und 63. © Dieter P. Meier-Lenz, Serralongue, und J. Ricker'sche Verlagsbuchhandlung, Gießen.
Hansjörg Zauner (*1959): narziss
Erstveröffentlichung. © Hansjörg Zauner, Wien.

II

Ovid (43 v. Chr.–um 17/18 n. Chr.): Metamorphoses/Verwandlungen III 339–510
P. Ovidius Naso: Metamorphosen. Lateinisch/Deutsch. Übers. und hrsg. von Michael von Albrecht. Stuttgart 1994, S. 147ff. © 1994 Philipp Reclam jun. GmbH & Co., Stuttgart.
Kritische Ausgabe: P. Ovidii Nasonis Metamorphoses, ed. William S. Anderson. Korr. Nachdruck der 5. Aufl. Stuttgart/Leipzig 1993, S. 64ff.

III

Konon (1. Jh. v./n. Chr.): Fragment 24: Narkissos
Die Fragmente der griechischen Historiker (FGrHist) von Felix Jacoby. Erster Teil: Genealogie und Mythographie. Neudruck vermehrt um Addenda zum Text, Nachträge zum Kommentar, Corrigenda und Konkordanz. Leiden 1957, S. 197f. Aus dem Lateinischen von Horst Möller. © Reclam Verlag Leipzig 1999.
Pausanias (um 111/115–nach 180 n. Chr.): Beschreibung von Griechenland IX 31, 7–9
P.: Beschreibung von Griechenland. Aus dem Griechischen übers.

von Heinrich Chr. Schubart, fünftes Bändchen. Berlin 1855 bis 1892, S. 719f. (= Langenscheidtsche Bibliothek, Bd. 38: Pausanias II).
Original: Pausaniae Graecia descriptio, vol. III, Libri IX–X. Indices, ed. Maria Helena Rocha-Pereira. Leipzig 1989, S. 60f.
Philostrat (um 165–245 n. Chr.): Die Bilder I 23: Narkissos
P.: Die Bilder, griechisch-deutsch, nach Vorarbeiten von Ernst Kalinka hrsg., übers. und erl. von Otto Schönberger. München 1968, S. 145ff. © Artemis & Winkler Verlag, Düsseldorf/Zürich.
Original: Flavii Philostrati Opera, vol. II, auctiora ed. C. L. Kayser, acc. Apollonii epistolae, Eusebius adversus Hieroclem, Philostrati Iunioris imagines, Callistrati descriptiones. Nachdruck der Ausgabe Leipzig 1871. Hildesheim 1964, S. 326ff.
Plinius der Ältere (23/24–79 n. Chr.): Naturkunde XXI 128/29
C. Plinius Secundus d. Ä.: Naturkunde: lateinisch-deutsch, Bücher XXI/XXII, Medizin und Pharmakologie: Heilmittel aus dem Pflanzenreich, hrsg. und übers. von Roderich König in Zusammenarbeit mit Joachim Hopp und Wolfgang Glöckner. Düsseldorf/Zürich 1985, 1998, 2., erw. und bearb. Aufl. 1999, S. 99. © 1985, 1998 Artemis & Winkler Verlag Düsseldorf/Zürich.
Kritische Ausgabe: C. Plini Secundi naturalis historiae libri 27 post Ludovivi Iani obitum rec. et scripturae discrepantia adiecta ed. Carolus Mayhoff, vol. III, libri 16–22. Stuttgart 1967, S. 422.
Statius (um 40/50–nach 95 n. Chr.): Thebais/Thebais VII 340 bis 342
P. Papini Stati Thebais, ed. Alfredus Klotz, editionem correctiorem curavit Thomas C. Clinnert. Leipzig 1973, S. 257.
Statius' Werke. Erste Abtheilung. Thebaïs, im Versmaß der Urschrift übers. von Karl Wilhelm Bindewaldt, zweites Bändchen. Stuttgart/Leipzig 1855–1890, S. 70f. (= Langenscheidtsche Bibliothek, Bd. 74: Propertius, Statius, Tibullus).
(Pseudo-)Probus (Ende 2. Jh. n. Chr. oder später): Kommentar zu Vergils Zweiter Ekloge, Vers 48
Probi qui dicitur in Vergilii Bucolica et Georgica commentarius. In: Servii grammatici qui feruntur in Vergilii carmina commentarii, rec. Georgius Thilo et Hermannus Hagen, Bd. III, 2 (Appendix Serviana, rec. Hermannus Hagen). Nachdruck der Ausgabe Leipzig 1887. Hildesheim 1961, S. 330. Aus dem Lateinischen von Horst Möller. © Reclam Verlag Leipzig 1999.
Servius (um 370/394–nach 410 n. Chr.): Kommentar zu Vergils Zweiter Ekloge, Vers 47
Commentarius in Vergilii Bucolica. In: Servii grammatici qui fer-

untur in Vergilii carmina commentarii, rec. Georgius Thilo et Hermannus Hagen, Bd. III, 1. Nachdruck der Ausgabe Leipzig 1887. Hildesheim 1961, S. 25. Aus dem Lateinischen von Horst Möller. © Reclam Verlag Leipzig 1999.

Ausonius (um 310–um 393 n. Chr.): Epigrammata de diversis rebus/Epigramme zu verschiedenen Themen
Decimi Magni Ausonii Burdigalensis Opuscula, rec. Rudolfus Peiper. Nachdruck der Ausgabe Leipzig 1886. Stuttgart 1976, S. 323 und 348 f. Aus dem Lateinischen von Almut-Barbara Renger und Immanuel Musäus. © Reclam Verlag Leipzig 1999.

Claudian (um 370–nach 404 n. Chr.): De raptu Proserpinae/Der Raub der Proserpina II 131–136
C.: De raptu Proserpinae, ed. with an introductory and commentary by J. B. Hall. Cambridge 1969, S. 147.
Dichtungen des Claudius Claudianus, übers. von Georg Freiherr von Wedekind. Darmstadt 1868, S. 307.

Anthologia Latina (1. Jh. v.–6. Jh. n. Chr.): Carmina Codicis Parisini 10318 olim Salmasiani/Epigramme aus dem Codex Salmasianus
Anthologia Latina, vol. I, Carmina in codicibus scripta, rec. D. R. Shackelton Bailey, fasc. 1., libri Salmasiani aliorumque carmina. Stuttgart 1982, S. 52, 105 f., 192 f. Aus dem Lateinischen von Almut-Barbara Renger und Immanuel Musäus. © Reclam Verlag Leipzig 1999.

IV

Platon (um 427–um 347 v. Chr.): Gesetze V 731d–732b: Das größte Übel: die Selbstliebe
P.: Werke in acht Bänden. ›Studienausgabe‹. Griechisch und deutsch, hrsg. und überarbeitet von Günther Eigler, Bd. 8.1: Nomoi, Tomoi 1–6 (Gesetze, Buch I–VI) bearb. von Klaus Schöpsdau. Darmstadt, 2. Aufl. 1990, S. 295. © Wissenschaftliche Buchgesellschaft Darmstadt.
Kritische Ausgabe: Platonis Opera, rec. Ioannes Burnet, tomus V. Oxford 1907, 731 d–732 b.

Aristoteles (384–322 v. Chr.): Nikomachische Ethik I 8 (1168 a 28–36, 1168 b 11–1169 a 15): Die Liebe zu sich selbst
A.: Nikomachische Ethik. Nach der Übertragung von Eugen Rolfes bearb. von Günther Bien. Philosophische Bibliothek. Band 5. Hamburg 1985, S. 222 ff. © Felix Meiner Verlag, Hamburg.
Original: Aristotelis Ethica Nicomachea, rec. Franciscus Susemihl, editio tertia curavit Otto Apelt. Leipzig 1912, S. 209 ff.

Plotin (um 204–270 n. Chr.): Enneaden I 6, 8: Das Schöne
Plotins Schriften, übers. von Richard Harder. Neubearb. mit griechischem Lesetext und Anm., Bd. 1. Die Schriften 1–21 der chronologischen Reihenfolge. Philosophische Bibliothek. Band 211 a/b. Hamburg 1956, S. 20 ff. © Felix Meiner Verlag, Hamburg.
Anonymer Mythograph (vermutl. 7. Jh. n. Chr.): Excerpta Vaticana IX: Über Narkissos
Mythographi Graeci, vol. III, fasc. II, ed. Nicolaus Festa. Leipzig 1902, S. 91 f. Aus dem Lateinischen von Horst Möller. © Reclam Verlag Leipzig 1999.
Arnulf von Orléans (12. Jh.): Allegorische Deutungen von Ovids Metamorphosen, III 5–6
A. v. O.: Allegoriae super Ovidii Metamorphosin. In: Fausto Ghisalberti. Arnolfo d'Orléans. Un cultore di Ovidio nel secolo XII. (Memori del R. Istituto Lombardo di scienze e lettere. Classe di lettere, scienze morali e storiche, vol. 24 (quindicesimo delle serie tertia)). Milano 1932, S. 209. Aus dem Lateinischen von Horst Möller. © Reclam Verlag Leipzig 1999.
Alexander Neckam (1157–1217): Von der Natur der Dinge I 22: Die Stimme/II 154: Der Spiegel
Alexandri Neckam De naturis rerum libri duo. With the poem of the same author, De laudibus divinae sapientiae, ed. Thomas Wright. London 1863, S. 66 f. und 239 f. Aus dem Lateinischen von Horst Möller. © Reclam Verlag Leipzig 1999.
Guillaume de Lorris (1200/1210–nach 1240): Der Rosenroman, Vers 1439–1510
G. d. L.: Der Rosenroman. Übers. u. eingel. von Karl August Ott. München 1976, S. 146 ff. (Der Verfasser des zweiten Teils des Romans – hier nicht zitiert – ist Jean de Meung [um 1240–um 1305].)
Heinrich von Morungen (vermutl. †1222): Mir ist geschehen als einem kindelîne/Mir ist es ergangen wie einem kleinen Kinde
H. v. M.: Lieder. Mittelhochdeutsch und Neuhochdeutsch, Text, Übersetzung, Kommentar von Helmut Tervooren. Stuttgart 1975, S. 130 f., Lied 23.
Il Novellino/Das Buch der hundert alten Novellen (entstanden 1281–1300): Qui conta come Narcis [s']innamorò de l'ombra sua/ Wie Narziß sich in sein Spiegelbild verliebte
Il Novellino. Das Buch der hundert alten Novellen. Italienisch/ deutsch, übers. und hrsg. von Jánosz Riez. Stuttgart 1988, S. 106 ff.

[Ovide moralisé]. Allegorisch gedeuteter Ovid (entstanden etwa 1316/1328) III 1464–1524
Ovide moralisé. Poème du commencement du quatorzième siècle, publié d'aprés tous les manuscrits connus par C. de Boer, Tome I (Livres I–II) avec une introduction. Wiesbaden 1966, S. 330ff. Aus dem Französischen von Roland Erb. © Reclam Verlag Leipzig 1999.
Giovanni Boccaccio (1313–1375): Genealogie der Göttergeschlechter VII 59
G. B.: Genealogie deorum gentilium libri, a cura di V. Romano, t. 1 (Scrittori d'Italia 200). Bari 1951, S. 380f. Aus dem Lateinischen von Horst Möller. © Reclam Verlag Leipzig 1999.
Marsilio Ficino (1433–1499): Über die Liebe oder Platons Gastmahl VI 17: Das Verhältnis zwischen der Schönheit Gottes, des Engels, der Seele und des Körpers
M. F.: Commentarium in convivium Platonis sive de amore/Über die Liebe oder Platons Gastmahl, übers. von Karl Paul Hasse, hrsg. und eingel. von Paul Richard Blum. Philosophische Bibliothek. Band 368. 3., verb. Aufl. als lateinisch-deutsche Ausgabe. Hamburg 1994, S. 284ff. © Felix Meiner Verlag, Hamburg
Stephanus Paschasius [Etienne Pasquier] (1528–1605): Iconum Liber: Narcissus/Buch der bildlichen Darstellungen: Narziß
Delitiae c. poetarum gallorum, huius superiorisque aevi illustrium ... Collectore Ranutio Ghero [i. e. Janus Gruterus]. Francofurti 1609, S. 847. Aus dem Lateinischen von Almut-Barbara Renger und Immanuel Musäus. © Reclam Verlag Leipzig 1999.
Michaelis Hospitalis [Michel de l'Hospital] (1503–1573): De amore et ignoratione sui/Über die Liebe und Unkenntnis seiner selbst
Delitiae c. poetarum gallorum, huius superiorisque aevi illustrium ... Collectore Ranutio Ghero [i. e. Janus Gruterus]. Francofurti 1609, S. 186. Aus dem Lateinischen von Almut-Barbara Renger und Immanuel Musäus. © Reclam Verlag Leipzig 1999.
Francis Bacon (1561–1626): Von der Weisheit der Alten IV. Narciss oder Philautia
De sapientia veterum IV, in: The Works of Francis Bacon collected and edited by James Spedding, Robert Leslie Ellis and Douglas Denon Heath, vol. VI., London 1861. Faksimile Neudruck Stuttgart/Bad Laustatt 1963, S. 632f. Aus dem Lateinischen von Roland Erb. © Reclam Verlag Leipzig 1999.

V

Louis Richer (17. Jh.): L'Ovide bouffon: Der Tod des in sich selbst verliebten Narziß, der in eine Blume seines Namens verwandelt ward
L. R.: L'Ovide bouffon, ou les Métamorphoses travesties en vers burlesques. Quatrième édition. Paris 1655, S. 278–280. Aus dem Französischen von Roland Erb. © Reclam Verlag Leipzig 1999.
Pierre du Ryer (17. Jh.): Ob es Geschichte ist …
Publius Ovidius Naso: Les métamorphoses d'Ovide, en latin et en françois, divisées en 15 livres; avec de nouvelles explications historiques, morales & politiques sur toutes les fables, chacun selon son sujet: de la traduction de Pierre Du-Ryer, édition nouvelle enrichie de tres belles figures. Brüssel 1677, S. 99. Aus dem Französischen von Roland Erb. © Reclam Verlag Leipzig 1999.
Isaac de Benserade (1613–1691): Métamorphoses d'Ovide en rondeaux/Verwandlungen des Ovid in Rundgedichten: Echo en voix / Echo in eine Stimme. Narcisse en fleur/Narcissus wird in eine Blume verwandelt
I. d. B.: Métamorphoses d'Ovide en rondeaux imprimez et enrichis de figures. Die Verwandlungen des Ovidii in Zwey hundert und sechs und zwanzig zweyreimichten, nemlich acht- und fünfbündigen Rund-Gedichten. Nürnberg 1689, S. 72–75.
Jean-Jacques Rousseau (1712–1778): Narziß oder Wer sich selbst liebt. 8., 9. Szene
Narcisse ou L'amant de lui-même, Comédie, par J.-J. Rousseau, représentée par les comédiens du roi, le 18 decembre 1752. In: J.-J. R.: Œuvres Complètes, Bd. 2, La Nouvelle Héloîse. Théatre-Poésies, Essais Littéraires. Dijon 1961, S. 998–1003, 1005f. Aus dem Französischen von Helga Bergmann. © Reclam Verlag Leipzig 1999.
Ludwig Christoph Heinrich Hölty (1748–1776): Narciß und Echo, eine Romanze
Ludwig Christoph Heinrich Hölty's Sämtliche Werke, Bd. 1, kritisch und chronologisch hrsg. von Wilhelm Michael. Weimar 1914, S. 23ff.

VI

Johann Gottfried von Herder (1744–1803): Selbst. Ein Fragment
Herders Sämmtliche Werke, hrsg. von Bernhard Suphan, Bd. 29. Berlin 1889, S. 139–144.

August Wilhelm von Schlegel (1767–1845): An die Rhapsodin/Narcissus
August Wilhelm von Schlegel's Poetische Werke, hrsg. von Eduard Böcking, dritte sehr vermehrte Ausgabe, 1. Th., Leipzig 1846. Neudruck Hildesheim/New York 1971, S. 10f., 332.
Friedrich von Schlegel (1772–1829): Lucinde: Idylle über den Müßiggang/Metamorphosen
F. v. Sch.: Dichtungen, hrsg. und eingel. von Hans Eichner. München/Paderborn/Wien 1962, S. 25–27 und 59–60 (= Kritische Friedrich-Schlegel-Ausgabe, hrsg. von Ernst Behler unter Mitwirkung von Jean-Jacques Anstett und Hans Eichner, Bd. 5).
William Wordsworth (1770–1850): I wandered lonely as a cloud/Ich wanderte der Wolke gleich
Ein Ding von Schönheit ist ein Glück auf immer. Gedichte der englischen und schottischen Romantik. Englisch und deutsch. Leipzig 1983, S. 172f. Aus dem Englischen von Uwe Grüning. © Reclam Verlag Leipzig 1983.
Per Daniel Amadeus Atterbom (1790–1855): Der Narziß
P. D. A. A.: Valda Skrifter. Utgivna av Fredrik Böök. Stockholm 1927, S. 191–193. Aus dem Schwedischen von Roland Erb. © Reclam Verlag Leipzig 1999.
John Keats (1795–1821): I stood tip-toe upon a little hill/Erwartungsvoll stand ich auf einem Hügel, Vers 163–180
The Poetical Works of John Keats, edited by H. W. Garrod. Oxford 1958, S. 7f. Aus dem Englischen von Roland Erb. © Reclam Verlag Leipzig 1999.
Friedrich Rückert (1788–1866): Narzissus
Friedrich Rückert's gesammelte Poetische Werke in zwölf Bänden, Bd. 5. Frankfurt a. M. 1868, S. 69.
Albert Emil Brachvogel (1824–1878): Narciß I 10
A. E. B.: Narciss. Ein Trauerspiel, 3. Aufl. Jena 1871, S. 37–44.
Paul Valéry (1871–1945): Narcisse parle/Narziß spricht
P. V.: Dichtung und Prosa, hrsg. von Karl Alfred Bühler und Jürgen Schmidt-Radefeldt. Frankfurt a. M. 1992, S. 22ff. © Insel Verlag Frankfurt am Main und Leipzig 1992.
Wjatscheslaw Iwanow (1866–1949): Chudožnik i poėt/Der Künstler und der Dichter. Narciss. Pompejskaja bronza/Narziß. Pompejanische Bronze
V. I.: Prozračnost'. Durchsichtigkeit. Nachdruck der Moskauer Ausgabe von 1904, mit einer Einl. von J. Holthusen, hrsg. von Dmitrij Tschiżewskij u. a. München 1967, S. 84 und 31 (= Slavische Propyläen. Texte in Neu- und Nachdrucken, Bd. 30). Aus

dem Russischen von Marga und Roland Erb. © Reclam Verlag Leipzig 1999.
Robert Walser (1878–1956): Liebe
R. W.: Saite und Sehnsucht. Faksimile-Ausgabe. Im Auftrag der Carl-Seelig-Stiftung hrsg. und mit einem Nachwort versehen von Elio Fröhlich. Zürich 1979, S. 105.
Georg Trakl (1887–1914): Kleines Konzert
G. T.: Dichtungen und Briefe. Historisch-kritische Ausgabe, hrsg. von Walter Killy und Hans Szklenar, Bd. 1. Salzburg 1969, S. 12.
Rainer Maria Rilke (1875–1926): Narziß (Narziß verging)/Narziß (Dies also ...)
R. M. R.: Gedichte 1910–1925, hrsg. von Manfred Engel und Ulrich Fülleborn. Frankfurt a. M./Leipzig 1996, S. 55f. (= R. M. R.: Werke. Kommentierte Ausgabe in vier Bänden, hrsg. von Manfred Engel u. a., Bd. 2).
Hugo Sonnenschein (1889–1953): Narziß
Franz Pfemfert (Hrsg.): 1914–1916. Eine Anthologie. Berlin 1916, S. 106 (= Die Aktionslyrik, Bd. 1).
Max Pulver (1898–1952): Narzissos und die Amazone. Eine Tragikomödie (Letzter Auftritt)
M. P.: Zwischenspiele. Polyphem – Narzissos. Zürich 1919, S. 69.
Heinrich Dominik (1882–1974): Der Mensch in den Drähten. Eine tragische Komödie
Die Erhebung. Jahrbuch für neue Dichtung und Wertung, 2. Buch, hrsg. von Alfred Wolfenstein. Berlin 1920, S. 131–152.
Bertolt Brecht (1898–1956): Der Narziß
B. B.: Gedichte 3. Gedichte und Gedichtfragmente 1913–1927. Berlin/Weimar/Frankfurt a. M. 1993, S. 249 (= B. B.: Werke. Große kommentierte Berliner und Frankfurter Ausgabe, hrsg. von Werner Hecht u. a., Bd. 13). © Suhrkamp Verlag Frankfurt am Main 1992.
Rainer Maria Rilke (1875–1926): Fragmente zum Narziß
R. M. R.: Übertragungen, hrsg. von Ernst Zinn und Karin Wais. Frankfurt a. M. 1975, S. 305–315 (in Auszügen) (= Übertragung von Paul Valéry: Fragments du Narcisse).

VII

Johann Gottfried von Herder (1744–1803): Briefe zur Beförderung der Humanität. Achte Sammlung: Brief 92
Herders Sämmtliche Werke, hrsg. von Bernhard Suphan, Bd. 18. Berlin 1883, S. 80.

August Wilhelm von Schlegel (1767–1845): Athenaeum: Ersten Bandes Zweites Stück. Fragmente
Athenaeum. Eine Zeitschrift von August Wilhelm Schlegel und Friedrich Schlegel (1798), hrsg. in zwei Teilen und mit einem Nachwort versehen von Bernhard Sorg, Bd. 1.2. Dortmund 1989, S. 34f.
[Dorothea von Schlegel] (1763–1839): Aus Dorothea's Tagebuch. 51
Dorothea v. Schlegel geb. Mendelssohn und deren Söhne Johannes und Philipp Veit: Briefwechsel, im Auftrage der Familie Veit hrsg. von J. M. Raich, Bd. 1. Mainz 1881, S. 95.
Georg Friedrich Creuzer (1771–1858): Amor und Psyche und die Weihen von Thespiä. §2: Narcissus / §3: Eros
G. F. C.: Symbolik und Mythologie der alten Völker, besonders der Griechen, 4. Th., 3. verbesserte Ausgabe. Leipzig/Darmstadt 1842, S. 166–169 (1810–1812 Erste Ausgabe).
André Gide (1869–1951): Traktat vom Narziß
A. G.: Traktat vom Narziß – Theorie des Symbols (Le Traité du Narcisse – Théorie du Symbol), aus dem Französischen übertragen von Christiane Brockerhoff, in: Erzählende Werke, Bd. 1, hrsg. von Raimund Theis, Stuttgart 1991, S. 153–167 (in Auszügen) (= Gesammelte Werke in zwölf Bänden, hrsg. von Raimund Theis und Peter Schnyder, Bd. 7). © 1991 Deutsche Verlags-Anstalt GmbH, Stuttgart.
Gottfried Benn (1886–1956): Das moderne Ich
G. B.: Sämtliche Werke. Stuttgarter Ausgabe. In Verb. m. Ilse Benn hrsg. v. Gerhard Schuster. Band 3: Prosa I. (1910–1932). Klett-Cotta, Stuttgart 1987.
Rudolf Kassner (1873–1959): Narciss oder Mythos und Einbildungskraft
R. K.: Narciss oder Mythos und Einbildungskraft. Leipzig 1928, S. 47–54 (in Auszügen).

Appendix

Sigmund Freud (1856–1939): Zur Einführung des Narzißmus
S. F.: Gesammelte Werke, Bd. 10. Werke aus den Jahren 1913–1917, hrsg. von Marie Bonaparte, Nachdruck von London 1948ff., Frankfurt a. M. 1969, S. 137–170 (in Auszügen). © S. Fischer Verlag GmbH, Frankfurt am Main 1969.
Lou Andreas-Salomé (1861–1937): Narzißmus als Doppelrichtung
L. A.-S.: Das »zweideutige« Lächeln der Erotik. Texte zur Psycho-

analyse. Freiburg 1990. © Dorothee Pfeiffer, Lou Andreas-Salomé-Archiv, Göttingen.
Jacques Lacan (1901–1981): Über den Narzißmus
J. L.: Das Seminar von Jacques Lacan. Nach dem von Jacques-Alain Miller hergestellten französischen Text. In deutscher Sprache hrsg. von Norbert Haas, Buch 1 (1953/54): Freuds technische Schriften, übers. von Werner Hamacher. Olten/Freiburg i. Br. 1978, S. 160–164 (in Auszügen, einschl. Abbildung).
Marshall McLuhan (1911–1980): Verliebt in seine Apparate. Narzißmus als Narkose
M. McL.: Die magischen Kanäle. »Understanding Media«. Düsseldorf/Wien 1968, S. 50–57 (in Auszügen).
Erich Fromm (1900–1980): Aggression und Narzißmus
E. F.: Anatomie der menschlichen Destruktivität. Stuttgart 1974, S. 179–184 (in Auszügen). © 1974 Deutsche Verlags-Anstalt GmbH, Stuttgart.
(Titel des Originals: »The Anatomy of Human Destructiveness«, 1973)
Alice Miller: Schicksale der narzißtischen Bedürfnisse / Die Sage von Narzissos
A. M.: Das Drama des begabten Kindes und die Suche nach dem wahren Selbst. Eine Um- und Fortschreibung. Frankfurt a. M. 1996 (in Auszügen: S. 51, 53–56, 59–63, 66f., 99f.). © Suhrkamp Verlag Frankfurt am Main 1995, 1996.
Christopher Lasch: Narzißmus und Alter
Ch. L.: Das Zeitalter des Narzißmus. München 1980, S. 261–264.
Wolfgang Schmidbauer (*1941): Durch die Wüste (Der bürgerliche Held I)
W. Sch.: Die Ohnmacht des Helden. Unser alltäglicher Narzißmus. Reinbek bei Hamburg 1981, S. 91–94 und 105. Copyright © 1981 by Rowohlt Verlag GmbH, Reinbek.
Julia Kristeva (*1941): Narziß: Die neue Dementia: Plotin oder Die Theorie des Abbilds und des Schattens: Eine Innerlichkeit/Die Liebe: Ein Schauen des Unsichtbaren
J. K.: Geschichten von der Liebe. Frankfurt a. M. 1989, S. 102, 104–108, 109f.
(Titel des Originals: »Histoires d'amour«, 1983)
Vamık D. Volkan/Gabriele Ast: Erfolgreiche Narzißten: Studie über narzißtische Führer
V. D. V./G. A.: Spektrum des Narzißmus. Göttingen/Zürich 1994, S. 151–158 (in Auszügen). © Vandenhoeck & Ruprecht, Göttingen.

Zu den Abbildungen

Abb. S. 13: Das Foto von Alain Rivière (1996) gehört zu der Reihe »Ein Geheimnis in Berlin«. Es wurde ausgestellt in der Galerie Mittendrin, der Bibliothek Esmarckstraße und im Theater Windspiel, zuletzt (April 1999) im Literaturforum Brecht-Haus, Berlin.

Abb. S. 24: Nach dem *Katalog der Bildwerke seit etwa 1800 im Wallraf-Richartz-Museum und im öffentlichen Besitz der Stadt Köln.* Köln 1965, S. 263. Fotonachweis: Dietmar Katz. Staatliche Museen zu Berlin. Preußischer Kulturbesitz, Kunstbibliothek [im weiteren zit. als: Kunstbibl.]. – © VG Bild-Kunst, Bonn 1999.

Abb. S. 27: Nach dem *Katalog der Bildwerke seit etwa 1800 im Wallraf-Richartz-Museum und im öffentlichen Besitz der Stadt Köln.* Köln 1965, S. 130. Fotonachweis: Dietmar Katz. Kunstbibl.

Abb. S. 41: Nach *Raab Galerie Berlin (Hrsg.): Wolfgang Petrick, Narziß, Ausstellungskatalog.* Berlin 1995, Tafelbild 26. Der Zyklus von 26 Tafelbildern war vom 18. 1. 1995 bis 1. 3. 1995 in der Raab Galerie Berlin ausgestellt. Fotonachweis: Dietmar Katz. Kunstbibl.

Abb. S. 43: Nach dem *Lexicon Iconographicum Mythologiae Classicae,* Bd. III 1. Zürich/München 1986, S. 681, Nr. 10. Fotonachweis: Dietmar Katz. Kunstbibl.

Abb. S. 54: Nach dem *Lexicon Iconographicum Mythologiae Classicae,* Bd. VI 1. Zürich/München 1986, S. 704, Nr. 15. Fotonachweis: Dietmar Katz. Kunstbibl.

Abb. S. 61: Collection Jenkins. Nach dem *Lexicon Iconographicum Mythologiae Classicae,* Bd. VI 1. Zürich/München 1986, S. 708, Nr. 57. Fotonachweis: Dietmar Katz. Kunstbibl.

Abb. S. 68: Nach einer Vorlage des Deutschen Archäologischen Instituts, Rom. Negativ Nr. 53-603. In: *Lexicon Iconographicum Mythologiae Classicae,* Bd. VI 1. Zürich/München 1986, S. 706, Nr. 31.

Abb. S. 70: Nach: *Andreas Alciaticus, 2, Emblems in Translation,* ed. by Peter M. Daly, assisted by S. Cuttler. Toronto/Buffalo/London 1985. The French, German, Italian und Spanish Emblems: Faksimiles and Translation, Emblem 69.

Holzschnitt: Marquale, Imprese, Lyon 1551, 060/069. Deutsche Übertragung des dem Emblem von Alciatus beigefügten lateinischen Epigramms: Held: Emblemata. Frankfurt a. M. 1567, 148/069. Fotonachweis: Dietmar Katz. Kunstbibl.

Abb. S. 81: Pergamenthandschrift. Nach einer Vorlage der Staatsbibliothek zu Berlin. Preußischer Kulturbesitz, Handschriftenabteilung. Inv.-Nr. Stabi Ms. Gall 4° 80.

Abb. S. 86: National Gallery, London. Inv.-Nr. 2673. Nach: *The National Gallery. Complete illustrated catalogue.* London 1995, S. 375. Zuschreibung: Pseudo-Boltraffio, der in enger Beziehung zu dem Leonardo-Schüler Giovanni Antonio Boltraffio steht.

Abb. S. 91: Zyklus von 25 Tafelbildern. Musée Jaquemart André, Paris. Nach: Jean Seznec: *The Survival of the Pagan Gods.* Princeton 1981, S. 131.

Abb. S. 94: Galleria Nazionale d'Arte Antica, Palazzo Corsini, Rom. Seit Mitte der achtziger Jahre Caravaggio zugeschrieben. Fotonachweis: Bildarchiv Foto Marburg. Arch.-Nr. 657.826.

Abb. S. 97: Arnold van Westerhout veröffentlichte 1687 in Rom die Stichfolge: Caricature pittoresce di diverse attitudini di varie figure. Nach einer Vorlage des Germanischen Nationalmuseums Nürnberg. Graphische Sammlung. Inv.-Nr. HB 19962, Kapsel 1296.

Abb. S. 101: Nach einer Vorlage des Herzog Anton Ulrich-Museums, Braunschweig. Aufn.-Nr. KK 2605. Fotonachweis: Museumsfoto B. P. Keiser

Abb. S. 102–105: Nach Vorlagen der Staatsbibliothek zu Berlin. Preußischer Kulturbesitz, Abteilung Historische Drucke. Sign. 1: Wi 4486.

Abb. S. 112: Nach einer Vorlage des Kupferstichkabinetts der Staatlichen Museen zu Berlin. Preußischer Kulturbesitz. KdZ 16735. Fotonachweis: Jörg P. Anders, Berlin.

Abb. S. 118: Nach: G. F. Hartlaub: *Zauber des Spiegels. Geschichte und Bedeutung des Spiegels in der Kunst.* München 1951, S. 72 und Abb. 67. Fotonachweis: Dietmar Katz. Kunstbibl.

Abb. S. 133: Städelsches Kunstinstitut und Städtische Galerie zu Frankfurt a. M. Fotonachweis: Bildarchiv Foto Marburg. Arch.-Nr. 84.803.

Abb. S. 142: Faksimile aus Robert Walser: *Saite und Sehnsucht.* Zürich 1979, S. 47; siehe Quellen- und Rechtenachweise.

Abb. S. 147: Vorlage nach einem Exemplar der Erstausgabe: Max Pulver: *Zwischenspiele.* Zürich 1919; siehe Quellen- und Rechtenachweise.

Abb. S. 180: Von der Heydt-Museum, Wuppertal. Fotonachweis: Bildarchiv Foto Marburg. Arch.-Nr. LA 906/9.

Abb. S. 193: Private Sammlung, Schweiz. Nach: Stephen Bann: *The True Vine. On Visual Representation and the Western Tradition.* Cambridge/New York u. a. 1989, S. 169. Fotonachweis: Dietmar Katz. Kunstbibl.

Abb. S. 204: Tate Gallery, London. Nach: *Salvador Dalí. Unabhängigkeitserklärung der Phantasie und Erklärung der Rechte des Menschen auf seine Verrücktheit. Gesammelte Schriften.* Hrsg. von A. Matthes und T. D. Stegmann. München 1974, S. 280. – © Demart pro Arte B. V. / VG Bild-Kunst, Bonn 1999.

Abb. S. 223: Nach: Stephen Bann: *The True Vine. On Visual Representation and the Western Tradition.* Cambridge/New York u. a. 1989, S. 163. Fotonachweis: Dietmar Katz. Kunstbibl.

Lektürehinweise

I

Einer der ersten, der sich nach der »Stunde Null« zum Mythos von Narziß zu Wort meldet, um seine Empfindungen angesichts der persönlichen und allgemeinen Befindlichkeit des Menschen in Verse zu bringen, ist der junge Nino Erné. In seinem Erstlingswerk *Der sinnende Bettler* von 1946 finden sich inmitten zeittypischer »Trümmerlyrik« zwei von »geschluchztem Gefühl« und Schwermut beherrschte Klagen des Narziß. Die Erfahrung des vollständigen Zusammenbruchs und des radikalen Zurückgeworfenseins auf sich selbst wird zum Anlaß einer elegischen Darstellung des Konflikts von Selbstvergottung und Selbstverlust und der Einsicht in die Vergeblichkeit der Liebe zu sich selbst.

Als Chiffre für die Klage über Sinnverlust und mangelnde Geborgenheit des auf sich selbst geworfenen Menschen erscheint Narziß desgleichen in Marie Luise Kaschnitz' *Neue Gedichte* (1957), die den Übergang von der Nachkriegslyrik zu den Gedichten der sechziger Jahre markieren. In *Narziß* zeigt sich die Autorin, wie so oft, als im Umkreis des eigenen Ich befangene Schreiberin. An das melancholische Bild des »über lichtloses Wasser« gebeugten Knaben bindet sie ein »sehnsüchtiges Ich und Ich« – das lyrische Ich und das Ich der Autorin –, das nur in einem kurzen Augenblick der Erinnerung ein Gefühl der Verschmelzung beider Ichs zu erleben vermag.

Weitaus prosaischer geht Günter Grass 1960 in dem Gedichtband *Gleisdreieck* mit dem Mythos um. Hier spricht in *Narziss* ein Ich, das dem rastlosen Umherschweifen ebenso eine Absage erteilt wie der Gleichförmigkeit des Arbeitsalltags und der Routine im Umgang mit den Mitmenschen. Grass inszeniert einen Narziß, der im Allein-, im Bei-sich-selbst-Sein eine neue Quelle der Kraft findet und die Begegnung mit sich selbst als Ausbruch aus längst entbehrlichen Zuständen der Selbstentfremdung erlebt.

In Rose Ausländers *Battery Park* sind Mythos und Gegenwart in leichten schwebenden Bildern poetisch ineinander verwoben: Erscheinung und Wesen, Bild und Begriff sind eins. Die Verse erscheinen erstmals in dem Gedichtband *Blinder Sommer* (1965), der die von 1957 bis 1963 in New York geschriebenen Ghettogedichte enthält. In ihnen sucht die Dichterin die Schrecken ihrer Zeit im

Czernowitzer Judenviertel (1941–1944) zu verarbeiten. In dem Gedicht auf New Yorks *Battery Park*, in den sich die Autorin während ihres USA-Exils (1946–1963) häufig zurückzog, wird aus dem Mythos von Narziß das Spiegelbild-Motiv herausgegriffen, das Bestandteil des noch die Alterslyrik prägenden metaphorischen Erinnerungsfeldes der Dichterin ist. Der Spiegel stellt hier – ähnlich wie bei Marie Luise Kaschnitz – eine Metapher dar, mittels deren die als schmerzvoll empfundene Konfrontation des lyrischen und des autobiographischen Ich zum Ausdruck gebracht wird: Das Bild im Spiegel erscheint als Bild, das die traumatische Erinnerung an die eigene Geschichte nicht auszulöschen vermag.

In etwa denselben Jahren entsteht Inge Müllers Gedicht *Wer gibt dir ein Recht den Stummen zu spielen*. Darin fordert ein weibliches Ich sein männliches Gegenüber, Narziß, auf, zum Gespräch zu finden, um auf diese Weise zu einer Erkenntnis sowohl seiner selbst als auch der Welt zu gelangen. Das Ich erteilt der »Eigenliebe« und dem dichterischen Rückzug des Narziß eine Absage, um im selben Atemzug für »Leidenschaft« sowie »Liebe Zueinander« und eingreifendes Schreiben zu plädieren. Vor dem Hintergrund der Lebensgeschichte der Autorin läßt sich das Gedicht als Äußerung zu der Liebes- und Arbeitsbeziehung mit Heiner Müller lesen.

Ein Appell, sich aus Introversion und Schweigen zu lösen, aufzustehen und mit Wort und Tat an der Veränderbarkeit der Welt mitzuarbeiten, will auch Uwe Bergers Aufruf *An Narkissos* (1975) sein. Darin wird der nach innen, auf sich selbst gerichtete Mensch gemahnt, sich der Politik zuzuwenden. Während Inge Müllers Verse sich am Abgrund sich entziehender nackter Sprache entlanghangeln, sind Bergers Verse Teil einer Dichtung, die weitgehend den Erwartungen der DDR entspricht, zur System-Gestaltung beizutragen. Dieser Dichtung eignet eine signifikante lyrische Prätention auf die Verbundenheit mit dem sozialistischen Kollektiv, von der die provokante skeptische Lyrik Inge Müllers weit entfernt ist. Inge Müller redet keinem System das Wort. Sie hinterfragt. Sie spricht vom Einzelnen, von unüberwindbaren Verlusten und von Defiziten eines Staates, dem sie sich 1966 durch den Freitod entzieht.

Der in Inge Müllers Versen entworfenen Mann-Frau-Konstellation ähnelt die Situation, die dem Gedicht *Herr und Knecht* (1976) von Karin Kiwus zugrunde liegt. Auch hier sieht sich ein weibliches lyrisches Ich mit einem als narzißtisch empfundenen männlichen Gegenüber konfrontiert. *Herr und Knecht* erzählt die

Geschichte einer Emanzipation: eine Geschichte, die sich nicht nur biographisch entziffern, sondern auch als allgemeine Reflexion des in den siebziger Jahren erstarkenden Gleichheitsstrebens der Frau lesen läßt. Der »Herr«, so die Dichterin in einer brieflichen Auskunft, ist hier »ein narzißtisch angekränkeltes männliches Individuum«, das »sein weibliches Gegenüber« als bloße »Spiegelung seiner eigenen, höchst selbstsüchtigen Wünsche und Bedürfnisse« betrachtet und »alle Befreiungsversuche zunächst argumentativ zu vereiteln sucht«. Dies gelingt ihm so lange, »bis das Spiegelbild sich aufbäumt, zur Wehr setzt und Narziß blendet«, also »aus dem Bild austritt und damit die Beziehung und die Existenz beider auslöscht«.

Daß die Narzißfigur der antiken Mythologie und der neue Mythos des Narzißmus seit Ende der siebziger Jahre nur noch selten auseinanderdividiert werden, bezeugen Michael Simbruks unternommene *Versuche* zu dem Themenkomplex. 1980 verschafft sich der junge Tabori-Schüler als *narcis* gleichermaßen unter Lyrikern wie in der Theaterwelt Gehör. Auf seinen Gedichtband *narcis. 22 Versuche, sich in die eigene Haut zu retten* folgt wenige Monate später die Inszenierung eines multimedial aufwendigen Bühnenspektakels (Tonband, Dias, Licht, schrille Musik) mit demselben Titel. Simbruk bringt einen Plexiglaswürfel auf die Bühne, in dem aus einem Uterus aus Silberfolie ein Mensch geboren wird, dessen Bemühungen, sich in die Umwelt zu integrieren, scheitern und der, von Vater und Mutter verlassen, zum *narcis* wird. Simbruk, der in seiner Produktion höchstpersönlich als Narziß im Glaswürfel auftritt, hat seine dramatischen *Versuche* selbst erklärt: »Wir konkretisieren den Mythos. Unserer Generation wird ja Narzißmus als negative Eigenschaft unterstellt. Wir zeigen Narciß als jemanden, der von seiner Umwelt verlassen ist. Da sitzt einer im Glaswürfel, unfähig mit seiner kalten, anonymen Umwelt zu kommunizieren und wird aus Verzweiflung zum Narciß. Er symbolisiert eigentlich den höchsten Grad von Menschlichkeit« (aus »Theatergründer Simbruk zur heutigen Premiere: Narzißmus – Krankheit der jungen Generation«, in: *Münchner Merkur*, 3.11.1980). Nimmt Simbruks Theaterstück also den Menschen schlechthin ins Visier, so zielen die lyrischen *Versuche* in erster Linie auf die Position des Dichters in unserer Welt. Sie dienen, so Simbruk in einer brieflichen Selbstauskunft, der »StandortBestimmung eines jungen Autors der frühen Nach-68er-Generation«, für den »die New Yorker SchwulenSubkultur« die »Speerspitze nicht nur sexueller Liberation verkörpert«. Die Devise der Gedichte ist die des Theaterstückes: »Nicht der Homosexuelle ist pervers, sondern die Gesellschaft, in der er lebt« (Rosa von Praunheim). Die Gedichte wollen folglich eine Verkehrung von Narziß und Gesellschaft sinnfällig machen: »Der Künstler im Glashaus versucht sich vergeblich zu entäußern in einer autistischen Umwelt, deren Gesetze und HandlungsMaximen inhaltsleer sind, hohl und ritualisiert.«

Daß Narziß hier im Kontext der Homophilie auftritt, ist nicht zufällig. Schon zu Beginn des 20. Jh. wird der Begriff Narzißmus regelmäßig mit Homosexualität in Verbindung gebracht. Den Anstoß dazu gab nicht zuletzt Sigmund Freud mit seinen *Drei Abhandlungen zur Sexualtheorie* (1910) und seiner Leonardo-Studie (1910), in der er Narzißmus mit dem Autoerotismus gleichsetzt, in den der homosexuell gewordene Junge zurückweiche. Spätestens ab diesem Zeitpunkt gilt Narziß endgültig als Ikone der Homosexuellen. Daß ihn auch Detlev Meyer in seinem geistreichen Lyrikband *Heute Nacht im Dschungel* (1981) mit einem Gedicht bedenkt, nimmt daher nicht wunder. In *Narziß 80* erscheint der mythische Jüngling unter Versen auf Knaben und Tunten inmitten eines poetisch durchwanderten Dschungels der Großstadt und der Schwulenszene.

Im selben Jahr, 1981, reiht Michael Krüger Narziß in *Lidas Taschenmuseum* ein. Darin unternimmt ein lyrisches Ich Streifzüge durchs Museum und entfaltet in assoziativen Bildmeditationen Reflexionen über die Hybris der instrumentellen Vernunft, die Dialektik der Aufklärung und die utopische Kraft von Kunst und Phantasie. In *Um 1700* geht es, nach Auskunft Krügers, um den sich ankündigenden Ausgang des Menschen aus seiner selbstverschuldeten Unmündigkeit und die »Ablösung der christlichen Malerei mit ihren ikonographisch festgelegten Programmen« durch freiere Motive. Anregung zu dem Gedicht gab ein (vom Autor nicht bekanntgegebenes) Bild in einem holländischen Museum. Darauf ist ein Engel zu sehen, der zur Erde blickt und sein Gesicht nicht dem Himmel, sondern suchend dem Sandboden zuwendet: einem Sand, »der blicklos schweigt, geglättet für die Ankunft des Menschen«.

1982 wendet Lutz Rathenow in dem Gedichtband *Zangengeburt* die Figur des Narziß vor dem Hintergrund der staatlichen Gestaltungswelt der DDR ins Satirische. Rathenow instrumentalisiert die Figur, um den Zusammenhang von Diktaturen und Personenkult, Selbstinszenierung und Mythisierung des Menschen durch Massenmedien zu entlarven. Wurde das Gedicht in der DDR auch nicht gedruckt, so konnte es sein kritisches Potential nach Auskunft Rathenows immerhin bei »zahlreichen Lesungen (meist in kirchlichen Räumen)« entfalten.

Erst spät, in dem Band *Schönen Dank und vorüber* (1984), taucht die mythische Figur in der Lyrik Karl Krolows auf. Hier ist Narziß in dem Gedicht *Harmonium* in die illusionslose Diagnose einer Welt integriert, deren trostloser Zustand mit schneidender Schärfe als unveränderbar hingestellt wird. Das darin erwähnte »schöne Harmoniumspiel« dient, so Krolow in einer brieflichen Auskunft, als »Kontrast« zu der »allgemeinen menschlichen und persönlichen Lage«. Krolow, der meint, »ein Stück Narziß« stecke »wohl in jedem Dichter«, verbindet die mythische Figur nicht zuletzt mit dem Wissen um den eigenen Tod. Der Rückgriff auf den Mythos ist für ihn verbunden mit der »Klage, daß der schöne Jüngling Narziß ebenso vergänglich ist wie die Blume Narzissus am Rande des Baches«. Mit dem Gedanken der Vergänglichkeit verbunden ist in Krolows Versen die Selbstvergewisserung der eigenen Existenz. Das in *Harmonium* beschriebene Szenario drückt die Selbstbeschränkung eines lyrischen Ich aus, das ausschließlich damit befaßt ist, die ihm verbleibenden Kräfte zu sammeln, um sich in die totale Privatheit zu flüchten: »Narziß ist totgesagt. Das ist mir gleich. Ich lebe von langen Blicken auf mich selbst gerichtet, während drei Kriege draußen [...] passieren [...].«

Zu einem sonntäglichen Juxgedicht über die Einsicht in das Altern formt 1987 der Schweizer Schriftsteller und Pfarrer Kurt Marti den Mythos in dem Gedicht *spätlings frühling* um. Anders als das Gros der im selben Band *Mein barfüßig Lob* erschienenen Gedichte trifft diese launige Altersschnurre, die unschwer als Parodie von Goethes *Wandrers Nachtlied* zu erkennen ist, keine politische Aussage. Auffällig ist vor allem ihre lakonische Sprache, die wohl als Versuch einer spezifischen, an die heutige Zeit angepaßte Form poetischer Rede zu verstehen ist.

Von einem gleichermaßen gelehrten wie frechen Umgang mit dem Mythos zeugen die beiden Gedichte über *Narziß und Echo* aus Dagmar Leupolds Band *Die Lust der Frauen auf Seite 13* (1992). Eingereiht in ein Korpus von Versen, die ein artistisches Spiel mit Mythen, Zitaten und Zeichen treiben, schließen beide Gedichte zentrale Aspekte moderner Literaturtheorie ein. Sie brechen den Wiederholungscharakter des Mythos auf, indem sie die Begegnung von Narziß und Echo auf sowohl narrativer als auch ästhetischer Ebene aus der Sphäre der Vergeblichkeit führen. Echos Rede wird – anders als bei Ovid – von Hera nicht beschnitten, sondern findet deren »Gefallen« und wird dadurch auf zweifache

Weise produktiv: Narziß, der ihre Worte hört, wendet sich von sich selbst ab und der Nymphe zu; und Echos Stimme wird, aus dem Zwang zur Reproduktion erlöst, Schrift.

In die Kunst des Spazierengehens, für das die Deutschen und Europäer renommiert sind, führt den Selbstverliebten Uwe Kolbe ein. In seinem Gedicht *Narziß am Drachenberg* (1996) läßt Kolbe die mythische Figur einen »unheimlichen« Spaziergang durch »das terrassierte Parkland« um »die Adenauer-Villa am Lago di Como« unternehmen – so die Selbstauskunft des Dichters – und am Ende seines Weges zu dieser emporsteigen. Damit stellt Kolbe seinen Text in eine Tradition, die beim peripathetischen Philosophieren in Athen ihren Anfang genommen hat und sich von Petrarcas Fußweg auf den Mont Ventoux über Nietzsches Gänge im Oberengadin sowie in den Bergen über der Côte d'Azur bis hin zu Peter Handkes Ersteigung der Montagne de Sainte-Victoire fortgesetzt hat. Gewandert wird in dieser Tradition, um sich im Emporsteigen auf philosophischen Königswegen Erkenntnisse in poetischer Bewegung rhythmisch zu erlaufen. Daß Kolbes Gedicht nichts von einer Rückkehr des Spazierenden sagt, sondern dessen Weg jenseits aller Idylle in der Höhe enden läßt, erinnert einmal mehr an Schillers berühmten *Spaziergang,* von dem sich Kolbes Gang des Narziß herzuschreiben scheint. Hier wie dort wendet sich am Ende des Weges nicht der Wanderer um, sondern der Leser, um im erneuten Gang durch den Text die Erlebnisse des Narziß als Selbstvergewisserung seiner eigenen Existenz nachzuvollziehen.

Zum Zwecke einer selbstironischen Darstellung der eigenen Dichterexistenz greift Dieter P. Meier-Lenz 1998 in seinen Gedichten *abendtoilette* und *der dichter* auf die Narzißfigur zurück. Spricht aus jenem vor allen ein Gefühl der Leere und Einsamkeit, so wird in diesem die Eitelkeit des Dichters aufs Korn genommen. Entworfen ist das Bild eines Dichters, der, so Meier-Lenz in einer brieflichen Auskunft, »keine anderen Götter neben sich gelten läßt« und vor dem sich alle, die mit ihm in Kontakt treten, »nackt ausziehen« und »ganz klein machen« müssen. Als fragile Behausung, in welcher der Dichter »vegetiert«, wird die Metapher der »Seifenblase« in den Dienst genommen. Sie symbolisiert »das Sensible und schnell zu Zerstörende einer Dichterexistenz«; ihre »Regenbogenfarben«, in denen sie schillert, stehen für die »schillernde Persönlichkeit des Autors und seine Eitelkeit«.

Sinnbild des schaffenden Künstlers ist die Narzißfigur auch für den österreichischen Dichter Hansjörg Zauner, der sich in den

90er Jahren mit seiner experimentellen sprachreflektierenden Literatur einen Namen gemacht hat. Seine Lyrik, die mit schillernden Wort-Bild-Intarsien an den Schnittstellen von Sprache, ihren visuellen und auditiven Wesenszügen arbeitet, kreist – sprachlich gleichermaßen wie materiell – beharrlich um das Motiv des Spiegels. So erscheint im Sommer 1998 *Solande*, Zauners *Zeitschrift für neue Poesie Nr. 7*, um dem Leser nicht nur mit Wort, sondern auch mit Tat, ganz gegenständlich, den Spiegel vorzuhalten: Versammelten die vorangehenden Ausgaben vielfältige Beiträge der experimentellen Wiener Szenepoesie, so ist diese Ausgabe nichts als ein kleiner fragiler Taschenspiegel. Im Anschluß hieran entsteht 1999, als Teil eines 25 Texte umfassenden Zyklus, das Gedicht *narziss*, das vor allem auf das Motiv der Spiegelung als unendlicher Reflexion des Dichters in seinem schöpferischen Umgang mit Sprache zentriert ist. Wenngleich *narziss* nur ein kleiner Ausschnitt aus einem großen Ganzen ist, so wird doch deutlich, daß Zauners Sprache den Versuch eines Dichters darstellt, sich der Sprache – in der Arbeit mit und an ihr – als Materie zuzuwenden und diesen Prozeß zugleich als sinnlichen Vorgang anschaulich zu machen.

II

Die meistrezipierte Fassung des Mythos, die aus dem Altertum auf uns gekommen ist, bildet Ovids Darstellung. Aufgrund der seit dem 12. Jh. intensiv betriebenen Ovid-Pflege – Ende des 11. Jh. wurde Ovid einer der wichtigsten lateinischen Schulautoren – diente sie im Mittelalter und in der frühen Neuzeit bei der Arbeit mit dem Narziß-Stoff in der Regel als Vorlage. Selbst heute noch orientieren sich Literaten und Künstler, die nicht nur auf die psychoanalytische Narzißmus-Debatte oder frühere Adaptionen des Stoffes, sondern auf die Antike Bezug nehmen, an der Darstellung im dritten Buch der *Metamorphosen*, in dem Erzählungen aus dem Thebanischen Sagenkreis gestaltet sind. Darin heißt es, der Seher Tiresias habe auf die Frage, ob Narcissus, Sohn der Nymphe Liriope und des Flußgottes Cephisus, ein hohes Alter erreiche, geweissagt, dies sei möglich, wenn sich der Junge nicht kennenlerne. Narcissus sei dann, kaum sechzehn Jahre alt, von vielen jungen Männern und Mädchen heftig, aber vergeblich umworben worden, nicht zuletzt von der ehemals stimmbegabten Echo. Diese habe schon damals, von Iuno bestraft, einzig die Laute am Ende einer Rede zu wiederholen vermocht. Denn der Gattin Iuppiters sei eines Tages aufgegangen, daß sie während zahlreicher sexueller Abenteuer ihres Mannes von Echo durch lange Gespräche abgelenkt worden sei; daher habe sie der Nymphe erbost die Strafe auferlegt, sich stimmlich nur mehr *qua* Nachhall artikulieren zu können. Der Macht über ihre Stimme beraubt, sei Echo später beim Anblick des Narcissus in Liebe entbrannt *(vidit et incaluit)* und habe ihn aus der Ferne durch Widerhall der Stimme umworben. Narcissus habe ihre Stimme für die seiner Jagdgefährten gehalten und mehrfach dazu aufgefordert zusammmenzukommen, Echo aber die Aufforderung als erwidertes Begehren mißdeutet – *coeamus* = laß[t] uns (1) zusammenkommen, (2) miteinander schlafen –, sich ihm genähert und ihn zu umarmen versucht. Mit den Worten »Hände weg [...]! Eher will ich sterben, als dir gehören!« aufs schroffeste abgewiesen, habe sie den Trug der Wortreflexionen begriffen und sich, in ihrer Hoffnung enttäuscht, zurückgezogen, um sich in ihren eigenen Liebesflammen bekümmert zu verzehren und allmählich zu Stein zu erstarren. Seitdem sei sie, nur mehr Stimme, in Wäldern verborgen, wo sie von allen gehört werde: *sonus est, qui vivit in illa* – noch heute erklinge das Echo.

An diese Episode fügt Ovid die eigentliche Narziß-Geschichte, deren Struktur er an die der Echo-Erzählung anpaßt. Der Kern beider Episoden läßt sich schematisch etwa wie folgt darstellen:

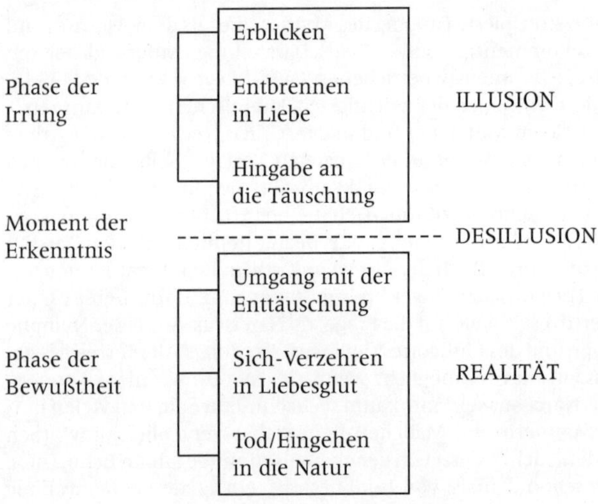

Um die Achse der *Desillusion* – der *Erkenntnis*, daß die Hoffnung gegenseitiger Liebe auf Trug beruhte – sind symmetrisch die beiden Dreiergruppen *Phase der Irrung* und *Phase der Bewußtheit* angeordnet. Ihre einzelnen Bausteine – die drei Etappen, die zur *Desillusion* hin- und von ihr fortführen – sind gleichsam spiegelbildlich um die Mittelachse gruppiert: Im Anfang des Liebeserlebnisses *(Erblicken)* spiegelt sich sein Ende *(Tod)*, im Entfachen der Liebesflammen *(Entbrennen)* das verzweifelte *Sich-Verzehren* in ihnen, in der *Hingabe an die Täuschung*, die Leidenschaft könne Wirklichkeit werden, die *Ent-täuschung*. Mit anderen Worten: *Illusion* und *Realität* brechen sich in der *Desillusion*. Die *Illusion* – die trügerische Hoffnung, die Liebe werde sich erfüllen – baut sich auf, nachdem das Objekt des Begehrens, Narziß, gesichtet wurde, und mit diesem Augen-blick ist der Fortgang des Geschehens festgelegt. Er zieht das leidenschaftliche *Entbrennen* der er-blickenden Person sowie ihre Hingabe an die Illusion erfüllter Liebe nach sich und nimmt ihren *Tod*, das Verlöschen ihres Augenlichtes nach lichterlohem Liebesbrand, vorweg.

Dieses Schema gilt für beide Episoden gleichermaßen. Erst fängt Echo Feuer und verglüht für Narziß, dann widerfährt ebendies dem Jüngling selbst. Ähnlich wie der Nymphe, heißt es im Anschluß an die Echo-Episode, sei es vielen Verliebten ergangen – bis einmal ein gleichfalls hoffärtig Abgewiesener zu Nemesis *(Rhamnusia)* gebetet habe, sie möge bewirken, daß der allzu Spröde den Schmerz unerwiderter Liebe selbst erleide. Die Rachegöttin sei der Bitte nachgekommen und Narcissus eines Tages vor einer Quelle seinem Spiegelbild verfallen, ohne die Selbstgerichtetheit seiner Schaulust zu bemerken. Wie zuvor Echo sei er beim Anblick seiner selbst in Liebe leidenschaftlich entbrannt. Er habe zu dem Trugbild gesprochen, es umworben, zu küssen und umarmen versucht. Dabei habe er – wie Echo die Wortreflexionen ihres Dialogs mit Narziß – die Spiegelung, in der sich sein Werben reflektierte, als Beweis erwiderter Liebe mißdeutet, bis er die *Täuschung* erkannt habe. Mit der Realität, der Unmöglichkeit erfüllter Liebe, konfrontiert, habe er – zwar entsetzt, aber weiterhin glühend vor Leidenschaft – sich nach dem eigenen Bild schmachtend verzehrt, bis er schließlich ermüdet gestorben sei (und noch in der Unterwelt betrachte er sich im Wasser der Styx). Auch sein *Tod* ist nach Ovid mithin durch *Sich-Verzehren* in Liebe erfolgt. Beide, Echo und Narziß, »schwinden« in den *Metamorphosen* dahin und gehen in die Natur ein: Aller Saft von Echos Körper »entschwindet in die Luft« – sie wird zum bloßen Echo. Narziß

»schwindet dahin«, »wie gelbes Wachs an einem schwachen Feuer schmilzt« – schon hier die Anspielung an die Farben der Narzisse. Auf sie wird explizit zum Abschluß der Episode referiert. Dort heißt es: Bei dem Versuch einiger trauernder Nymphen, Narziß zu beerdigen, hätten sie an seiner Statt eine Blume mit gelbem Kelch und weißen Blütenblättern darum gefunden: die Narzisse.

Rahmen und Klammer der zwei Episoden bildet der Verweis auf den thebanischen Seher Tiresias. Die Geschichte seines vorübergehenden Geschlechtswechsels, seiner Blendung und Berufung zum Seher geht der Gesamterzählung voraus; sein Orakel bei Narziß' Geburt leitet diese ein, und die Erwähnung, wie sich sein Ruf als Seher im Anschluß daran verbreitet habe, leitet über zu seiner Weissagung von Pentheus' Tod. Durch diese Klammerstellung erhält die Erzählung davon, wie Narziß die Liebe anderer verschmäht und welche Folgen dies für alle Beteiligten hat, den Charakter einer Ringkomposition. Das nebenstehende Schaubild verdeutlicht dies. In ihm ist die Erzählung in ein grobes Schema gebracht. Es enthält nur die Hauptbausteine; kürzere Zwischenpassagen – zur Verknüpfung der *Überleitungen* mit den *Kernepisoden*, Passagen etwa, in denen Narziß' Verhalten gegen andere geschildert wird – sind aus Gründen der Übersichtlichkeit ausgeblendet.

Ovids Darstellung in Hexametern ist die einzige aus dem Altertum tradierte Version, in der die Geschichte des Narziß nicht nur vollständig und höchst detailliert wiedergegeben, sondern zudem künstlerisch meisterhaft gestaltet ist. Andere antike Belege sind entweder in Prosa verfaßt und zudem sehr prosaisch gehalten oder, sofern sie poetisch sind, auf ein bestimmtes Motiv aus dem Mythos konzentriert. Bei Ovid indes finden sich mehrere Motive strukturell gekonnt aneinandergereiht. Dabei sind, wie die beiden Schaubilder zeigen, die zwei Episoden von Echo und Narziß formal und inhaltlich über das Motiv der Spiegelung und das unerwiderter feuriger Leidenschaft kunstvoll miteinander verbunden.

Ein erzählerischer Kunstgriff besteht zudem darin, daß die *Illusion* – die Vortäuschung von jemandem oder etwas als Wirklichkeit – Thema und Technik der Darstellung ist. Denn Ovid gestaltet das Motiv der Spiegelung nicht nur strukturell und inhaltlich, indem er Echo und Narziß Liebesillusionen erliegen läßt, die auditiv und visuell durch Widerhall und Spiegelung erzeugt werden. Er macht überdies das im Mythos zentrale Motiv von Illusion und Wirklichkeit mittels Erzähltechnik geltend: Sein

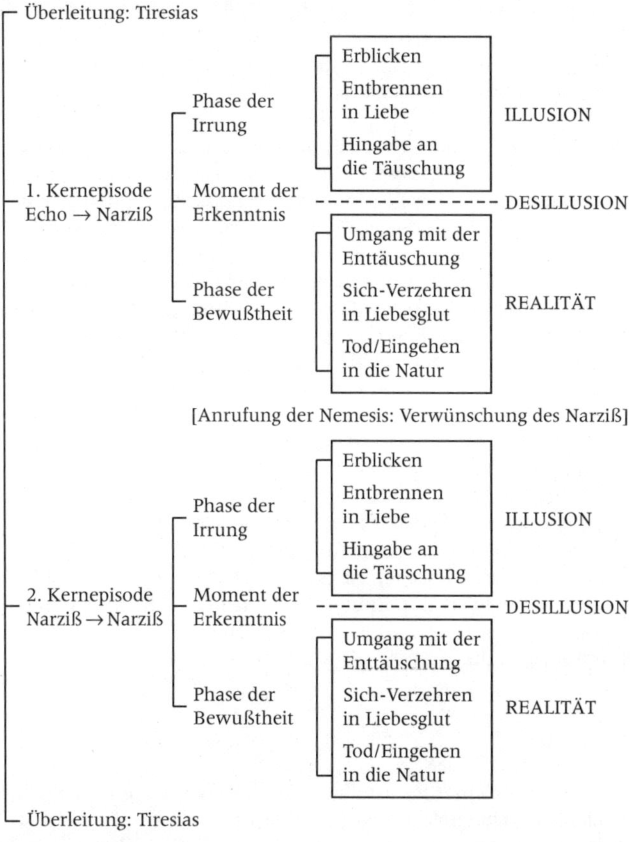

Text erweckt Illusionen, die im Moment ihrer Erzeugung in einer Gegenbewegung wieder gebrochen werden. Ovid hebt die Fiktionsdifferenz auf. Er verdichtet auf täuschend echte Weise fingierte Erlebnisse der fiktiven Figur Narziß und erschließt dem Rezipienten dabei zugleich die Mechanismen und Probleme von Illusion und Fiktion. So wird an entscheidender Stelle (III 432ff.) der Eindruck erweckt, der Erzähler der Geschichte sei von der Täuschung des Narziß derart ergriffen, daß er den Jüngling, als sei er real, anspreche, um ihm verständlich zu machen, daß er einer bloßen Spiegelung, einem Trugbild erlegen ist:

»Leichtgläubiger! Was greifst du vergeblich nach dem flüchtigen Bild! Was du erstrebst, ist nirgends; was du liebst, wirst du verlieren, sobald du dich abwendest. Was du siehst, ist nur Schatten, nur Spiegelbild [...].«

Auf diese Weise spielt Ovid mit dem poetologischen und rhetorischen Potential der Illusion. Er macht sichtbar, wie dicht in ihr Trug und Täuschung einerseits und erkenntnisstiftende Phantasie andererseits beieinanderliegen: Kaum ist die Illusion der Ergriffenheit des Erzählers beim Leser erweckt, wird sie schon wieder zerstört. Durch die plötzliche Präsenz des Erzählers im Text tritt der fiktive Charakter des formvollendet verdichteten Mythos verstärkt ins Bewußtsein des Lesers. Die scheinbare Ergriffenheit des Erzählers überträgt sich nicht auf den Leser, sondern macht einer Distanz zum Selbstverliebten Platz. Daß dieser sich in genau diesem Stadium der Spiegelung – narratologisch betrachtet: an diesem Punkt des Erzählverlaufs – seinen Illusionen besonders inbrünstig hingibt, macht die eigentliche Pointe der Stelle aus: sie potenziert zusätzlich die Distanz des Lesers zu ihm.

Anders als auf die geschilderte Art und Weise verhält sich Ovid zur Geschichte des schönen Jünglings nicht. Das Motiv der Illusion wird in dichterischer Finesse ästhetisch, nicht etwa ethisch eingesetzt. Ovid erzählt. Er moralisiert nicht. Auch bringt er nicht etwa, wie es in vielen späteren Versionen geschieht, Verachtung Narziß gegenüber zum Ausdruck.

III

Den Eindruck einer Verurteilung des Selbstverliebten vermitteln auch die übrigen Belege aus der Antike und Spätantike nicht. Pausanias etwa, der ungefähr 150 Jahre nach Ovid wirkte, gibt sich vor allem als kritischer Geist. In seiner *Beschreibung von Griechenland* lehnt er die geläufige Version, Narziß habe sich in sein Spiegelbild verliebt, ab und vermutet, Narziß habe eine Zwillingsschwester besessen, über deren Tod er sich sehr betrübt und deren Züge er daher in seiner Spiegelung gesucht habe. Der Grieche Konon – ein Mythograph, der zur Zeit Ovids lebte, diesem aber vermutlich nicht bekannt war – hat vor allem ätiologische Interessen. Er verortet das Geschehen im böotischen Thespiai, schreibt Narziß blutigen Selbstmord zu und merkt an, die Bewohner der Gegend glaubten, die Narzisse sei dem Boden entsprossen, auf den das Blut des Narziß getropft sei; nach dem Suizid hätten sie beschlossen, dem Eros in intensiverer Form als zuvor zu huldigen. Keineswegs moralisierend ist der Zugang zu dem Mythos desgleichen in einem Philostrat zugeschriebenen griechischen Text aus dem 3. Jh. n. Chr., der sich als Beschreibung eines Bildes des Narziß gibt. Hier liegt der Akzent auf der ästhetischen Illusionswirkung des jeweiligen Kunstwerkes, wobei die Ekphrasis der mythischen Szene als Scheingrund für die Selbstinszenierung des Beschreibenden als eines gelehrten, geistreichen Betrachters dient. Ohne Interesse an sittlichen Fragen sind überdies die vielen kurzen Erwähnungen des Mythos in enzyklopädischen Sammelwerken und grammatischen Kommentaren. Plinius der Ältere etwa unterscheidet in dem medizinischen und pharmakologischen Teil seiner *Naturkunde* zwei Narzissenarten. Er stellt dabei den etymologischen Bezug von Nark[os]e (griech. νάρκη/*nárke* – Taubheit, Starre, Benommenheit, Betäubung) und Narzisse her. Gleichfalls an die Blume knüpfen die beiden Vergil-Kommentare an, die unter dem Namen des Grammatikers Probus und von dem spätantiken Scholiasten Servius verfaßt wurden.

Ebenso wenig als eigenständiges Thema, vielmehr kompositorisch funktionalisiert, begegnet der Mythos dem Leser der *Thebais*. Darin stellt der römische Dichter Statius den Zug der Sieben gegen Theben und den Bruderzwist der Ödipussöhne Eteokles und Polyneikes dar. Im siebenten Buch des Epos schildert er die Sammlung der Helden vor Theben, wobei er, die Unzahl der Kriegsopfer vorwegnehmend, auf Narziß' frühen Tod verweist, der nun auch viele junge Männer im Kampf gegen Theben ereilen werde.

In der lateinischen Dichtung nach Ovid erstmals *nicht* anderweitig kontextuell eingebunden, findet sich der Mythos bei Ausonius. Der spätantike Dichter hat mehrere Epigramme auf Narziß und Echo verfaßt, die von der wiederholten Beschäftigung mit Ovids Erzählung zeugen. Sie bestechen weniger durch Gedankentiefe als durch poetische Finesse, die sich in zahlreichen formalen Spielereien und Referenzen an Ovid Geltung verschafft.

Wiederum marginal, aber, wie in der Rezeption häufig: in Verbindung mit dem Apollo-Liebling Hyazinth wird Narziß von Claudian, dem letzten bedeutenden Dichter der spätantiken lateinischen Literatur, behandelt. Im *Raub der Proserpina,* einem im Mittelalter vielrezipierten mythologischen Gedicht, nennt er ihn im selben Atemzug mit Apollos Liebling, den der Gott versehentlich – durch einen (vom eifersüchtigen Westwind Zephyrus) fehlgeleiteten Diskus – getötet haben soll. Die Verbindung ist interessant, da aus dem Blut des gleichfalls ausnehmend schönen Frühvollendeten die Hyazinthe entsprossen sein soll.

Ein buntes Gemisch an Gedichten auf Narziß bietet die *Anthologia Latina*, wie sie durch den um 800 geschriebenen Codex Salmasianus überliefert ist. Kurz vor dem Untergang des Vandalenreiches (533/34 v. Chr.) in Nordafrika, vermutlich Karthago, zusammengetragen und nach Italien gebracht, enthält sie Verse – zumal Epigramme – von Dichtern der letzten Vandalenzeit, aber auch früherer Jahrhunderte. Neben Gedichten, die unter dem Namen bekannter Poeten frühkaiserlicher Zeit erscheinen, stehen anonyme Verse und solche, die weniger bekannten Verfassern spätantiker Zeit zugeschrieben sind. Einer von ihnen ist Pentadius, der durch zwei hochartifizielle, ostentativ auf poetisches Raffinement zielende Narziß-Gedichte auffällt. Beide Poeme gehen über die gängige Wasser-Feuer-Topik (= Narziß ist durch den Blick ins Wasser entbrannt) der übrigen Narziß-Verse der Anthologie hinaus. Beide sind auf gedanklichen Antithesen aufgebaut, durch die ihre Distichen in ein spannungsreiches Verhältnis zueinander gebracht werden. Verstärkt wird diese Spannung im ersten Gedicht durch den Bau der Distichen. Sie sind so geformt, daß die zweite Pentameterhälfte eines jeden Distichons stets mit dem Hexameter bis zur Penthemimeres wörtlich übereinstimmt. Das zweite Poem zeichnet sich durch Ansprache des Rezipienten aus. Diesen Gedichten von Pentadius wie auch den anderen anonymen Narziß-Versen der Anthologie liegt wohl in erster Linie an der Demonstration sprachlicher Kunstfertigkeit und poetischer Technik.

IV

Während die griechischen Alternativversionen des Mythos, seine lateinische Verdichtung und Erwähnung in grammatischen Kommentaren und Handbüchern des Altertums frei von Moralismen und Allegoresen sind, ändert sich dies mit Beginn des Mittelalters schlagartig. Eigen- und Selbstliebe, die von antiken Philosophen, etwa von Platon und Aristoteles, höchst differenzierten Betrachtungen unterzogen wurden, erfahren nun, wie aus Andreas Alciatus' Emblembuch aus dem 16. Jh. anschaulich hervorgeht, eine moralische Reduktion auf negative Gehalte. Narziß figuriert als Beispiel für die Verderblichkeit der φιλαυτία/*philautía*, die, statt dem christlichen Gebot der *caritas* zu folgen, sich selbst genießt:

Sie versündigt sich an der Schöpfung, indem sie sich der sexuellen Reproduktion verweigert. Zugleich dient Narziß als Warnung vor der schönen, aber vergänglichen Welt des Scheins. Den Weg zu dieser Deutung hatten – wie Plotins Abhandlung über *Das Schöne* und ein anonymer mythographischer Text *Über Narkissos* bezeugen – nicht zuletzt die Neuplatoniker geebnet. Sie faßten Narziß als Symbol der Seele, die durch die Hingabe an das Scheinbild der Sinnenschönheit in geistige Finsternis versinkt. Damit schufen sie die Basis für die Integration des *vanitas*-Motivs – des Motivs der Leere, Nichtigkeit, Eitelkeit, das sich im Mittelalter besonderer Beliebtheit erfreute – in den Mythos vom Selbstverliebten.

Eine entscheidende Rolle spielt bei der Assoziation Narziß und *vanitas* zudem die unter christlichen Vorzeichen erfolgende Ovid-Renaissance des Mittelalters. In ihr bildet die Vorstellung von der Vergänglichkeit alles Irdischen ein zentrales Moment. Der Figurenapparat der *Metamorphosen* wird zum Zweck der Vermittlung christlicher Tugenden und Ideale funktionalisiert, wobei die oberste Devise lautet: Schönheit ist nur ein Abbild, ein Schatten; wer ihr nachgeht, verfällt der Schattenwelt, dem Tod.

Daß Narziß zur Exemplifikation dieser Devise unausgesetzt herangezogen wird, nimmt nicht wunder. Wohl kaum eine andere mythologische Figur wäre geeigneter, den tragischen Ausgang, den ›Selbstliebe‹ nehmen kann, zu veranschaulichen. Daher zirkuliert Narziß als abschreckendes Exemplum und Illustrationsmodell gleichermaßen hoffnungs- wie maßloser Liebe durch die gesamte einschlägige Literatur des Mittelalters. Er begegnet uns in der Liebeslyrik von Heinrich von Morungen ebenso wie im *Rosenroman* von Guillaume de Lorris. Und er ist mit einer eigenen Erzählung im *Novellino* vertreten, worin der Stoff eine überraschend ›moderne‹, nahezu ›psychologische‹ Behandlung erfahren hat. Zwar liegt auch hier ein ethischer Zweck zugrunde; und die Erzählung weist unschwer erkennbar Unterweisungscharakter auf. Doch geht es nicht primär darum, Selbstliebe als Untugend zu perhorreszieren und den Leser bzw. Zuhörer mit gehobenem Zeigefinger zu belehren. Vielmehr wird der Stoff als Fallbeispiel der Liebeskasuistik so dargeboten, daß der Rezipient dazu angehalten ist, sein Urteilsvermögen zu überprüfen: Narziß' Erwachen zu jugendlicher Selbstverliebtheit wird mit dem Frühlingserwachen assoziiert und sein Geschick zudem als eines dargestellt, das nicht nur in der Welt der Frauen, sondern sogar beim Liebesgott selbst Mitleid erweckt.

Repräsentativ für die Neigung mittelalterlicher Autoren, den

Stoff streng zu moralisieren, ist diese Handhabung des Themas freilich nicht. Gemeinhin demonstriert man an Narziß nicht nur, wie prekär Hingabe an vergängliche Schönheit ist, sondern apostrophiert ihn geradezu als Negativbeispiel eines wegen seiner Lieblosigkeit Gestraften. Hierzu wird vielfach auf ein Vokabular zurückgegriffen, das sowohl aus Ovids Version des Mythos als auch als biblische Vergänglichkeitsterminologie bekannt ist. Wörter wie *umbra* (Schatten) oder *flos* (Blume) spielen im 12. Jh. im *Metamorphosen*-Kommentar von Arnulf von Orléans und in Alexander Neckams Buch *Von der Natur der Dinge* eine ebenso zentrale Rolle wie in zahlreichen neulateinischen Gedichten aus dem 15. Jh., die den Irrtum des Narziß behandeln – etwa in einem Epigramm von Stephanus Paschasius oder in *De amore et ignoratione sui* von Michaelis Hospitalis. Überaus präsent ist die Blumen- und Schatten-Metaphorik zudem im *Ovide moralisé,* einer französischen Ovid-Bearbeitung vom Beginn des 14. Jh. Darin sind neben die Übersetzung der einzelnen *Metamorphosen*-Episoden weitausholende Kommentare gestellt, in denen die Episoden an die scholastische Dogmatik des Mittelalters adaptiert sind. Sie tragen auf gleiche Weise unverkennbar den *vanitas*-Akzent wie Boccaccios Bearbeitung des Narziß-Mythos in seiner mythologischen Enzyklopädie *Genealogie deorum gentilium.* Und selbst noch die Wiederaufnahme der neuplatonischen Deutung durch Marsilio Ficino im Kommentar zu Platons Gastmahl sowie Bacons bekannte Behandlung der Fabel vom Beginn des 17. Jh., durch die Narziß endgültig zum Symbol für Selbstliebe wurde, zeigen den schönen Jüngling unter dem Aspekt der *vanitas.*

V

Bis zu Bacons Bearbeitung des Mythos überwiegt die didaktisch-moralische Verwertung des Narziß-Stoffes, wie sie in der mittelalterlichen Tradition üblich ist. Mitte des 17. Jh. setzt eine travestierende Behandlung ein. Gerichtet ist sie sowohl gegen den bis dahin üblichen moralisierenden und allegorisierenden Umgang mit Mythen als auch gegen den tatsächlichen Grundgehalt der Erzählung: gegen die Torheiten, die verblendete Verliebtheit – sei sie auf sich selbst, sei sie auf ein fremdes Objekt des Begehrens gerichtet – bisweilen mit sich bringt. Vor allem in Westeuropa, insbesondere in Frankreich, England, Holland und Norditalien, wagen die Dichter den Übergriff. Innerhalb kürzester Zeit machen in

Frankreich mehrere burleske Verdichtungen des Stoffes in Achtsilbern die Runde, so Louis Richers *L'Ovide bouffon* oder Epigramme im Stil von Pierre du Ryers frivolem Vierzeiler, der seiner Übersetzung der *Metamorphosen* beigefügt ist. Auch die Zeichner, Maler und Kupferstecher beginnen, den Mythos ins Komische zu verkehren. Beispielhaft ist Arnold van Westerhouts Kupferstich *Der schöne Narziß* von 1687, der als Schreckblatt für Heiratslustige Verwendung findet. Darauf wirbt der als Krüppel Dargestellte für sich, indem er seine verrenkte Haltung als »spanische Grandez« und seine Meerkatze als Mittel zur Beseitigung des in seinem Haarschopf nistenden Ungeziefers anpreist.

Weitaus weniger burlesk muten Isaac de Benserades *Verwandlungen des Ovid in Rundgedichten* (1676) an, in denen Echo und Narziß – in einer Mischung von Ironie und Ernsthaftigkeit – je eine Doppelseite mit Stich, erläuterndem Prosatext und Rundgedicht gewidmet ist. Rückzuführen ist ihre Entstehung auf Ludwig XIV. Als dessen Günstling verfaßte Benserade, der 1674 Mitglied der Académie Française wurde, Gedichte für Hofballette, in denen der Sonnenkönig um seiner Verherrlichung willen in antiken Kostümen auftrat (etwa als Apoll). Auch die Übertragung der *Metamorphosen* ist in diesen Kontext einzuordnen. Ludwig XIV. ordnete vermutlich deshalb die Publikation einer illustrierten Edition an, da sie dem Betrachter helfen sollte, die Vielzahl der allegorischen Darstellungen, die bis zu diesem Zeitpunkt bereits zu seiner Verherrlichung gemalt worden waren, zu deuten.

In Rousseaus moderner Sittenkomödie *Narcisse ou L'amant de lui-même* (entstanden zwischen 1732 und 1740, aufgeführt 1752) steht Selbstliebe aufgrund einer Täuschung im Vordergrund. Ein junges Mädchen will ihren eitlen Bruder durch ein Porträt, das ihn in Mädchenkleidern zeigt, verspotten, um ihn von seiner Eitelkeit zu heilen. Sie stiftet damit jedoch Verwirrung, da sich der Eitle in das Porträt verliebt und von seiner Verlobten so lange zurückzieht, bis diese ihn eifersüchtig macht und dadurch zurückgewinnt. Ebenfalls gänzlich untragisch gestaltet Hölty den Stoff. In *Narciß und Echo, eine Romanze,* einer für den Sturm und Drang typischen mythologischen Parodie, travestiert er den Narziß-Stoff, indem er ihn in seine eigene gesellschaftliche Gegenwart transponiert, um die Form von Liebesdichtung, in der die Frau als ideal vorgestellt wird, zu kritisieren.

Eine entscheidende Wende erfährt die Entwicklung des Narziß-Motivs im Rahmen der Revolutionierung der Ästhetik um 1800. Noch 1797 wendet sich Johann Gottfried Herder mit dem Fragment *Selbst* eindringlich gegen jede Form *ich*bezogener Selbstbespiegelung und referiert moralisierend auf den Irrtum der mythischen Figur. Dazu stellt er das »Selbst« als Vernunft, als kreative göttliche Kraft im Menschen, dem »Ich« als verführerische Truggestalt gegenüber. Er bezeichnet das »Ich« als betrogenen Narziß und warnt eindringlich vor der Gefahr eines eitlen Subjektivismus durch übermäßige Beschäftigung mit der eigenen Persönlichkeit. Bereits zur selben Zeit jedoch avanciert Narziß in seiner Geltung als ein von destruktiver Selbstliebe Heimgesuchter zu einem in kreativer Selbstbeobachtung Beglückten, der aus einer schöpferischen inneren Welt heraus Großes schafft. Das bis *dato* prävalente Moment des im Abschein verankerten tödlichen Irrtums wird in der Romantik sukzessive in den Hintergrund gestellt, nachdem die Autonomieästhetik des deutschen Idealismus, namentlich Schiller, den Schein als ästhetische Kategorie etabliert hat. Jetzt gilt die Spannung zwischen Wesen und Abbild als künstlerisch fruchtbar: Der Künstler, der nachsinnend die Ähnlichkeit zwischen seiner und der liebenden göttlichen Schöpfung betrachtet, findet neue Qualität in einer kontemplativen Lebensweise; sein Blick auf das Bild erschließt ihm die Komplexität, den unendlichen Raum des eigenen Ich. Das Sich-Versenken in die eigene Person wird somit nicht mehr negativ bewertet. Im Gegenteil. Es fungiert oftmals als Zeichen echter Liebe oder gar einer Annäherung an die göttliche Sphäre, da die Romantik die Liebe zur Rückführung der menschlichen Natur auf ihre ursprüngliche Göttlichkeit gereichen läßt. Gegen das zeittypische Syndrom der Zerrissenheit schützt den Poeten die Berufung auf eigene Innerlichkeit.

Ihren prägnantesten Ausdruck findet diese Umwertung in August Wilhelm Schlegels berühmtem Aphorismus aus dem Jahr 1798: »Dichter sind doch immer Narcisse«. Was darin prägnant ausformuliert ist, findet sich bereits 1788 in seinen Versen *An die Rhapsodin* angedeutet. Schon hier ist der Narziß-Mythos mit dem Ende des 18. Jh. vielverwendeten Spiegelsymbol, das unter anderem die Künstlerseele in ihrer Erkenntnis der Welt symbolisierte, verbunden. Das Gedicht, das den Untertitel *Bei Uebersendung eines grösseren Gedichts* trägt, verflicht feine Selbstironie mit dem Lob der Adressatin, indem es das poetische Kunstwerk im Moment seiner Rezitation als Abbild der Seele seines Schöpfers erscheinen läßt.

Mit größerer Selbstverständlichkeit erfolgt die Gleichsetzung von Narziß und Dichter ein gutes Jahrzehnt später in Schlegels Sonett *Narcissus.* Es setzt einen Dichter in Szene, der in seinem Abbild die Welt entdeckt, zugleich aber weiß, daß das Bild im Augenblick der Vereinigung schwindet, um erneut Sehnsucht zu evozieren, die sich abermals in Kreativität entlädt. Den Abschluß des Sonetts bildet die Metapher der über ihr Spiegelbild im Wasser geneigten Blume, der Narzisse. Sie kommt in der romantischen Dichtung des 19. Jh. wiederholt vor. Eine zentrale Rolle spielt sie bereits 1799 in der *Lucinde* von Friedrich Schlegel, wo sie als Symbol des »reinen Vegetierens« von Bedeutung ist. Sie symbolisiert den Künstler, der im tiefen religiösen Bewußtsein seiner schöpferischen Kräfte lebt und diese durch die »ergänzende Bildung« einer erfüllten gegenseitigen Liebe vermehrt und erhöht weiß.

Einem Gefühl des Glücks über ein harmonisches Naturerlebnis mit der Blume der Poesie verleiht 1807 William Wordsworth in *I wandered lonely as a cloud* Ausdruck. Die Verse veranschaulichen, wie Narzissen, die der Dichter einst am Ufer eines Sees sah, in seiner affektvollen Erinnerung zu Teilen einer kosmischen Ordnung werden, an der er teilhat, und wie er so das Gefühl, den in Harmonie tanzenden Narzissen und Wellen des Sees entfremdet zu sein, überwindet. Was auf der Textebene als bloße Huldigung der Natur erscheint, ist Erfüllung eines poetologischen Programms: Wordsworth wird in dem Gedicht seinem Postulat gerecht, Sprache als Medium von Natur*spiegelung* zu nutzen und Bewußtseinszustände, die aus der affektvollen Wiederholung von Naturerfahrungen resultieren, zu poetisieren. Ziel seiner Dichtung ist es, aus Naturerlebnissen entstandene Einsichten in poetische Form zu gießen, um die Poesie als eigenständige Erkenntnisform neben Philosophie und Wissenschaft zu stellen.

Einen weit weniger beschwingten Umgang mit der Blume zeigt der an der deutschen Romantik und idealistischen Philosophie orientierte Schwede Atterbom. Seine Verse auf *Narcissen* (1811) bilden keinen leichtfüßigen Reigen der Erinnerung, in dem menschlicher Geist und Natur substantiell identisch werden. In *Der Narziß* ist der Mythos vielmehr zu einem schwermütigen Bild geronnen. Die Blume figuriert als Symbol des Künstlers, der in der Kindheit seines Selbst verlustig gegangen ist und sein Haupt nun schwer über den »Strom der Dichtung« beugt, um sich in der Tiefe der poetischen Traumwelt wiederzufinden.

Das Motiv der über das Spiegelbild im Wasser gebeugten Blume nimmt auch John Keats auf, der für seine dialektische Auffassung von Kunst und Natur bekannt ist. 1817 wendet er sich in den Versen *I stood tip-toe upon a little hill* der Blume zu, um an ihr vorzuführen, wie die Entstehung des Echo-Narziß-Mythos durch poetische Erfindungskraft *(invention)* zu denken ist: Er läßt einen Dichter die – in ihrer ganzen Schönheit über das Wasser niedergesenkte – Narzisse finden und daraufhin den Mythos in einem kreativen ästhetischen Akt *er*finden. Ohne einen derartigen dichtungstheoretischen Anspruch ist das Blumenmotiv in Friedrich Rückerts Gedicht *Narcissus* (1823) verarbeitet. Darin gibt sich der Dichter als ein wild Schmachtender, der zur Blume zu werden wünscht, um, von der Liebsten gepflückt, ihr noch einmal am Busen und im Schoß zu ruhen.

Eine originelle Gestaltung hat die Gleichung *Narziß = Dichter* – erweitert zu: *Narziß = die noble Gesellschaft von Paris* – in Brachvogels *Narciss* gefunden. 1856 uraufgeführt, fand das Trauerspiel sofort großen Anklang. Es wurde auf fast allen deutschen Bühnen und mehrfach im Ausland zur Aufführung gebracht, gedruckt und bald erneut aufgelegt. Das Drama verdankt sich Brachvogels Lektüre von Merciers berühmtem *Tableau de Paris* und Diderots philosophisch-satirischem Dialog *Rameaus Neffe*. Von jenem hat er die schonungslose Kritik an den Gebrechen der Pariser Gesellschaft, an Korruption, Ausbeutung und Standesdünkel, übernommen. Aus diesem stammt der Typus des Verworfenheit und Disziplinlosigkeit offen zur Schau tragenden Schriftstellers, der – in einer Mischung aus Eitelkeit und Selbstironie – provokativ gegen die Moralisten unter den Philosophen und zumal gegen die Enzyklopädisten opponiert.

Ende des 19. Jh. wird Narziß zum lyrischen Symbol des Ästhetizismus und beginnt als ein solches fortan durch die Dichtung des Symbolismus, der Dekadenz des *Fin de siècle* und des *L'art pour l'art* zu zirkulieren. Narziß symbolisiert eine selbstbezügliche Dichtung, deren Ziel Schönheit um ihrer selbst willen ist.

Einen von der Programmtik des Symbolismus beeinflußten Blick auf das Motiv des Narziß wirft Paul Valérys Gedicht *Narcisse parle* von 1891, in dem sich Vers für Vers wiederkehrend das Verlangen der Schönheit nach sich selbst ausspricht. Das Gedicht inszeniert einen Narziß, der in einer irreal anmutenden Untergangsatmosphäre den Anblick seiner Schönheit zu einer Klage über die Vergeblichkeit seiner Sehnsucht verdichtet. Eine geradezu modellhaft narzißtische Selbstreflexion, wie sie nur dichterisches Schaffen hervorzubringen vermag, liefert das an Wiederholungsstrukturen ebenfalls überreiche Gedicht *Liebe* von Robert Walser, der in den ästhetischen Kontext der Jahrhundertwende gehört. In ihm reflektieren sich Grundzüge narzißtischen Schreibens, wie sie in zahllosen Gedichten der Jahrhundertwende zu finden sind. Wiederkehrende syntaktische Figuren und Worte verweisen auf die Verschiebung der Liebe auf den Text, dem sich der Dichter im Akt des Schreibens – als Liebling seiner selbst – einschreibt. Mag auch Narziß bei Walser nicht auf der signifikanten Textoberfläche erscheinen, so manifestiert sich seine lyrische Anwesenheit im Gedicht doch deutlich in der Textstruktur.

Narziß in seiner ganzen lyrischen Kraft spricht auch aus Wjatscheslaw Iwanows Gedichten *Der Künstler und der Dichter* und *Narziß* von 1904. Iwanow, der zur zweiten Symbolistengeneration in Rußland zählt, setzt dem von der ersten Generation postulierten Autonomieanspruch der Kunst einen weltanschaulichen Symbolismus entgegen, der eine – hinter der wahrnehmbaren Welt verborgene – höhere Wirklichkeit enthüllen soll. Als Aufgabe des Dichters betrachtet Iwanow daher die Sichtbarmachung des in den äußeren Erscheinungen verborgenen Seins. Ebendies bringt der Vierzeiler *Der Künstler und der Dichter* zum Ausdruck. Hier ist die mystische Existenz des Dichters im Bild des Narziß begriffen, auf dessen geheimnisvolle Züge und vor allem seine Anmut die Verse *Narziß* mit dem Untertitel *Pompejanische Bronze* zentriert sind.

Während das Untergangsmotiv in Iwanows Gedichten nur marginalen Stellenwert besitzt, bildet es im Gegensatz dazu in Georg Trakls Gedicht *Kleines Konzert* (1911/12) die Pointe der Schlußverse. Dort wird die morbide Narziß-Ästhetik der Jahrhundertwende in die Artikulation einer bitteren Entfremdung zwischen innerer und äußerer Realität gewendet. Das Postulat des Symbolismus, nicht die objektive Wirklichkeit darzustellen, sondern mittels ausgewählter Lautfiguren und Klanggebilde die Seele zu verzaubern, erscheint so in all seiner Fragwürdigkeit. Darstellung und Kritik gehen bei Trakl ineinander auf. In der Gestaltung des Untergangsmotivs kommt die Problematik einer von der Wirklichkeit abgewandten Kunst, die nur im Rückzug aus dem Leben, im Untergang, gelingen kann, zum Ausdruck: Mit Einbruch der Wirklichkeit in eine ästhetisch vollkommene Welt stirbt Narziß – »im Endakkord von Flöten«.

Den Akzent auf das Todesthema legt auch Rilkes Gedicht *Narziß*, dessen Auftakt die Worte »Narziß verging« bilden. Indem das Gedicht mit dem Tod beginnt und endet, beschreibt es einen geschlossenen Kreis, innerhalb dessen der sich spiegelnde Narziß die von ihm ausgestrahlte Schönheit wieder einsaugt und so – ähnlich wie bei Trakl: durch Rückzug aus dem Leben – eine in sich geschlossene Vollkommenheit erreicht, die zum Untergang bestimmt ist: »und hob sich auf und konnte nicht mehr sein«. Das Thema der Selbstaufhebung variiert das gleichfalls *Narziß* betitelte Gedicht, das mit dem Vers »Dies also: dies geht von mir aus« anhebt und mit den Worten »ich könnte denken, daß ich tödlich sei« endet. Hier artikuliert die exponierte Stellung des »dies« am Gedichtanfang und in der anschließenden Wiederholung die Wucht der Selbsterfahrung, die Narziß nur in realitätsüberhobenen Zuständen ertragen kann: in Schlaf, Traum und Tod.

Eine ähnliche parareligiöse Note weist Hugo Sonnenscheins Gedicht *Narziß* auf, das der expressionistische Lyriker im ersten Weltkrieg auf eine Feldpostkarte schreibt und an seinen Dichterfreund Albert Ehrenstein schickt. In dem Gedicht, das Franz Pfemfert im ersten Band seiner *Aktionslyrik* abdruckt, läßt Sonnenschein ein lyrisches Ich sprechen, das Enthaltsamkeit jenseits jedes körperlich-erotischen Weltbezugs zur Bedingung von Seligkeit erklärt. In typisch expressionistischen Metaphern (»Ringelspiele«, »im Ferneblauen«, »Sternensiegeln«) wird das Bild eines Ich entworfen, das sich weder von der Realität des Krieges noch von dem seinerzeit vielerörterten Gedanken einer ewigen Wiederkehr affizieren läßt, sondern – abseits der Welt, des Krieges und des menschlichen Strebens nach Ruhm – in kontemplativer Askese lebt und sich »selig zu Tode« schaut.

Dieser mortifizierenden Kraft der Introversion verschafft auch der letzte Auftritt des Narziss in Max Pulvers Drama *Narzissos und die Amazone* (1919) Geltung. Hier erhält die sonst wenig tiefgründige *Tragikomödie* eine überraschend theorieschwere Pointe. Sie zielt in dieselbe Richtung wie die Schlußpointe von Rilkes und Sonnenscheins Narziß-Gedichten. Wie dort sprechen sich in der Wendung des Ich nach innen die mortifizierenden Potenzen der Kunst aus, die schon die Romantiker hervorgekehrt haben. Was der Künstler schafft, beruht nicht mehr auf den Gesetzen der Mimesis, ist nicht mehr abgeschwächte Doppelung. Es entfaltet vielmehr, realitätsenthoben, eine eigenständige Kraft, die – gerade aufgrund der Diskrepanz zur Realität – am Schaffenden zehrt: ihn »tödlich« (Rilke) aufzehrt. Pulvers Narziss erweist sich in seinem letzten Auftritt als ebendas, was die Figur zu jener Zeit in Künstler- und Dichterkreisen symbolisiert: das einsame, sich nach Erlösung im Tod sehnende »moderne Ich« (Benn, s.u.), das sich, ganz auf sich selbst geworfen, entschlossen nach innen wendet, um sich noch im Tod treu zu bleiben. Im Bewußtsein, als Schatten im Hades – *qua* Spiegelung in der Styx – die Versenkung ins eigene Bild fortzusetzen und damit auf ewig in die Welt der Bilder einzugehen, gibt Narziss seinen Körper dem Tod anheim: »Schenkst du mir Styx, mich selbst mir noch im Bilde, So tret ich gern an deine Wogen.«

Dem Gattungsmuster der Tragikomödie folgt auch Heinrich Dominiks Nachkriegsdrama *Der Mensch in den Drähten* (1919/20). Am Bilderbuchbeispiel eines Narziß (und verschiedener Kontrast- und Reflexionsfiguren seiner Person) wird darin vorgeführt, welche Formen die narzißtische Rückwendung des Individuums auf sich selbst als Reaktion auf eine vehemente gesellschaftspolitische Krisensituation annehmen kann. Das Stück verarbeitet weniger die literarische antike Vorlage als den letzten Stand dessen, was zweitausend Jahre Literatur und Kunst in der Arbeit an und mit dem Motiv erreicht haben. Es reflektiert menschliche Erkenntnisse, Ideale, Hoffnungen ebenso wie künstlersiche oder ästhetische Erfahrungen und Ansprüche, die mittels Verwendung des Stoffes artikuliert wurden. Zumal die unmittelbar vorausgehenden Ergebnisse des späten 19. und frühen 20. Jh., zu denen Literatur, Kunst und Wissenschaft im Umgang mit dem Mythos gekommen waren, spielen eine wesentliche Rolle. Französischer Symbolismus und jüngste Psychoanalyse finden ihren Reflex. Sublinear sind die ästhetischen Aspekte Dichtertum und poetisches Handwerk thematisiert, während an der signifikanten Textoberfläche die Definientia des expressionistischen Antikriegs- und Revolutionsdramas – Liebe, Opferbereitschaft und Wandlung – hin- und herbewegt werden (s. den anschließenden Text).

Beleuchtet das Drama die Problematik der zum Inbegriff des Dichters hochstilisierten Narzißfigur auf höchst sublime Weise, so fällt Bertolt Brechts Kritik des von Symbolismus und Dekadenz hochgehaltenen Sinnbilds dichterischer Existenz erheblich radikaler aus. In dem Gedicht *Der Narziß* erteilt Brecht 1922 der selbstreferenziellen Literatur seiner Zeit eine harsche Absage. Zu diesem Zweck travestiert er die Gleichung *Narziß = Dichter* unter Rekurs auf die zu Beginn des 20. Jh. von der Psychoanalyse hergestellte Verbindung von Narzißmus und Autoerotismus. Er setzt einen Narziß in Szene, dessen Dichtung als Akt der Onanie erscheint. Das Gedicht fällt unter die frühe Lyrik der Münchner Zeit, in der Brecht neben Natur- und Abenteuerlyrik vor allem kritische Zeitgedichte, anti-metaphysische Satiren und sexuell geprägte Liebesgedichte verfaßt. In ihnen kommen vitalistische Ansichten und erotische Phantasien zum Ausdruck, die sich auch in den Tagebuchnotizen der Zeit finden. Die rabiate Verflachung der Narzißfigur zum Bild eines masturbierenden Dichters »mit Eiweiß auf der Hose« nimmt unter Brechts damaligen Gedichten folglich keine Sonderposition ein.

Die Linie der kritischen Reflexionen der in sich abgeschlossenen dichterischen Existenz setzen die von Rilke 1926 übertragenen *Fragments du Narcisse* des reifen Valéry fort. Anders als die frühe ästhetizistische Bearbeitung des Stoffes sind sie nicht mehr primär auf Schönheit um ihrer selbst willen zentriert. Auch lassen sie den lamentierenden Gestus von *Narcisse parle* weit hinter sich und zeigen statt dessen eine Haltung bewußter Askese. In ihnen ist ein in einsamer Kontemplation über sein Spiegelbild gebeugter Narziß inszeniert, dessen Seele sich in dem gespiegelten Körper selber zu begegnen sucht. Nicht das Verharren im bloßen Anschauen bedeutet seinen Untergang, sondern erst das Verlangen, sich in der Vereinigung mit dem gesehenen Selbst in sich zu verlieren.

VII

Was viele Dichter seit der Romantik bis ins 20. Jh. hinein dazu bewog, Narziß in ihre Dichtung zu integrieren, spiegelt sich nicht nur in dieser selbst wider. Es findet sich auch in Theorietexten der jeweiligen Zeit reflektiert. Bisweilen bedenken sogar die Dichter höchstpersönlich den von ihnen zu Versen verdichteten Mythos mit theoretischen Bemerkungen. Herder etwa bringt seine im Fragment *Selbst* geübte Kritik am Subjektivismus auch in den *Briefen zur Beförderung der Humanität* zum Ausdruck. Im achten Brief erörtert er unser Verhältnis zur klassischen Antike, die er als »alte heilige Quelle« verstanden wissen will. Auf ihren Grund zu schauen und aus ihr zu schöpfen empfiehlt er an, während er bloße Selbstbespiegelung im Born der Antike emphatisch ablehnt.

Auch die Familie Schlegel hat die Narziß-Topik ihrer Verse theoretisch erörtert.

Berühmt ist die mehrfach publizierte Sentenz »Dichter sind doch immer Narzisse« von August Wilhelm Schlegel. Sie erschien zuerst 1798 innerhalb der »Fragmente« der von ihm und Friedrich herausgegebenen Zeitschrift *Athenaeum*. Dort ist ihr ein Aphorismus vorangestellt, in dem der einzigartige Stellenwert des Dichters in der Welt und der Vorrang der Dichtung vor der Philosophie beschworen wird. Auf ihn ist die Sentenz durch die Konjunktion »doch« rückbezogen. Mutet sie allein, nur für sich gelesen, ambivalent an, so erhält sie durch diesen Rückbezug eine positive Konnotation. Beide Aphorismen zusammen gelesen besagen etwa: Der Dichter hat dem Philosophen die Selbstgenügsamkeit des Narziß voraus. (In derselben Anordnung der Fragmente auch in: *Friedrich Schlegel 1792–1802. Seine prosaischen Jugendschriften,* hrsg. von J. Minor, 2. Aufl., Bd. 2, Wien 1906, S. 224, wo sie August Wilhelm zugeschrieben wird.) In verändertem Kontext wurde die Sentenz dann erneut 1828 in August Wilhelms *Kritische Schriften* abgedruckt. Hier ist ihr ein sarkastischer Aphorismus vorangestellt, durch den sie bei der Zusammenschau eine pejorative Konnotation erhält: »Wie bequem ist es doch, dass mythologische Wesen allerlei bedeuten, was man sich zueignen möchte! Indem man unaufhörlich von ihnen spricht, glaubt einen der guthmütige Leser im Besitz der bezeichneten Eigenschaft. Einer oder der andre von unsern Dichtern wäre ein geschlagener Mann, wenn es keine Grazien gäbe.« (Derselbe Kontext ist beibehalten in: *August Wilhelm Schlegel's Sämmtliche Werke,* hrsg. von Eduard Böcking, Bd. 8, Vermischte und Kritische Schriften, Bd. 2, Leipzig 1846, S. 9.)

Daß auch Friedrich Schlegels Frau Dorothea, geborene Veit, der berühmte Satz beschäftigt hat, überliefern ihre postum edierten Tagebuchnotizen. *Aus Dorothea's Tagebuch* enthält einen Aphorismus, der auf die Sentenz referiert. In ihm wird die Dichter-Chiffre in bezug zu Pygmalion gesetzt. Der mythische Bildhauer, der eine selbst erschaffene Statue zur Frau nimmt, nachdem Aphrodite die von ihm passioniert Geliebte belebt hat, war zu jener Zeit (wie Narziß) ein beliebtes Sujet der Poesie, Ästhetik und Philosophie. Zumal Vertreter des Idealismus wie Johann G. Fichte lasen den Mythos als Zeichen ästhetischer Lebendigkeit und überhöhten das Belebungsmotiv im Sinne einer subjektivistischen Philosophie, die aus dem Ich die Bedingungen der Erfahrung ableitet. Der Einfluß dieses Belebungsglaubens ist im zeitgenössischen Werk zahlloser Dichter bezeugt, exemplarisch in August Wilhelm Schlegels Pygmalion-Romanze von 1796, die 35 Strophen umfaßt. Dorothea kannte die Romanze vermutlich, als sie ihre Sentenz niederschrieb; zumindest hatte sie Jean-Jacques

Rousseaus in Deutschland vielrezipierte *scène lyrique* gelesen, die der mannigfach deutbaren antiken Erzählung 1770 zu neuer Beliebtheit verholfen hatte. In Rousseaus Melodram wird die Belebung der Statue als subjektive Schau des einsamen Künstlers perspektiviert, dessen Hoffnung, in seinem Werk zu leben, Erfüllung findet. Wenngleich Rousseaus Drama andere Implikationen hat als Schlegels pathetisches Pygmalion-Poem, so liegt beider Bearbeitung des Mythos doch eine – zeittypische – positive Lesart zugrunde. Sie macht auch Dorothea geltend: Für Pygmalion besteht die Erfüllung in einer Belebung, die nicht stumme Einheit, sondern Gemeinschaft, Zwiesprache mit dem Geschaffenen bedeutet. Narziß indes dringt Dorothea zufolge nicht zu einer derartigen Belebung seines Kunstwerks durch: Er »sieht nur sein Bild darin und ist in sich selbst verliebt«.

Andere Ziele verfolgt Friedrich Creuzer in seinen Überlegungen zu *Narcissus*: Ihm liegt an der Erneuerung der neuplatonischen Deutung des Mythos. In *Symbolik und Mythologie der alten Völker, besonders der Griechen* (1. Aufl. 1810–1812, 3. verb. Aufl. 1842) knüpft er an die Blume an und liest Narziß als Bild der suchenden Seele, die statt des Seins den Schein gefunden hat. Waren der wissenschaftlichen Philologie Creuzers ›mystische‹ Anschauungen ein Dorn im Auge, so wurden sie philologieextern gleichwohl viel rezipiert. Creuzers *Symbolik und Mythologie* begründete seine Bedeutung für den von der Romantik und dem deutschen Idealismus entwickelten Mythosbegriff; und seine Theorie vom Symbol als der »versinnlichten, verkörperten Idee selbst« prägte die Signatur der Dichtung entscheidend mit: Mythen wurden nun als etwas dem Symbol gegenüber Sekundäres gehandelt, als Erklärungen. Auch für Narziß bedeutete dies die Konzentrierung auf das Symbol; das erzählerische Rahmenwerk trat fast vollständig zurück, und der Mythos gerann, vom narrativen Kontext gleichermaßen wie von moralistischen Deutungen befreit, zum abstrakten Bild.

Derart dekontextualisiert, nur mehr als Chiffre für den Künstler oder Modell zur Beschreibung der Poesie überhaupt gehandelt, geht Narziß in den Symbolismus ein. Wohl kaum ein Mythos ist um 1900 so präsent wie der des Narziß, wenn auch, wohl wegen seiner universalen Bekanntheit, nur wenige literarische Texte die mythische Figur beim Namen nennen. Als André Gide und Paul Valéry 1890 Freundschaft schließen, entdecken sie in Montpelliers Botanischem Garten das Grab der Tochter des englischen Poeten Young. Die Inschrift lautet: *Narcissae placandis manibus*. Sie wird Motto von Valérys *Narcisse parle* aus demselben Jahr. Kurz darauf erscheint Gides Essay *Le Traité du Narcisse – Théorie du Symbol*. Die Gegenposition, die der symbolistische Künstler zu anderen weltzugewandten Menschen einnimmt, veranlaßt Gide, Narziß im *Traité* zum Symbol des zuchtvollen, verzichtenden, meditierenden Geistes zu machen und das Motiv des Spiegelns als einer Erkenntnisfunktion mitaufzunehmen: Narziß, der den Fluß der Zeit anhält und unter seinem Blick das Paradies in kristallinen Formen wiederschafft, begreift Einigung in Liebe nur mehr als Verschwendung und Verminderung des Ich. Bei seiner Selbstbegegnung im spiegelnden Wasser verwehrt er sich den Kuß; denn als Dichter ist er nur schaffender Betrachter. Gide stellt mit seinem Traktat ein Programm ästhetizistischer Poetologie vor, der zufolge Narziß in seinem Kunstwerk die Welt aus sich heraus schafft. Die innere schöpferische Welt des Dichters bzw. Künstlers hat mythisch-paradiesische Züge. Reflexion und Selbsterkenntnis erscheinen als träumerische Zugriffe dieser Kreativität, deren Konstituenten Ablehnung körperlicher Liebe, ästhetische Kontemplation und Gewißheit über die Unvergänglichkeit der Ideen sind.

In der Tradition eines symbolistisch inspirierten Dichterverständnisses steht noch Gottfried Benns Rede *Das moderne Ich* (1920), dem als Motto ein Halbvers aus Ovids Gestaltung des Narziß-Mythos (Ov. met. III 505a) in der Übersetzung von Johann Heinrich Voss vorangestellt ist. Narziß ist hier Symbol eines »Ich«, das sich die Außenwelt einverleibt und in Bewußtseinsinhalte verwandelt hat. Die Rede schildert die Lage des Ich in der Nachkriegszeit. Sie richtet sich, so Benn selbst in *Der neue Staat und die Intellektuellen* (1933), »gegen das wissenschaftlich Utilitaristische, die kaufmännisch gewordene Erkenntnis, den Staat als reinen Verpfleger, den Menschen als reinen Rentenempfänger«, generell alles »Mechanistische des Lebens«. Und sie setzt Hoffnung ostentativ auf »die schöpferische Substanz« und »Verwandlungsgefühle«. Der Bezug auf den *toten* Narziß, der als Schatten in den Hades eingegangen ist und sich dort der eigenen Spiegelung in der Styx hingibt, will die empfundene Nachtzeit Europas nach dem Ersten Weltkrieg widerspiegeln, in der das Ich wie ein in der Unterwelt lebender Schatten anmutet, der sich in einsamer Innenschau auf sich selbst geworfen sieht.

Der Einsamkeit des kontemplierenden Narziß verleiht 1928 auch Rudolf Kassner Nachdruck. In seiner philosophischen Interpretation *Narciss oder Mythos und Einbildungskraft* gibt er – in der Überzeugung, daß »alle leidenschaftlichen und zugleich tiefen

Geister des neunzehnten Jahrhunderts« Narzisse seien – eine Deutung der Beziehung zwischen dem Mythos von Narziß und der modernen Dichter-Existenz. Seine Hauptthese ist die, daß im modernen Menschen die Einbildungskraft an die Stelle der »alten Verwandlungswelt« des Mythos getreten sei. Er geht davon aus, daß der Mensch nicht mehr in der mythischen Vorstellungswelt der *Metamorphosen* lebe, sondern »die Verwandlung als Traum, als Kunst« seine Existenz bestimme und mit seiner »spezifische[n] Einsamkeit« einhergehe. In der Figur des einsamen Narziß, dessen »Welt aus Bild und Gegenbild« Kassner als grenzenlos vorstellt, will er eine metaphysische Fähigkeit des Ich zu magischer Evokation alles Seienden erkennen: »zwischen Narciß und dem Spiegel [...] ist die ganze Welt«.

Appendix

Die Überzeugung, daß die Narzißgestalt einen treffenden Repräsentanten der gegenwärtigen Befindlichkeit des Menschen abgibt, hat nicht nur Kassner dazu animiert, ihr eine umfassende Studie zu widmen. Mit der Wende zum 20. Jh. geht Narziß als Fallbeispiel der Problematik neuzeitlicher Subjektivität in die meisten modernen Theorien vom Ich ein. In ihnen soll erfaßt werden, worauf auch die Literatur zumal der zehner und zwanziger Jahre ihren Blick fokussiert: die Doppelnatur des Menschen, Seins-Ich und Schein-Ich, die Aufhebung der Grenzen von Subjekt und Objekt und die Gespaltenheit von Charakteren, die vom Intellekt her überlegen, vom Unbewußten aber gehemmt sind. Derartige Probleme, die vor allem die Künstler und Dichter des Expressionismus (etwa 1910–1925) beschäftigen, bestimmen die gesamte Signatur der Epoche, nicht nur den literarischen und philosophischen, auch den psychologischen und sexualwissenschaftlichen Diskurs. Daß das Subjekt keine einheitliche geschlossene Konstruktion ist, die dem Objekt gegenübersteht, bildet mithin eine allgemeine Einsicht der Zeit und ist daher ebenso Sigmund Freuds Thema wie das der Pioniere unter den Künstlern und Literaten. Freud zeigt das Subjekt als ein Gebilde, das, aus dem Widerstreit der Triebe und gesellschaftlichen Normen und Werten entstanden, Konflikten und Wandlungen unterworfen ist. Grundlage seiner Überlegungen bildet um das Jahr 1910 die Annahme eines stark antagonistischen Dualismus von Sexual- und Ichtrieben, eines Kräftespiels zwischen libidinöser (auf Lustgewinn und Arterhaltung gerichteter) Energie und Ichinteressen, die der Selbsterhaltung dienen.

In diesem Kontext gewinnt der seit Ende des 19. Jh. im Umfeld der Sexualwissenschaften verwendete Begriff »Narzißmus« an Bedeutung. 1914 popularisiert ihn Freud in dem Aufsatz *Zur Einführung des Narzißmus*. Er bestimmt Narzißmus als »die libidinöse Ergänzung zum Egoismus des Selbsterhaltungstriebes« und fügt erklärend hinzu, ein starker Egoismus schütze vor Erkrankung, aber endlich müsse man »beginnen zu lieben, um nicht krank zu werden«, und müsse »erkranken«, könne man »infolge von Versagung nicht lieben«. Ein weiteres Basismoment des Aufsatzes liefert das Thema »Größenwahn«: Der Außenwelt wird narzißtisch Libido entzogen und dem Ich zugeführt, woraus ein megalomanes Verhalten und Selbstempfinden resultiert. Zurückzuführen sei dieses Phänomen, ein sogenannter sekundärer Narzißmus, auf eine in der Säuglingsentwicklung verortete Phase des primären Narzißmus, über dem sich der spätere aufbaue. In der frühen extra-uterinen Kindheit, in der es noch keine Beziehung zur Außenwelt gebe, lebe der Mensch in einem »narzißtischen Stadium«. Alle vorhandene Libido werde vom Kind dem eigenen Ich zugewandt, während es später lerne, libidinöse Beziehungen zur Außenwelt einzugehen und den »primären« Narzißmus zu überwinden. Gelinge dies nicht, so komme es zu einer krankhaften Entwicklung, dem »sekundären« Narzißmus.

Der These, daß Narzißmus und Künstlertum in engem Zusammenhang stehen, geht – nach dem Erscheinen von Freuds Aufsatz – als erste Lou Andreas-Salomé ausführlich nach. Als Ergebnis der ausgiebigen Befassung mit der Dichterpsychologie ihres Freundes Rilke veröffentlicht sie 1921 einen umfangreichen Aufsatz mit dem Titel *Narzißmus als Doppelrichtung*. Darin knüpft sie zwar an Freud an, geht aber über ihn hinaus, wenn sie auch Objektliebe als eine Form von Narzißmus faßt: als einen Narzißmus, der nicht bloße Selbstliebe bedeute, sondern eine Gefühlsidentifizierung mit allem. Narziß, so ihr Argument, habe vor dem Spiegelbild »nicht nur sich«, sondern »sich als alles« erblickt, d.h. die ihn umgebende Natur als Teil seiner selbst betrachtet. Um die »Wiederverschmelzung« als »positives Grundziel der Libido« auszuweisen, führt Lou Andreas-Salomé zunächst eine Reihe von Beispielen für Objektbeziehungen und Wertesetzungen an, innerhalb deren sie sowohl auf den antiken Mythos als auch auf Rilke rekurriert; im Schlußteil (IV) der Abhandlung kommt sie dann ausführlich auf die narzißtischen Momente und Entladungen künstlerischer Kreativität zu sprechen.

Fünfzehn Jahre später knüpft an Freud Jacques Lacan an. In dem berühmten Aufsatz *Das Spiegelstadium als Bildner der Ichfunktion* (1936) zieht er die frühkindliche, narzißtische Identifizierung des Kindes mit seinem Spiegelbild heran, um an ihr die optische Topik, innerhalb deren die Instanz des Ich konstituiert wird, zu beschreiben. Lacan setzt drei Phasen der Identifikation mit dem Bild an. Seinem Modell zufolge kommt es in der letzten Phase zu einer entfremdenden Identifizierung, die das Subjekt fundamental dezentriert: Hier hört das Kind auf, sein Bild hinter dem Spiegel zu suchen, da es das Bild im Spiegel als sein eigenes erkennt. In diese Theorie vom Spiegelstadium flicht Lacan, indem er Freuds Trennung der ichbezogenen Libido von sexuellen Trieben aufgreift, die These vom zweifachen Narzißmus des Menschen. Sie besagt, daß im Spiegelstadium der ent-scheidende Augen-blick liegt, in dem sich zwei Narzißmen zu strukturieren beginnen: ein auf das eigene Körperbild und ein auf die Identifizierung mit dem anderen bezogener. In *Freuds Technische Schriften,* dem ersten in der Reihe der Seminare, die Lacan seit 1953 veranstaltet hat *(Das Seminar von Jacques Lacan I. 1953/54),* erörtert er im Abschnitt *Die zwei Narzißmen* seine Theorie unter Einsatz des »Zwei-Spiegel-Schemas«. Auch hier wendet er sich, wie schon 1936, gegen die Auffassung eines Ich als Einheit. Dabei zeigt er sich als ein Lehrer, der sich auch jenseits der bisweilen beklagten Verschlossenheit seiner Schriften zu bewegen vermag. Nicht *ex cathedra,* sondern im Gespräch gelingt es ihm, in klaren Worten zu veranschaulichen, daß sich das Ich erst aufgrund der spezifischen visuellen Struktur der menschlichen Wahrnehmung konstituiert und von dieser auch jedwede spätere Liebesbeziehung geprägt ist.

Zum Zwecke einer Kulturkritik rekurriert 1962 Marshall McLuhan auf den Mythos von Narziß. In *Understanding Media* (dt.: *Die magischen Kanäle*) macht McLuhan die erste Fernseh-Generation der USA auf ihre durch das neue Medium veränderte Art der Selbst- und Weltwahrnehmung aufmerksam. Schon der Buch-Untertitel *The Extensions of Men* nimmt die Theorie vorweg, die im Buch entfaltet wird. Sie besagt, daß Medien (wie das gesprochene Wort, Geld, der Buchdruck, das Rad, Fotografie, Fernsehen, Computer etc.) Ausweitungen des Körpers sind: Technologien, Artefakte, durch die sich die Möglichkeiten des Menschen, seine Wahrnehmungsfähigkeit, Macht und Schnelligkeit vergrößern. Zu verdeutlichen, daß dies nicht ohne Rückwirkung geschieht, stellt eines der basalen Anliegen des Buches dar. Die elektronischen Medien, die als Extensionen des zentralen Nervensystems beschrieben werden, wirken, wie McLuhan plausibel darlegt, auf den Körper zurück und formen ihn permanent um. Auf Narziß zu sprechen kommt McLuhan in dem Kapitel »Verliebt in seine Apparate. Narzißmus als Narkose«. Indem er die Spiegelszene einer neuen Lektüre unterzieht, erhebt er Einspruch gegen das Monopol der Psychoanalyse auf den Narziß-Mythos und sucht diesen als Gleichnis für das Fehlverstehen von Medien geltend zu machen.

In seiner Verwendung des Begriffes Narzißmus richtet auch Erich Fromm den Blick auf Kultur und Gesellschaft. In *The Anatomy of Human Destructiveness* (dt.: *Anatomie der menschlichen Destruktivität)* erörtert er 1973 die damals geläufigen Aggressionstheorien. Dazu zieht er Narzißmus als Erklärungsmodell für die Entstehung und Eskalation von Konflikten heran. Im Kapitel »Aggression und Narzißmus«, worin er den Terminus von Freuds Bindung an die Libidotheorie zu befreien sucht, kommt er zur Unterscheidung eines individuellen und eines kollektiven Narzißmus. Fromm stellt die These auf, eine der wichtigsten Quellen der defensiven Aggression sei der verletzte Narzißmus. Zur Untermauerung seiner These führt er die oft grausamen und blutigen Reaktionen an, die individuelle ebenso wie Gruppennarzißten an den Tag legen, wenn das narzißtische Image der eigenen Person oder Gruppe beleidigt wird. Daß er keine differenzierten Beispiele anbietet, die eine genauere Analyse der Gesellschaft ermöglichen, bildet das Manko seines Modells.

Mitte bis Ende der siebziger Jahre kommt es zu einem Boom an Schriften zum Narzißmus. Auslöser ist Heinz Kohuts 1971 erschienenes Buch *The Analysis of the Self. A Systematic Approach to the Psychoanalytic Treatment of Narcisstic Personality Disorders* (dt.: *Narzißmus. Eine Theorie der psychoanalytischen Behandlung narzißtischer Persönlichkeitsstörungen*). Darin wird der Narzißmus auf zwei Grundfigurationen – »Ich bin vollkommen« und »Du bist vollkommen, aber ich bin ein Teil von dir« – zurückgeführt, die nach Kohut ihren Ursprung im kindlichen Primärnarzißmus haben und die beiden Grundbausteine des kindlichen Selbst symbolisieren: Das »Größen-Selbst« und die »idealisierte Elternimago«. Als Hauptquelle narzißtischer Störungen macht Kohut im Verlauf seiner Darlegungen »das Zusammenspiel zwischen ererbten psychischen Neigungen und der spezifischen Persönlichkeit der Eltern (besonders der Mutter)« namhaft. Sein kritischer Blick auf die Eltern-Kind-Beziehung bewirkt eine furiose Proliferation von Theorien, die an ebendiesen Punkt anknüpfen.

1979 siedelt beispielsweise Alice Miller den Narzißmus im Bereich der Mutter-Kind-Beziehung an. In ihrem gleichermaßen populären wie umstrittenen Buch *Das Drama des begabten Kindes und die Suche nach dem wahren Selbst,* das seit 1997 als überarbeitete Fassung vorliegt, sucht sie die These zu verifizieren, daß die Ursache vieler Formen der narzißtischen Störung in der Anpassung des Kindes an das Denken und Handeln der – selbst narzißtisch gestörten – Mutter liege. Miller stellt die Behauptung auf, daß eine unsichere, zu Depressionen neigende, narzißtisch bedürftige Mutter ihr Kind narzißtisch besetze und einen »spiegelbildlichen Bezugsrahmen« vermittele, dem sich das primitive Selbst des Kleinkindes anpasse. Als Extremformen der narzißtischen Störung führt sie die »Grandiosität« und die »Depression« an und sucht den Beweis zu erbringen, daß die eine Form die Kehrseite der anderen sei. Ihre Ausführungen hierzu münden in die Lektüre der »Sage von Narzissos«, dessen Verzücken angesichts der Spiegelung mit der Grandiosität und dessen verzehrende Sehnsucht mit der Depression verglichen werden. Auch hier verabsäumt es Miller nicht, die Ursache in der Mutter-Kind-Beziehung zu suchen: »Narzissos ist in sein idealisiertes Bild« verliebt – in »sein schönes Antlitz [...], auf das seine Mutter sicher stolz war«.

Große Verbreitung hat seit seinem Erscheinen im selben Jahr auch *The Culture of Narcissism: American Life in an Age of Diminishing Expectations* (dt.: *Das Zeitalter des Narzißmus*) erreicht, worin Christopher Lasch die Krise der amerikanischen Kultur zu analysieren sucht. Als Ursache der Krise führt der Historiker den Geschichtsverlust der Gesellschaft und des Individuums an: den »Verfall des historischen Zeitgefühls«, den Verlust des Wissens, in einer Folge von Generationen zu stehen, die aus der Vergangenheit kommen und in die Zukunft weiterführen. Lasch leitet von diesem Geschichtsverlust eine Vielzahl weiterer Verfallserscheinungen her, auf die er wiederum eine Reihe problematischer Verhaltensweisen des Menschen zurückführt. Eine von ihnen ist die Trivialisierung wichtiger Grundkonstanten des kulturellen Lebens, mit der Lasch etliche Probleme der Gesellschaft und des Individuums erklärt. In dem Kapitel »Narzißmus und Alter« führt er zwei solcher Trivialisierungen als Hauptfaktoren für die übergroße Furcht vieler Zeitgenossen vor Alter und Tod an: die Verdrängung des religiösen Denkens und das allgemeine Desinteresse an der Nachwelt, mit dem für den einzelnen das Fehlen der notwendigen Überzeugung einhergeht, daß die kommenden Generationen sein Lebenswerk fortsetzen werden.

Als Ausdruck der Krise unseres modernen Selbstgefühls analysiert 1981 Wolfgang Schmidbauer den Narzißmus. In *Die Ohnmacht des Helden. Unser alltäglicher Narzißmus* unternimmt er den Versuch, die Veränderungen des menschlichen Selbstgefühls mit den Veränderungen des heutigen Alltagslebens in Verbindung zu bringen, indem er den Blick auf ein wichtiges narzißtisches Symbol richtet: den Typus des Helden, wie er im bürgerlichen Kulturbetrieb entstanden ist. Neben Defoes Robinson widmet sich Schmidbauer unter anderem Gestalten von Jules Verne oder Tolkien und Superhelden aus Comics. Im vierten Kapitel seines Buches arbeitet er die Grundstrukturen von Karl Mays narzißtischen Selbstdarstellungen als Old Shatterhand heraus und zeigt, ein wie großer Reiz von der in dieser Figur personifizierten Illusion ausgeht, unverwundbar zu sein und dabei zugleich Macht und Sympathie zu besitzen.

Einen für die Psychoanalyse ungewöhnlichen Weg zum Mythos von Narziß beschreitet Julia Kristeva in ihren *Geschichten von der Liebe* (1983). Darin unterzieht sie in dem Kapitel »Narziß: Die neue Dementia« zunächst Ovids Erzählung einer erneuten Lektüre und wendet sich dann dem bekannten Passus aus Plotins *Enneaden* I 6, 8 (s. o. IV) zu, der in der Forschung gemeinhin auf die Figur des Narziß bezogen wird. Kristeva begründet ihr Interesse an dem Passus damit, daß er über einen »orthodoxen Platonismus« hinausreiche und »eine eher psychologische, weil spekulative Entfaltung der Seelenbewegung« vornehme. Dieser Lesart entsprechend fällt ihre anschließende Plotin-Lektüre aus, in der sie verschiedene Passagen aus den *Enneaden* zusammenliest. Die Pointe der Lektüre besteht darin, daß Kristeva meint, an der von Plotin (im Anschluß an Platon) postulierten Ausrichtung auf das Schöne einen »narzißtischen Autoerotismus« entdecken zu können, durch den eine »Innerlichkeit des Bewußtseins« ermöglicht werde, in der Narziß in seiner mangelnden Selbsterkenntnis »transzendiert« werde und »die Schönheit [...] sich im Innenraum« des Schauenden inkarniere.

In *Spektrum des Narzißmus* (1994) geben die Autoren Vamık D. Volkan und Gabriele Ast einen zugleich zusammenfassenden und kritischen Überblick über die wichtigsten Narzißmus-Konzepte auf dem neusten Stand der amerikanischen Forschung. Neben einer Darstellung des gesunden Narzißmus werden Beschreibungen des narzißtisch-masochistischen Charakters gegeben sowie Erläuterungen zur narzißtischen Persönlichkeitsorganisation, zum malignen Narzißmus – und, nicht zuletzt, zum erfolgreichen Narzißten. Zu dessen Typus zählen Volkan und Ast die »narzißtischen Führungspersönlichkeiten«, unter denen sie »reparative« und »destruktive« Führer unterscheiden. Als reparativ bezeichnen sie den Typus des narzißtischen Führers, der versucht, das Niveau seiner Anhänger zu heben, »um dafür zu sorgen, daß er von einem möglichst hohen, imposanten Niveau aus unterstützt wird«. Als destruktiv beschreiben sie solche Menschen, die andere eher entwerten als fördern. Durch den abschließenden praktischen Teil, der sich mit der Technik der Narzißmustherapie befaßt und differenzierte Behandlungsstrategien für die einzelnen Typen narzißtischer Pathologien jenseits des gesunden Narzißmus darlegt, erhält das Buch eine besondere Note: In einer klaren, wenig pathologisch-narzißtischen Sprache führt es Theorie und Praxis auf plausible Art und Weise zusammen. Doch dürfte die akademische Diskussion des Narzißmus damit sowenig an ihr Ende gekommen sein wie die poetische. Aller Voraussicht nach wird sich der unverwüstliche Mythos des Narziß auch im kommenden Jahrtausend als verläßliche Orientierung für Apotheose und Destruktion der Selbstliebe bewähren.

Almut-Barbara Renger

Die Ambivalenzen des Narziß. Eine exemplarische Analyse von *Heinrich Dominik: Der Mensch in den Drähten*

Mit seinem Drama *Der Mensch in den Drähten* hat der expressionistische Autor Heinrich Dominik* 1920 eine eigenwillige, hochkomplexe und in seiner Betonung der Ambivalenz des Mythos bewußt moderne Adaption des Narzißstoffes vorgelegt. In diesem Antikriegsdrama, das sich zugleich als Plädoyer gegen die universelle Präsenz von Gewalt versteht, kommt die in der reichen Rezeption bewiesene Vielschichtigkeit des Mythos voll zur Geltung. Anders als die ästhetizistische Lyrik der Jahrhundertwende, die auf die Selbstbetrachtung des sich spiegelnden Narziß zentriert ist, macht das Nachkriegsdrama *verschiedene* Motive des Narzißmythos, deren Modifikationen und Ausdifferenzierungen geltend: Nicht nur das Verhältnis von Künstler, Kunstwerk und Welt wird reflektiert. Der Mythos wird zudem für parabelhafte Aussagen über die Beziehungen zwischen Individuum und Gesellschaft genutzt. Hierbei spielt neben dem Spiegelungsthema auch das Motiv von feuriger Leidenschaft sich selbst und kühlem Verhalten anderen gegenüber eine Rolle, werden Verwandlung und Tod

* Heinrich Dominik, geboren am 31. 8. 1882 bei Ratibor, studierte in Breslau, wurde Architekt, Dramatiker (*Hinter dem Busch* und *Hans Kranz* erschienen 1918) und Erzähler (dem Roman *Die kleine Exzellenz* von 1927 folgten weitere Werke). Sekundärliteratur existiert kaum. Zu seinem 80. Geburtstag erschien zuletzt ein lobender Artikel von W. Penkert, »Heinrich Dominik«, in: *Schlesien*, 7. Jg. (1962), H. 4, S. 114 bis 116. Der Fischer-Verlag gab drei seiner Dramen heraus. Sie erschienen in einer aus Werbungsgründen unter dem Titel *Beste Dichtungen und Bekenntnisse aus unserer Zeit* zusammengefaßten Schriftenreihe, die Dramen von verschiedenen der expressionistischen Bewegung zugehörigen Autoren versammelt: H. D., *Zwei Komödien*, Berlin 1918; ders., *Die Attacke. Eine tragische Komödie*, Berlin 1919. Die Tragikomödie exponiert anhand der Abbildung einer Manöverattacke in einem westlichen Etappenort des Kriegs ein Stück ersten Weltkrieges, in das es – durch Darstellung eines weiblichen Racheakts – die Thematik des Geschlechterkonflikts hineinkontaminiert. *Der Mensch in den Drähten* knüpft an den satirischen Ton der *Attacke* an.

thematisiert sowie Fragen von Schuld und Sühne und nicht zuletzt poetologisch-ästhetische und psychoanalytische Befunde der Zeit.

Deutschland 1919: Zwischen Monarchie und Republik

Eingebettet ist dieses beziehungsreiche Spiel mit dem Narzißmythos in eine zynische Reflexion der Nachkriegsereignisse. Mit der Abdankung Wilhelms II. beginnt eine Zeit politischer Anomie, in der die Normen der Monarchie *nicht mehr* und die der neuen Republik *noch nicht* gelten. Die aufgeregten politischen Ereignisse gipfeln in der Ermordung von Karl Liebknecht und Rosa Luxemburg. Die Sozialdemokratie drängt auf Reformen, sucht jedoch eine Radikalisierung der Revolution nach russischem Vorbild zu verhindern. Entsprechende Angriffe von Radikalen bekämpft sie daher im Bündnis mit Reichswehr und Freikorpsverbänden. Als die Verfassung vom 11. 8. 1919 das Fundament der Weimarer Republik legt, ist der Weg zu einer demokratischen Gesellschaftsordnung gewiesen. Doch die Widersprüche zwischen der Verfassung und der weit hinter ihren gesellschaftlichen Zielen zurückbleibenden Wirklichkeit belasten die neue Republik. Die nationale Rechte bezichtigt in ihrer »Dolchstoßlegende« diejenigen Parteien, die 1917 für den Verständigungsfrieden eingetreten waren, des Verrats an dem »im Felde unbesiegten« Heer. Viele kaisertreue Offiziere begreifen die Reichswehr als »Staat im Staate« und sehen sich zum Angriff auf die Republik und Revolutionäre legitimiert.

Die Wirren dieser Zeit spiegelt Dominiks Einakter. Die Republik ist noch jung. Soziale Intentionen und Realisierungen gehen auseinander. Zynisch heißt es: »Herrlich lebt es sich in der Republik! – – – Man hat die Seligkeit [...] noch nicht und auch noch nicht die Erinnerung« (S. 162). Das Stück verarbeitet Kriegs- und Nachkriegsereignisse, Mängel der Revolution ebenso wie konkrete soziale und politische Mißstände, die behoben werden müssen: Materialismus, Kapitalismus und Opportunismus des ordinären Bürgers sowie blutige Agitation der nationalen Rechten und Mißbrauch des Gewaltmonopols stehen im Mittelpunkt der Kritik des Dramas. Indem es die Trägheit des Bürgertums zeigt, entlarvt es seine politische Apathie. Indem es die Willkür der kaisertreuen und revolutionsfeindlichen Soldaten darstellt, protestiert es gegen deren Autorität. Indem es die Soldaten als mechanisierte Kriegs- und Kampfmaschinen zeichnet, verweist es auf die verheerenden, enthumanisierenden Konsequenzen der Industrialisierung. Gegen die Selbstzufriedenheit der Bourgeoisie installiert es eine gleichsam apokalyptische Vision von der Zerstörung der alten Welt und ihrer Erneuerung.

Die literarische Nachkriegsszene: »Der politische Dichter«*

Mit einem Wort, Dominik treibt mit seinem Drama *Literaturpolitik*. Anders als im Symbolismus wird dem Dichter nicht mehr die unantastbare Gegenposition zu den übrigen weltzugewandten Menschen zugeschrieben. Die dem Alter oder doch der Einstellung nach betont jugendlichen Expressionisten propagieren vielmehr einen Poeten, der in die Politik eingreift. Unter dem Einfluß bekannter Autoren und Politiker wie Kurt Eisner, Gustav Landauer, Erich Mühsam und Ernst Toller, die 1919 an der Münchner Revolution entscheidend beteiligt sind, produzieren sie eine Flut von Dichtungen, in der sie die Revolution als »Auferstehung des neuen Menschen« feiern. Ihre Einsicht, daß der bei seinem Ausbruch zunächst umjubelte Krieg der falsche Weg zu umfassender Erneuerung war, führt sie zum pazifistischen Postulat einer *gewaltlosen* Revolution mit dem Ziel des in Frieden lebenden »neuen Menschen«. Zeitschriften und Sammelbände sind Foren dieser intellektuellen Opposition gegen Gewalt. Sie werden zum Spiegel der blutigen Kriegsgreuel und zum Ort utopischer Skizzen und Entwürfe einer »neuen Welt«.**

Dominik versteht sich folglich nicht als ein Dichter, der Kunst um ihrer selbst willen betreibt. Er versteht sich auch nicht – wie noch das Gros der Frühexpressionisten – als rein antiästhetischer Provokateur. Er hat die Rolle des »politischen Dichters« ange-

* Das Schlagwort wurde geprägt durch W. Hasenclever, *Der politische Dichter*, Berlin 1919.
** Vgl. S. Vietta/H.-G. Kemper, Expressionismus (1975), 6. verb. Aufl., München 1997, S. 196–213; Th. Anz/M. Stark (Hrsg.), Expressionismus. Manifeste und Dokumente zur deutschen Literatur 1910–1920, Stuttgart 1982, S. 128–143, 326–351, 355–373.

nommen: Als Aufgabe des Dichters gilt nicht mehr die Selbstversenkung, welche die Welt im eigenen Ich gespiegelt sieht, sondern die Ekstase, aus der heraus der Dichter Wirklichkeit neu hervorbringt. »Sein« und »Wesen« wollen vor dem Hintergrund des Ziels einer »gerechte[n] Ordnung in Staat und Gesellschaft«* erfaßt werden. Diesem Postulat folgend, inszeniert Dominik in seinem Drama eine innere Wesensschau und bezieht dabei in der Rede seines Narziß – der dramatisierten personalen Einkleidung seiner selbst – politisch Stellung.**

Narziß als Expressionist: Selbstkritik des Expressionismus mit Hilfe des Mythos

Von den zahlreichen politischen Dramen, die nach dem Krieg entstehen, sind mittlerweile viele vergessen, darunter bedauerlicherweise auch die wenigen *selbstkritischen* Stücke des Expressionismus wie *Der Mensch in den Drähten*. Das Stück von Dominik, der, heute kaum bekannt, in der Nachkriegszeit mit mehreren expressionistischen Dramen an die Öffentlichkeit trat, gehört zu den

* L. Meidner, »An alle Künstler, Dichter, Musiker«, in: *Das Kunstblatt*, 3. Jg. (1919), H. 1, S. 29f.

** Daß Dominik als literarisches Genus das Drama gewählt hat, ist nicht zufällig: Das Drama steht eklatanter als Lyrik und Prosa im Dienste der expressionistischen Ideen, für die der Rezipient mit primär emotional aufrührenden Mitteln gewonnen werden soll. Selbst noch als Lesedrama auf die Bühnendarstellung hin angelegt, zeitigt es eine besonders ausgeprägte Wirkung: Visuelle und akustische, körperliche und räumliche Aspekte tragen verstärkt zur Affizierung des Rezipienten bei. Ihren emphatischsten Reflex finden die neuen Postulate der Expressionisten daher im Ideendrama, in dem Frontereignisse, Leben im Schützengraben und Massentod skizziert, unter Einsatz parachristlichen Vokabulars Plädoyers für eine neue Menschengemeinschaft gehalten und revolutionärer Einsatz und Engagement gefordert werden. Die Ideen des Friedens, der Revolution, Erneuerung und Verwesentlichung des Menschen nehmen hier virulente Formen an: Performativ gestalten sie, unterstützt durch die Regie, ihre eigene dynamische Wirklichkeit. Die Bühne, befinde sie sich auch nur im Kopf des Lesers, verleiht dem Drama und seinen Ideen Gestalt. Sein intellektueller Gehalt wird versinnlicht. Vgl. hierzu H. Denkler, *Drama des Expressionismus. Programm – Spieltext – Theater*, München ^{2}1979.

wichtigen Dokumenten der Zeit, die bezeugen, daß vereinzelte Expressionisten Ende 1919 beginnen, prüfende Rückblicke auf die vergangenen Jahre zu werfen. Es erscheint in Alfred Wolfensteins *Die Erhebung. Jahrbuch für neue Dichtung und Wertung* (1920), worin – wie auch in Kurt Hillers Jahrbuch *Das Ziel* – die expressionistische Bewegung selbstkritisch reflektiert wird. Schon der Untertitel *Eine tragische Komödie* verweist darauf, daß es sich hier um ein für den Expressionismus ungewöhnliches Genus handelt; Komödien im eigentlichen Sinne kennt dieser nicht. Erst mit der Konsolidierung der Weimarer Republik, als die ersten Expressionisten zu begreifen beginnen, daß ihre kulturrevolutionären Ideen – aufgrund kontraproduktiven Übereifers und mangelnder Organisiertheit – ins Leere laufen, entstehen satirische Tragikomödien, die das Ende des programmatischen Expressionismus einleiten.* Eine solche tragische Komödie will der Einakter sein, der – trotz aller vordergründigen Zustimmung zu Themen und Gehalten des Expressionismus – zu einer melancholischen Revision seines Erlösungspathos gelangt.

Daß Dominik seine Kritik in einem artistischen Spiel mit dem vielrezipierten Mythos von Narziß zum Ausdruck bringt, verleiht dem Stück seinen besonderen Reiz. Anders als Hasenclevers *Antigone* und Werfels *Die Troerinnen* von 1916 bildet *dieses* expressionistische Antikriegsdrama keine Nach- oder Neudichtung eines Bühnenstückes aus der Antike. Es stellt vielmehr – wie Bechers Revolutionsstück *Ikaros* von 1919 – einen völlig neuen Wurf dar. Seine Aufnahme des Mythos ist bewußt frei gestaltet, an keine Vorlage gebunden: Aus dem mythologischen Kontext gelöst, wird Narziß in die Ereignisse der Nachkriegszeit gestellt und zum Protagonisten eines Dramas der zeitgenössischen Geschichte gemacht. Schon in dieser auffälligen De- und Neukontextualisierung liegt eine Pointe des Stückes. Indem es der Antike die üblichen Referenzen verweigert, verabschiedet es endgültig die bildungsbürgerliche und ästhetizistische Antikerezeption des Neoklassizismus und der Dekadenz. Zugleich erhellt es, wie stark Neudeutungen antiker Stoffe dem geistigen und psychischen Er-

* H.-J. Knobloch, *Das Ende des Expressionismus. Von der Tragödie zur Komödie*, Bern/Frankfurt a. M. 1975. Zu »Verabschiedungen des Expressionismus um 1920« vgl. auch Th. Anz/M. Stark, a. a. O., S. 98–112. Zur »Absage an den großen Menschheitsoptimismus« des Expressionismus in Dramen von Toller u. a. vgl. S. Vietta/H.-G. Kemper, a. a. O., S. 204–213.

lebnis- und Denkvermögen der jeweiligen Zeit verbunden sind. An die Erwartungshaltung eines modernen Publikums angepaßt und den Konditionen der Zeit unterworfen, wird der Mythos mit seinem ganzen Maß an gespeicherter Erkenntnis und ästhetischer Vergegenständlichung eingesetzt, um sowohl soziale und politische als auch durch die Psychoanalyse beförderte Erfahrungen und Einsichten ästhetisch zu verallgemeinern. Dargestellt wird nicht nur die Brutalität des Krieges, die Erstarrung des Bürgertums und die Notwendigkeit von Neuerung, sondern auch die *Ambivalenz* des mythischen Narziß, die bis dahin niemand nachdrücklicher zum Ausdruck gebracht hat als Freud in seiner Studie von 1914, worin er gesunden von pathologischem Narzißmus unterscheidet.

In der Illustration dieser Ambivalenz, die sich in der teils affirmativen, teils ablehnenden Deutung des Mythos seit der Antike wiederholt bewiesen hat, besteht Dominiks eigentlicher Kunstgriff: In ihr artikuliert sich zugleich das ambivalente Gefühl, das einige Expressionisten 1920 gegenüber dem Überangebot an Neuerungsutopien zu hegen beginnen: *Einerseits* wird die expressionistische Idee neuer Sinngebung des Daseins anhand einer mythischen Figur (Narziß) vermenschlicht. Hierin erweist sich das Stück als typisch expressionistisches Ideendrama (dasselbe Verfahren liegt Hasenclevers *Antigone* [1916] oder Bechers *Ikaros* [1919] zugrunde): Der Mythos wird funktionalisiert, um ein Programm sozialer Umgestaltung und revolutionären politisch-gesellschaftlichen Engagements zu entwerfen, das noch die Bereitschaft zum Opfer der eigenen Person impliziert. Im Rahmen einer inneren Wesensschau werden die Greuel des Kriegs und Postulate wie verbrüdernde Liebe, Menschenwürde und Selbsterkenntnis vorgeführt. *Andererseits* aber hält das Stück dem Expressionismus den Spiegel vor, indem es Narziß in seinen negativen Möglichkeiten zeigt – als pathologischen Narzißten, dessen revolutionäre Ideen infolge von Größenwahn und Mangel an gesunder Selbstdistanz ins Leere laufen. Dominik bringt einen Narziß auf die Bühne, dessen utopischer Idealismus in der Wirklichkeit der jungen Weimarer Republik keinen anderen Ort hat als die eigene innere Welt. In pathetisch-ekstatischer, expressionistisch-übersteigerter Sprache und Gestik verkündet er pazifistisch-humanitäre Ziele. Doch sein antibourgeoiser, antimilitaristischer Appell, daß »endlich der Mensch sich auf sich selbst besänne« (S.149), ist vergeblich. Der Auftritt des Pazifisten bewirkt nur gesteigerten Widerstand. Das revolutionäre geistige Postulat eines neuen Lebens in Liebe wird, dem offenkundigen Zerbrechen der alten Ordnung zum Trotz, vom saturierten Bürger und dem opportunistischen kaisertreuen Militär abgelehnt. Die Vision eines neuen, human begründeten Lebens erweist sich als Traum, seine Proklamation als voreilig.

Daß die Welt dennoch verändert werden muß, wird deutlich. Die Frage stellt sich, warum der Erlösungsversuch des Protagonisten gescheitert ist, ob es einen oder welchen Weg es zur Rettung gibt, der erfolgreicher zu sein verspricht als der des Narziß. Und gerade hierauf, auf diese Überlegungen, will das Drama hinaus. Seine Darbietung der Nicht-Wandlung als des Gegenbildes unbedingt notwendiger Wandlung besitzt die Wirkung eines Antidotons zur demonstrierten Nicht-Wandlung. Die expressionistische Erlösungsthematik behauptet sich mithin in der Negation. Im gedachten Rezeptionsmechanismus greifen drei Wirklichkeitsebenen – die des Protagonisten, die der übrigen *dramatis personae* und die der Rezipienten – ineinander. Das binnenliterarische Scheitern soll das Gelingen der ästhetischen Wirkung garantieren: Gerade indem Narziß, das dramatische *alter ego* des Dichters, seine Mitspieler nicht zu gewinnen vermag, kann er die Zustimmung des Publikums gewinnen. Der Dichter beabsichtigt so, den Anstoß zur Veränderung der Welt zu geben. Mittel ist die doppelte Projektion innerer Wirklichkeit in den Außenraum. Was der Text durch Narziß als Gesicht kündet und in den dramatischen Raum projiziert, entspricht der vom Schauspieler dargestellten, durch die Regie ins Szenische übertragenen Vision des Dichters. Ob der Rezeptionsvorgang vor den Brettern des Theaters oder im Kopf des Lesers abläuft, spielt keine wesentliche Rolle. Mit der Aufrührung des miterlebenden Rezipienten soll eine Möglichkeit der Welterlösung geschaffen werden.

Ambivalenz des Expressionismus: Die zwei Seiten der Erneuerungsprogrammatik

Um Narziß als Vertreter des Expressionismus zu kennzeichnen, verleiht ihm Dominik keineswegs die Insignien des Poeten. Ebensowenig werden Überlegungen zu Wesen und Existenzberechtigung von Dichter und Dichtung des Expressionismus auf der Handlungsebene angestellt. Fragen dieser Art erscheinen nicht auf der signifikanten Textoberfläche, sondern werden im Modus interlinearer Diskursivität – *quasi* subkutan: unter der Texthaut – problematisiert. Daß Narziß ein Zerrbild des expressionistischen Schriftstellers ist, ergibt sich durch die im zeitgenössischen Kunstdiskurs geläufige Gleichung *Narziß = Dichter*. Zudem tragen Regieanweisungen sowie gänzlich von Neuerungswahn bestimmte Äußerungen der Hauptfigur zu dem Eindruck bei, daß an ihr die im Expressionismus zentrale Frage nach dem Rollenverständnis des Dichters und dessen Weltentwürfen verhandelt wird: Der seit der Romantik kurrente Anspruch, das in der Dichterseele gespiegelte Abbild zum Bild der Wirklichkeit zu erheben, wird sprachlich und szenisch aufgegriffen und expressionistisch über sich hinausgeführt. Der Einakter reflektiert das Postulat, die Dichterseele sei Medium, das die Wirklichkeit entdecken helfe, in ihr spiegele sich die Welt, läßt aber die *verherrlichende* Narziß-Deutung der Romantik und der an sie anknüpfenden Epochen weit hinter sich. Das Gedichtete weist zwar gut symbolistisch über das bloß gegenständlich Gegebene hinaus auf die dahinterliegenden Ideen. Auch finden diese in einer von Symbolen durchsetzten, suggestiven künstlerischen Rede Ausdruck von starker seelischer Leuchtkraft. Doch der Schönheitsdrang der Romantiker und Dichter um 1900, der im Medium Kunst Realisationsmöglichkeiten sucht, wird bekämpft, ihre melodisch-sprachkünstlerische Durchgestaltung von Wortschatz und Satzbau, die einem virtuosen Ästhetizismus gehorcht, untergraben: Grotesk verzerrte Redeformen, die metrische Freiheit vorführen, vereiteln das Primat des Ästhetischen und Unpolitischen. Gehetztes Pathos, bis zum Schrei gesteigerte Ekstase gestalten sich mittels verkürzter Satzformen, elliptischer Stilmittel und provokativer Ballungen von Stich- und Schlagworten, die polemisierend auf das politische Zeitgeschehen referieren.

Auch auf inhaltlicher Ebene gehorcht das Stück ganz der ästhetischen Programmatik des Expressionismus. Noch ostentativer als schon der Frühexpressionismus demonstriert es, daß das *L'art pour l'art*-Prinzip einer zweckfreien, nicht von ethischen, religiösen, politischen oder sozialen Anlässen beeinflußten, eigengesetzlichen Kunst zu kurz greift, und fordert nachdrücklich eine ›humanpolitische‹ Einbindung der Kunst: Wie beim Gros der programmatischen Einakter des Expressionismus geht es um Aspekte wie Wandlung und Erlösung. Das intensive Interesse des Textes gilt der Änderung des Menschen, die beim Dichter ihren Anfang nimmt; sie soll eingeleitet werden, um die Welt zu erlösen und in einen gemeinschaftsparadiesischen Zustand umzuwandeln. Die Skizzierung der gesellschaftlichen und politischen Zustände in der jungen Republik erweist Erwachen und humane Neubegründung der Menschheit als unbedingt notwendig.

In der veränderten Zeitsituation der Weimarer Republik entstanden, reflektiert das Stück jedoch auch das Zerbröckeln der expressionistischen Weltveränderungsprogrammatik. Es veranschaulicht, daß sich die utopisch-idealistische Botschaft des Expressionimus infolge der schnell erstickten Revolution von 1918/19 selbst überholt hat. Das Postulat, daß der Dichter als Schöpfer visionärer Werke den Einzelnen zu läutern und die gestörte Weltharmonie von Mensch, Erde und All wiederherzustellen vermag, erscheint in all seiner Fraglichkeit. Das Stück verhandelt nicht nur auf einer selbstreferentiellen Ebene das Fehlverhalten eines freiwillig in den Krieg gezogenen jungen Narzißten (Dominik).* Es verweist auch auf das Versagen des gesamten expressionistischen Erneuerungsprogramms, dem sich Kunst und Dichtung subordiniert haben. Es inszeniert einen Narziß, der

* Aus der unmittelbaren Nachkriegszeit stammende Bemerkungen des Autors über sein eigenes Verhalten im August 1914 verdeutlichen den autobiographischen Zug des Einakters. Der in den Bemerkungen porträtierte Umgang mit dem Krieg gleicht stark dem pathetischen Habitus, den Dominiks Stück dem Protagonisten zuschreibt. Glaubt dieser, »mit brennender Stirn« ein »wundertätige[s] Licht« zu sehen, stößt »seine Brust durch den Mund sengenden Atem«, so schreibt Dominik über sich selbst: »Ich fühlte ein Aufbäumen in mir. Das Tageslicht siedete im grellen Sonnenschein; damals so heiß, daß ich Feuer zu atmen glaubte. Eine Angst überfiel mich […].« Auch die Schilderung eigener Erlebnisse als Soldat, die Narziß bei der Konfrontation mit dem »Kasernenglauben« der Freikorpssoldaten gibt, Allusionen an Drill und Exerzieren sowie die Skizzierung dessen, was er in den »bombenspeienden Gräben« des Kriegs gesehen hat, besitzen ihre Referenz offenkundig in Dominiks eigener Erfahrung: »Ich wurde Soldat! Ich glaubte, das Leben sei draußen erträglicher als daheim. Im Exerzieren am Kasernenhof einer von denen, die mit ganzer Hingabe dabei waren; in Uniform einer der schlechtesten!« H. D., »Die Erhebung«, in: *Das junge Deutschland. Monatsschrift für Literatur und Theater*, hrsg. vom Deutschen Theater zu Berlin, 3. Jg. (1920), H. 4 [zugl. 6. Jg. der *Blätter des Deutschen Theaters*], S. 93f.; vgl. zu Dominiks Verhalten bei Kriegsbeginn, a. a. O.: »[…] als ich Menschen auf der Heerstraße nach dem Osten ziehen sah, würgte ich heimlich an meinem zisternentiefen Leide! Und doch – als die Fanfaren um meine Ohren dröhnten, […] da trompetete ich auch. Trompetete bis in den Herbst hinein […].«

es nicht vermag, der Revolution eine konkrete Richtung zu verleihen, und von der Realität überrannt wird. Unter Rekurs auf die Spiegel- und Verwandlungsthematik des Narzißmythos wird die Möglichkeit demonstriert (und vom Protagonisten selbst verbalisiert), daß Wandlung lediglich zu *Selbstbestätigung*, zu *beschönigendem Beweis des Ich* dienen kann. Die mythische Narzißfigur fungiert dabei als Archetypus. Sie bildet die Quersumme menschlicher Eigenart, die dadurch, daß sie sich im Felde von *Täuschung* und *Erkenntnis, Vorstellung* und *Wirklichkeit* bewegt, immer schon durch ein Zögern bestimmt ist: *Narziß repräsentiert den expressionistischen Menschen schlechthin.*

Das geschilderte ambivalente Moment der vom Expressionismus propagierten Wandlung zieht sich als ein roter Faden durch den Einakter, der mit diesem Aspekt an die genuin mythische Ambivalenz antiker Erzählungen anknüpft und in der Figur des Narziß auf den Punkt bringt. Das Drama liefert einen Ausschnitt Literatur, der abermals bestätigt, daß die Theorie literarische Texte beerbt, wie Literatur den Mythos beerbt; daß Wissenschaft stets an die Stelle von Literatur tritt, die »es immer schon gewußt hat« (Freud). Denn *Signum des Stückes ist die Unentscheidbarkeit.* Textuelles Kennzeichen ist folglich eine Figur der mythischen Erzählweise, die Jahrzehnte nach der Entstehung von Dominiks Drama zur großen Chiffre des Poststrukturalismus geworden und die auch hier bereits, gleichsam präfigurativ, multifaktoriell bedingt ist.

Die spezifischen Möglichkeiten des Dramas: Ambivalenz in der Kombination von Text und Regie

Um das Paradigma Ambivalenz vorzuführen, bedient sich das Drama dessen, was es als Gattung von den anderen literarischen Genera abhebt, zieht sozusagen alle ihm eigenen Register: Rede und Gestus, dramaturgische und theatralische Mittel wirken ineinander. Sie erschweren dem Rezipienten die Entscheidung, was wirklich und was unwirklich ist, indem das Kriterium der Unentscheidbarkeit vom Text selbst inszeniert wird. Nicht nur die mythische Gestalt des Protagonisten Narziß, der seine Neuerungsvisionen gegen Ende des Dramas als Irrungen revidiert, trägt zu der Ambivalenz bei; auch die in den Sprecher- und Regietexten selbst performativ in Szene gesetzte Differenz von »real« und »nichtreal«. Sie entschärft die traditionelle Logik der Oppositionen

»wirklich« *vs.* »unwirklich«, »seiend« *vs.* »nicht-seiend«: Das Reale wird subversiv an seine Grenzen gebracht.

Diese Grenzverschiebung der sich überlagernden Differenzen ist durch eine spezifische Theaterdynamik ermöglicht, die in der Kombination von Wort und Bühneneinrichtung liegt. Was die stark emotional aufgeladene, ekstatisch gesteigerte Sprache der Hauptfigur als Paradigma für den expressionistischen Einbezug von Unwirklichem in zeitlich-räumliche Existenz veranstaltet, wird mittels suggestiver szenischer Anmerkungen bekräftigt. Den Maximalwert des dramatischen Spiels, auf das all seine Mittel eingerichtet zu sein scheinen, bildet sichtlich Max Brods Axiom der »Wirklichkeitsillusion zugunsten der Wirklichkeit« (1918).* Den Eindruck, daß die Visionen des Narziß unabhängig von der Außenwelt existieren und keine Hirngespinste sind, verstärken Regieanweisungen wie: »Leuchtende Wolken fliehen am Horizont«, »das Firmament glüht auf, von unten herauf«, »feurige Wellen durchzittern die Luft«, »ein matter feuergelber Schein zittert durch die Luft«. Und an einer Stelle, an der Narziß »aus innerstem Erlebnis« hinausschreit: »Es brennt! Wacht auf! Es brennt!! – !!«, schreibt die Regie vor: »Der Horizont erstrahlt, Narziß bricht zusammen. Große Pause; die Bühne ist dunkel.« Dann »leuchtet« im Hause eines Bürgers »das Licht in den Fenstern auf« und das die Revolution lähmende Spießbürgertum wird in Szene gesetzt (S. 154ff.).

Das Licht** sorgt für eine Verschichtung der Realitätsebenen und durchbricht die (gedachte) lineare Sehachse des Zuschauers (bzw. Lesers). Wenn es, die Erlösungs- und Wandlungssehnsucht des Revolutionärs versinnbildlichend, aufflackert, werden seine stimmungserregende Funktion und sein symbolischer Wert sogleich vom Protagonisten verbalisiert, von den übrigen Mitspielenden jedoch dementiert. Dadurch wird der Raum für den Zu-

* M. Brod, »Zum Drama«, in: *Masken* 14 (1918), S. 127f.

** Das Licht spielt im expressionistischen Drama (Vervollkommnung der bühnentechnischen Möglichkeiten und der Nutzbarmachung der Elektrizität) eine wichtige Rolle. Seine Verwendung durch die Regie, die es zum gleichsam handelnden und gestaltenden Lichtstrahl bündelt, ermöglicht eine Dynamisierung des Raums. Der Raum erfährt durch Lichtverwandlungen qualitative Änderungen. Unterschiedlich bestimmte Tageszeiten, dem jeweiligen Geschehen adäquate Stimmungen werden im Wechsel von Hell und Dunkel reflektiert und erhalten symbolische Bedeutung.

schauer (oder vorstellenden Leser) als nach außen gekehrter Innenraum des Revolutionärs markiert. Er stellt eine fiktive Geisteswelt dar, die von der materiellen Außenwelt unabhängig ist. Es ist das Innen des Protagonisten, das nach außen dringt. Dahinter steht der Anspruch des expressionistischen Dichters, daß das subjektive Erlebnis zu einem umfassenden Welterlebnis entgrenzt werden kann. Der Innenraum des revolutionären Menschen wird in den Bühnenraum projiziert und dieser als Weltraum schlechthin verstanden. Daß dieser entgrenzte Innenraum den Realitätsgrad der empirischen Welt übersteigt, spiegelt in Dominiks Drama das Verhalten des im wahrsten Sinne des Wortes bodenständigen dramatischen Personals. Selbst die den Revolutionär liebende Frau des Narziß erwidert auf seine »verzückten« und »verträumten« Ausrufe: »Sieh! – Siehe!! Sieh das Wunder! – Das Licht!!« und »Die Welt brennt! Die abgestandne, verrufne Welt!« nur: »Dein Hirn! Narziß, wache auf, sonst bist du verloren!« und »Du gehst den gefährlichen Weg! Was Du siehst, ist das Morgenrot! Die Stadt brennt nicht! Du bist im Schlafe!«. Auch auf die Frage: »[...] warum ist dir nicht so, wie es mir ist! – Wenn ich dir sage, der Himmel wird zur drohenden Glorie, warum glaubst du mir nicht?«, antwortet sie einfach: »Weil es nicht so ist!« (S. 152).

Inwieweit das Drama Brods Axiom als *absolut* nimmt, bleibt für den Rezipienten allerdings unentscheidbar. Denn mit Hilfe der Regie wird durch die Subjektivierung der dramatischen Perspektive bis zum Dramenende der vage Eindruck erweckt, der Protagonist erschaffe eine gewünschte Wirklichkeit; seine abschließende Bemerkung indes, er sei aus einem »Traum« erwacht und habe sich »geirrt«, verwirrt den ohnehin unsicheren Eindruck. Die als Erkenntnis formulierte Bemerkung kann als Rücknahme des von Rede und Inszenierung erweckten Eindrucks angesehen werden – als finale Auflösung des Zögerns zwischen der Wirklichkeit des Protagonisten und der von dieser verschiedenen der Nebenfiguren. Sie kann aber auch – wenn man die Zeitlichkeit der Rezeption ernst nimmt und von der Irreversibilität eines jeden Rezeptionsprozesses ausgeht – als nicht-definitiv bewertet werden, so daß das Moment der Unschlüssigkeit noch potenziert wird.

Die dramaturgische Kooperation von Sprache und Ausdrucksmitteln der Bühne birgt zweierlei: An Narziß zeigt sie das kontraproduktive Moment realitätsferner Übersteigerung revolutionären Wollens; zudem besitzt sie eine starke Suggestionskraft, die darauf gerichtet ist, beim Rezipienten Empörung gegen die lähmende Angepaßtheit, Korruption und Kriegsverherrlichung der übrigen *dramatis personae* hervorzurufen. Das Stück verhält sich dem expressionistischen Neuerungsdrang gegenüber ambivalent, indem es einerseits seine Problematik, andererseits seine Notwendigkeit illuminiert. In der Veranschaulichung dieses Dilemmas, das dringend der Lösung bedarf, liegt nicht zuletzt die zeithistorische Bedeutung des Stücks.

Das dramatische Personal

Die zu erneuernde Welt, ihren desolaten Zustand von Politik und Gesellschaft, spiegeln die diversen *dramatis personae*, die mehr Ur-Typisierungen als psychologisch motivierte Charaktere sind. Sie figurieren als Vertreter eines spezifischen Gedankens oder Gefühls und sind auf den expressionistischen Wandlungshelden hingeordnet. Narziß nimmt dabei als außerhalb der Gesellschaft stehender Vereinzelter eine Sonderposition ein. Als typisch expressionistische Zentralfigur kreiert er in permanenter *Spiegelung* aus seinem persönlichen Erleben heraus den dramatischen Raum, den er mit Figuren und Erscheinungen bevölkert und belebt. Vorherrschendes Grundelement des projizierten Raumes ist das (die expressionistische Dialektik von Destruktion und Kreation kennzeichnende) Symbol lebensschaffender und -zerstörender Mächte: das *Feuer*, Signum des Expressionismus und (in Ovids Gestaltung des Narzißmythos verwendetes) Symbol verzehrender Liebe. Gewahrt wird es in Dominiks Einakter nur von Narziß, nicht von den anderen Figuren. Diese repräsentieren gegenstrebige Kräfte im Innern seines Ich, das Fokus der Welt ist. Sie fungieren als Auseinandersetzungen des Ich mit sich selbst, als Teilbereiche eines großen Komplexes. Der Protagonist projiziert aus seinem Inneren in die Welt Inkorporationen seiner subjektiven Wirklichkeit. Als »Ausstrahlungen seines Ich«, »Reflex-Gestalten«* oder als Kontrastfiguren knüpfen sie immer schon an seinen Wandlungsprozeß an. Mitunter stellen sie überwundene Lebensphasen oder Oppositionshaltungen dar, anhand deren der auf den Helden bezogene Geschehnisablauf illuminiert wird.

* B. Diebold, *Anarchie im Drama. Kritik und Darstellung der modernen Dramatik*, Berlin ^{4}1928, S. 370.

Der Protagonist Narziß, seine Frau Nekrose

Mit Narziß präsentiert das Drama einen genuin expressionistischen Wandlungshelden, dessen Kennzeichen rigorose Empörung gegen den *Status quo* von Politik und Gesellschaft sowie rückhaltlose Parteinahme für die Änderung der Welt sind. Demonstriert wird, wie die Vereinzelung des isolierten Empörers dadurch entsteht, daß er im ekstatischen Schauen zu sich als Mensch zurückzukehren und die Welt, so wie sie *idealiter* sein soll, zu verstehen sucht, um dies sodann – im Glauben, einen Wandlungsprozeß einzuleiten – zu verkünden. Anders als in den meisten expressionistischen Stücken der vorangehenden Jahre wird diese Isolation jedoch nicht einfach verherrlicht, sondern in ihrer Problematik gezeigt.

Zur Geltung kommt die Problematik zuallererst durch Narziß' abweisendes Verhalten gegen seine ihn liebende Frau Nekrose, die wie eine moderne Echo erscheint. Nekrose bedeutet dem eifernden Revolutionär im Gegensatz zur Revolution sichtlich nichts. Ihre Ermahnungen, zur Besinnung zu kommen, sind vergeblich. Der passionierte Revolutionär gibt sich, anstatt konkrete durchführbare Vorschläge zu machen, weiterhin mystischen Vorstellungen hin, die ihn an den Rand seiner körperlichen Kräfte bringen. Nur seinen Wunschgesichten gültigen Wirklichkeitsrang zumessend, denunziert er die realen äußeren Ereignisse als Bilder einer Scheinwelt. Distanzlos verzehrt er sich in seinem megalomanen Idealismus, bricht nach ekstatischen Feuer-, d.h. endzeitlich eingefärbten Neuerungsvisionen zusammen und liegt »keuchend«, »mit brennender Stirn« da, während »seine Brust durch den Mund sengenden Atem« stößt. »Wenn man so die Hand vor seinen Mund hält«, sagt Nekrose, »ist, als wenn sie brennen würde. So sehr ist Narziß Flamme; er lebt von ihr« (S. 155).

Kurzum, Narziß liebt nicht Nekrose; er ist Feuer und Flamme für die Revolution. Selbstverliebt gefällt er sich im Bild des Entflammten, vor dessen Hintergrund sich seine Identität als Verkannter konstituiert; er befindet sich im ›Teufelskreis‹ eines Narzißten: Gerade aus dem Unverständnis und der Ablehnung der durch seine Passioniertheit überforderten anderen speist und legitimiert sich seine Sonderstellung als gesellschaftlich isolierter Revolutionär. Dem entspricht sein gleichsam axiomatisch gesetzter Grundsatz: »Der mystische Glaube an den Staat ist durch den mystischen Glauben an das Individuum ersetzt!« (S. 159). Impliziert ist, daß die Wandlung der Welt mit der des Einzelnen beginnen muß. Hieran hält Narziß so unerschütterlich fest, daß ihm selbst die ihn liebende Nekrose im Fortgang des Geschehens mit zunehmend weniger Verständnis begegnet.

Daß Nekrose zugleich ein sprechender Name für Narziß ist, versteht sich von selbst. Bedeutet der Terminus in der Medizin ein Absterben von Zellen, von Gewebs- und Organbezirken als pathologische Reaktion, so ist hier ein Absterben der Liebe zum anderen als pathologische Reaktion auf die Verhältnisse der Zeit gemeint. Das Stück führt anhand von Narziß und seinem Verhältnis zu den übrigen Figuren eine solche »Nekrose« vor. Die Ziele des Expressionismus werden hierbei gutgeheißen, die Methoden, das Ziel zu erreichen, jedoch hinterfragt.

Daß Narziß mit den exklamatorischen Kundgebungen seiner Welterneuerungsvisionen keine allumfassende Wandlung bewirkt, daß deren Notwendigkeit aber dennoch deutlich wird, bildet nur eine Pointe des Stückes. Eine zweite ist mit dem Motiv der Selbsterkenntnis, wie sie Ovid in dem Vers *uror amore mei flammas moveoque feroque* beschreibt, verbunden. Zu Beginn des Dramas ruft Narziß noch: »Die Welt brennt und die Bürger schlafen. Ich muß an ihre Fenster klopfen und rufen: Wacht auf!!! Helft den Brand mir schüren, werft eure Seelen ins Feuer, damit sie neugeboren auffliegen!« Am Ende gesteht er sich ein: »Der Traum, aus dem ich erwacht bin, die Erde in zukünftigen Feuern gehüllt sah, verblaßt an mir; ich irrte mich, als ich die mystische Erkenntnis kommen sah [...]« (S. 153; S. 168). Allein an Narziß selbst vollzieht sich, so will es scheinen, die beschworene Wandlung. Nur er scheint betroffen – insofern, als ihm im Angesicht des Todes eine wesentliche Erkenntnis heimsucht. Er sieht ein, »daß wir nicht dienen sollen, sondern uns begreifen« (S. 169); daß die Bedingung der Wandlung *nicht der narzißtisch motivierte Dienst am Menschen ist, sondern die Selbsterkenntnis,* da diese bekanntlich der erste Schritt zur Besserung ist – des Einzelnen wie der Welt. Erst Selbsterkenntnis, so das expressionistische Motto, macht den Menschen vollends zum menschenwürdigen Menschen.

Diese vor dem Tode verkündete Einsicht ist es, die den eigentlichen Wandlungscharakter des Dramas ausmacht. Dargestellt wird nicht ein äußerlicher, sondern ein verinnerter Wandlungsprozeß: *Narziß begreift, daß sich Wandlung nicht jenseits von Mensch und Welt in der kompromißlosen Realisierung des Ich als Revolutionär erschöpft.* Seine zu Beginn des Dramas geäußerte, etwas verschwommene Maxime der Liebe konkretisiert er (unter Anspielung auf die Unreife der Werteordnung im Kaiserreich) am Ende mittels eines Rats. Er empfiehlt, nach Bekenntnis, dem Erkenntnis folge, zu ringen (S. 169). Wer »den Mut zu bekennen« habe, besitze »auch den Mut zu sterben! Wer bekennt, stirbt; stirbt den Andern, lebt aber sich!« (S. 162).*

Die willenlose Masse Volk: der Kontrast zum Individuum

Einen besonders auffälligen Gegensatz zu Narziß, der als opferbereiter Einzelgänger »bereit« (S. 166) ist, in den Tod zu gehen, bildet das Volk, das der Revolution fernbleibt und nur den äußeren Geschehnisablauf sieht, ohne ihn kritisch werten zu können. Erschreckend willen- und gesichtslos gezeichnet, erscheint es als genuin wandlungsunfähig. Seine Signa sind soziales Elend und unwürdiges Massenverhalten. Als es kurz vor der standrechtlichen Erschießung des Revolutionärs erscheint, ruft dieser entsetzt: »Die Plünderer! Übergebt nicht meinen Leichnam ihren Händen!« Dennoch stirbt er bewußt für das Volk.

Dominiks Kritik kann schärfer nicht sein: Unfähig, rational zu urteilen oder gar sich sprachlich klar zu artikulieren, steht der Pöbel in seiner Intelligenz weit hinter dem für die Gemeinschaft engagierten Individualisten zurück. »Das arme Volk« kann nur echohaft lallen und murmeln: »Sterben muß er und ist wer? Leben will er und ist nicht mehr, nicht mehr, nicht mehr« (S. 168). Das Volk, so der Tadel, ist und bleibt Zuschauer. Passiv sieht es ebenso der Entstehung der Republik zu wie der Exekution des Revolutionärs durch das Erschießungskommando: »Wir sahen es werden, wir sehen ihn nun sterben!« (S. 169). Dem Revolutionär bleibt nur eins: In mystisch-religiöser Leidensekstase

* Die anfängliche hochgradig selbstbezogene Klage des Narziß, daß er, weil er den Menschen liebe, »keinen Anspruch auf die einfachste, bürgerliche Bequemlichkeit« habe, »entbürgerlicht« und verhaßt sei, überhöht er nun religiös. Im Habitus eines Märtyrers hebt er den selbstverliebten Anspruch seiner Menschenliebe mittels eines parachristlichen Vokabulars auf eine metaphysische Ebene. Der Sternenhimmel dient dabei – wie so häufig im Expressionismus – als Sinnbild der inneren Harmonie der Geist-Seele-Wirklichkeit, die der »neue Mensch« in den Weltraum projiziert: »Weil meine letzte irdische Übelkeit naht, bitte ich euch: schenkt meinem Glauben an euch, daß eure Hoffnung in den Sternen ist; denn es kommt die Zeit!« (S. 169).

nimmt er die Schuld des Volkes märtyrerhaft auf sich, als sei er den Weg, den er zurückgelegt hat, stellvertretend für die ganze Menschheit gegangen. Sein »letztes Wort« lautet: »Ich endige an meinem Kreuz!« (S. 169). Sterbend erhofft er ein neues Geschlecht.

Kontrastfigur »Millich«: der materialistische Bürger

Eine weitere Kontrastfigur bildet in Dominiks Drama der Typ des Spießbürgers. Bürger »Millich« liefert einen Typus, an dem sich der Protagonist reibt und entfaltet. Neben ihm treten zwei weitere Bürger (Zwillich und Drillich) auf, die zwar gleichfalls auf den eigenen Vorteil bedacht sind, aber »die Untaten des bürgerlichen Typus«* weniger rigoros betreiben, teilweise sogar zwischen dem Protagonisten und dem Militär zu vermitteln suchen. Im folgenden soll nur Millichs skandalöses Verhalten erörtert werden, da seine Radikalität der des Narziß in nichts nachsteht und in seiner Negativspiegelung des Helden einen besonders gelungenen Kontrast zu diesem darstellt.

Für Millich, der auf seine privaten Verhältnisse zurückgezogen ist und dessen Lebensform sich auf den eigenen Nutzen beschränkt, ist Narziß einfach ein »Schwein« (S. 155). Zu viel Idealismus ist dem Philister verdächtig. Auf den vorwurfsvollen Appell des Pazifisten, daß er nicht sehe, »wie der Horizont im Menschen flammt« und »die Verheißung ersten neuen Tages [...] aus tiefstem Menschenleid hochkeimte [...] zu dem Dom der freien Menschen«, ruft er nur »Waachee!«, um sich als das eigentliche »Schwein« zu erweisen, indem er sich im selben Atemzug der Frau des Umstürzlers anbietet: »Bist du seine Konkubine? –! [...] Ich bitte dich, steige zu mir durchs Fenster. Du frierst dann nicht mehr bei ihm.« Daß er kaisertreu denkt, geht zudem aus dem hervor, was er seinem Angebot hinzufügt: »Bürgerliche Ordnung und eine gesicherte Hausmannskost ist schließlich [...] die beste Errungenschaft [...]. So wars unter der Dynastie! Aber was heute ist? – !« (S. 157).

Dominik zielt mit seiner Präsentation des kaisertreuen Millich auf den Materialismus der Bourgeoisie ab, der im Expressionis-

* Vgl. H. Blüher, »Die Untaten des bürgerlichen Typus«, in: *Das Ziel. Aufrufe zu tätigem Geist,* hrsg. von K. Hiller, München/Berlin 1916, S. 9–30, und M. Picard, *Der Bürger,* Leipzig 1914 (kurze Prosaskizzen).

mus wiederholt mittels Termini wie »Geldschrank-Enthusiasmus« des »deutsche[n] Normalhemdbürger[s]«, der »keine Ideale kennt«, kritisiert wurde.* Nachdem das Bürgertum im Kaiserreich zur führenden gesellschaftlichen Macht aufgestiegen war, indem es sich mit den konservativen Kräften arrangiert und im Lebensstil dem Adel angepaßt hatte – in Narziß' Worten: »das falsche Gottesgnadentum mit hündischer Demut erschlichen« (S. 164) hatte –, will es seine Position nicht aufgeben. Es will sich, dies prangert Dominiks Darstellung an, weder dem Militärapparat noch der Revolution unterstellen: Präferenz hat, so die Kritik, immer der eigene finanzielle und merkantile Vorteil. Millich liebt »das Geld über alles«. Er ist stolz darauf, daß sein Schwiegersohn, an den er seine Tochter verheiratet, »so viel Geld hat« (S. 150, 156). Einsatz für das Gemeinwesen ist ihm fremd, solange nicht Nutzen für ihn daraus entsteht. Aktive Beihilfe zur Gefangennahme des Revolutionärs lehnt er aus denselben pekuniären Gründen ab, die ihn davon abhalten, jenem zu helfen: »die Sache könnte nicht ersprießlich werden« (S. 161). Im Vordergrund steht für ihn die häusliche Einrichtung. Was anderweitig geschieht, spielt, solange es nicht für ihn nachteilig ist, keine Rolle. Millich betrachtet das Weltgeschehen lieber aus seinem Haus, anstatt sich einzumischen. Narziß bringt dies auf die Formel: »Der Bürger, der sich [...] durch viele Jahre Talente erschlich, zieht sich behaglich ins Schneckenhaus zurück [...].« Und: »Was wäre unser Staat, wenn nicht unsere Fenster Gucklöcher wären, hinter deren Mauern man sich verschanzt, um der bebänderten Minorität die Majorität zu überlassen« (S. 164). Kurzum, Millich ist der Zustand des Staats aus Sicherheitsbedürfnis und Geldgier gleichgültig, während, im Kontrast dazu, der Revolutionär im Kampf gegen die Sozialdemokraten wochenlang auf der Straße lebt und dulden muß, das ihm »so lieb gewordene Land in blutiger Schmach verdämmern« zu sehen (S. 165).

* F. Pfemfert, »Unsere Hoffnung«, in: *Die Aktion* 2 (1912), Sp. 1573. Die negative Darstellung der bürgerlichen Welt bildet ein zentrales Moment der gesellschaftskritischen Prosa und vor allem der Dramen des Expressionismus. Der Bürger erscheint zumeist als ein bestimmter Verhaltenstypus, als dessen Opponent der antibourgeoise neue Mensch des Expressionismus konzipiert ist. Vgl. P. U. Hohendahl, *Das Bild der bürgerlichen Welt im expressionistischen Drama*, Heidelberg 1967.

Reflexionsfiguren des Narziß: die Freikorpssoldaten

Eine weitere Gruppe von Kontrastfiguren des Wandlungshelden, die das Drama scharf kritisiert, ist das kaiserliche Militär, dargestellt von einem Offizier (Soldat) und einer Gruppe »Paradesoldaten«. Als Ausdruck der mißbrauchten Staatsgewalt stellen sie das eigentliche Skandalon des Stückes dar: Sie sind nichts als ein Instrument. Ihre Macht ist geliehen, kann ihnen jederzeit genommen werden. Narziß desavouiert sie als »Zerrbilder«, »Muskelparasiten, gefräßig, aber nicht ewig, weil dressiert«, »erlogen«, »erborgt« (S. 164).

Die Folie dieser Darstellung bildet die Kritik an Ebert, der die Freikorps ursprünglich eingesetzt hatte, um die Staatsmaschinerie in Gang zu halten und die Versorgung der Bevölkerung zu sichern.* Das Stück dekuvriert das Ausmaß, das die antidemokratische Agitation der durch die Sozialdemokratie zu Hilfe gerufenen Truppen 1919 annimmt. Es skizziert die Soldaten als eine konterrevolutionäre Kampfmaschinerie, die ihre menschliche Würde in ihrem Ausgeliefertsein an die Mechanisierung des Industriezeitalters verloren hat, aber die ihr einmal geborgte Gewalt nicht wieder abtreten will: Ihre »Schießerei« sorgt dafür, daß »der Knoten der Revolution [...] durch das Standrecht aufgelöst« wird (S. 150). Unverdrossen verbreitet sie die »Dolchstoßlegende« und kündigt dem Protagonisten, der für sie ein Verräter ist, sein Ende an: »Die treue, teure Dynastie fiel durch seinen Streich. Heute ist sein Sterbenstag [...]« (S. 165). Die Rede des Soldaten wiegt sich in der Illusion, mit der Hinrichtung des Narziß seien die letzten Nachwehen der Novemberrevolution endgültig beendet. Ob dies mit der standrechtlichen Erschießung tatsächlich geschieht oder ob die Ermordung als eine Wandlung einleitende Selbstopferung des Helden begriffen werden soll, läßt das Drama offen. Es entscheidet nicht.

* Angespielt wird auf die zwei großen Fehler der MSPD: Auf ihre Fehleinschätzung, die Existenz des Staates sei allein von radikalen revolutionären Gruppen, nicht aber von gegenrevolutionären Strömungen bedroht; und auf den Irrtum, die Arbeiter- und Soldatenräte würden die rechten Kräfte ausreichend kontrollieren.

Dialog – Polylog: Inszenierung gegenstrebiger, sich spiegelnder Positionen der Zeit

Der bruckstückhafte Dialog von Narziß und dem Soldaten bildet einen wesentlichen Bestandteil des Dramas, mittels dessen es im Modus von Kontrastierung und Reflexion die gegenstrebigen politischen Kräfte der Zeit sichtbar macht. Wie von Max Freyhan mit Bezug auf das Drama seiner Zeit formuliert, ist der Dialog »kein Gespräch […], sondern Messung der Kräfte«. Der Schauspieler steht »gegen den Partner wie Kraft gegen Kraft«.* Das Aufgreifen eines Stichworts aus der Rede des anderen (nach dem antiken Schema der Stichomythie) dient jeweils nur der Artikulation der eigenen Position, nicht etwa gegenseitiger Verständigung.

Diesem Prinzip entsprechend reden Offizier und Pazifist kontinuierlich aneinander vorbei: Ihre Kommunikation dient allein der Verdeutlichung der jeweils eigenen Position. Gefragt, wohin er das »Volk« »führen« wolle, nutzt Narziß, ohne eine Antwort zu erteilen, sofort die Gelegenheit, die Unzulänglichkeit Wilhelms II., der »führenden« Kraft des kaisertreuen Soldaten, herauszustellen und an die politischen Konsequenzen der kaiserlichen Marinerüstung zu erinnern: »Als das Volk dem jüngern Michel nachlief, irrte es auf das Meer hinaus und ersoff« (S. 158).** Der Soldat reagiert mit dem Ausruf »Scapa flow lebt!!!«, erklärt also, daß er das fatale Hochseeunternehmen immer noch als Heldentum annimmt. Anstatt den Ort, an dem am 21. Juni 1919 die Selbstversenkung der deutschen Hochseeflotte stattfand, zu verfluchen oder zumindest das deutsche Scheitern einzugestehen, deutet er die Niederlage zum moralischen Sieg um. Der Pazifist wiederum nimmt die Kriegsverherrlichung seines Widerparts als Anlaß, persönlich erfahrenes Leid des ersten Weltkriegs zu schildern. Er beschreibt, wie er den jahrelangen Stellungskrieg vor Verdun, der den furchtbaren Blutzoll von Millionen Soldaten forderte, erleiden mußte: »Dreimal schmiß mich die Kugel, der Splitter, das Gas. In meinen Lungen kocht noch heute die Blausäure. Ich stieg durch alles entmenschte Bad. Ich

* M. Freyhan, »Neues Drama und Bühne«, in: *Faust,* 4. Jg. (1925/26), H. 5, S. 21.

** »Michel« ist das Sinnbild für den dummen Deutschen, verwendet als Spitzname für Wilhelm II.

sah Darm- und Blasenzerrissne mit den Händen in den Eingeweiden wühlen; das Maskaron der Weltseele grinsen in einem einzigen nervenzuckenden Angesicht.«

Im folgenden wird der Dialog aufgesplittert zu einem Polylog, in dem sich – unter Beibehaltung der gebrochenen antikommunikativen Struktur – ein breites Spektrum an politischen Meinungen der Zeit vorstellt. Im Mittelpunkt steht weiterhin Narziß, der in die Stimmenvielzahl wiederholt agitatorische Polemiken gegen das kaisertreue Militär einstreut. So karikiert er den Träger des bunten Rocks als nutznießerischen preußischen Polizisten (»Herr vom privilegierten Pickelhaubenstande«, S. 159), der leicht auf den Knien geht und seine Unabhängigkeit opfert (»Keinen freien Opfergang! – – – Du prächtiger Mann mit der hündischen Demut im Knie«, S. 162). Und pointiert verweist er auf seinen eigenen Beitrag zum Abgang Wilhelms II., dessen hohle Eitelkeit zu verhöhnen er nicht versäumt. »Deine Dynastie«, sagt er provokativ zum Soldaten, »habe ich zur Seifenblase geformt und steigen lassen! Sie ist verblasen!« Indem er das Kaiserreich mit einer »Seifenblase« vergleicht, bezeichnet er es als Hohlkörper mit einer verführerisch schillernden Oberfläche, dem jegliche physische Innendimension fehlt. Temporalität, so verdeutlicht Narziß mit dem Seifenblasensinnbild, bewirkt Deformation der Stabilität: Das Kaiserreich war hohl, daher instabil und vergänglich. Die Flüssigkeit, mit der die Blase geblasen wurde, ist »verblasen«, verbraucht. Übersetzt heißt das etwa: *Das Kaiserreich ist verweht. Die Hohenzollern gingen aus Hochmut und Dummheit. Der Revolutionär, der sie zuvor deformierte, bin ich, Narziß.**

* Daß das Seifenblasen-Bonmot nicht nur auf die Temporalität und Instabilität der Dynastie, sondern auch auf die Selbstverschuldung ihres Niedergangs anspielt, zeigt der Blick auf die ersten Novembertage des Jahres 1918. Nicht etwa revolutionäre linke Sozialisten warfen den Funken ins Pulverfaß, sondern hochkonservative Militärs sprengten das Herrschaftsgebäude der Hohenzollern selbst in die Luft. Der »Admiralsrebellion« gegen die Friedenspolitik folgte die Matrosenrevolte und letztlich die Ausbreitung der Revolution. Einen Verweis auf diesen Zusammenhang gibt das Drama auch an einer anderen Stelle des Polylogs. Dort vermittelt derjenige von den drei Bürgern, der – im Unterschied zu Millich – über eine politische Wahrnehmung verfügt, den Soldaten, sie sollten die Gefährlichkeit des Narziß nicht unterschätzen: »Er ist die Bombe und ihr seid das Gas, um das Ding zur Explosion zu bringen!« (S. 161)

Mit seiner provokanten Seifenblasen-Sentenz leitet Narziß ein karnevalesk-groteskes Geschehen ein, das als eigentliche Schlüsselszene der Tragikomödie gelten kann (S. 162ff.). Seine Alogik will ostentativ demonstrieren, daß es keine heile Welt gibt, daß die Gesetze von Logik und Kausalität suspendiert sind und die bindungslos gewordene innere Projektion und Phantasie nun über das Mögliche hinaus in das Unfaßbare umschlägt. Sie bewirkt zunächst Komik, dann aber – nach Erkenntnis der Zersetzung der Welt und der Deformierung des Individuums – kathartisches Entsetzen. Unter Aufgebot klassischer Elemente des Grotesken wird in der Szene gezeigt: Was närrisch, wie ein »Zirkusgriff«, wirkt, ist grauenhaft, was übermütig und derbkomisch anmutet, entsetzlich. Mit den grotesken Mitteln der Verzerrung und Entstellung wird auf die nicht nur kontrastive, sondern auch reflexive Funktion der Soldaten-Figuren verwiesen, innerhalb deren Konstellation sich der Wandlungsheld entfaltet. Das groteske Geschehen weist die Soldaten als Spiegelungen sowohl von Narziß' Ich als auch von Wilhelms II. aus: als »Verkörperungen innerer Wirklichkeiten der dramatischen Zentralfigur, die in einem bestimmten Stadium der Entwicklung des Helden überwunden und abgeschüttelt« wurden.* Die Metapher der schönen, aber von Narziß zum Platzen gebrachten Seifenblase birgt die Anspielung auf den Narzißmus Wilhelms II., der so stark war, daß er die Revolution ermöglicht und die Entthronisierung der Hohenzollern herbeigeführt hat: Narziß-Wilhelm hat die Dynastie »zur Seifenblase geformt und steigen lassen«. Sie ist »verblasen«.

Während des Versuchs der Soldaten, Narziß zu erschießen, kommt es für sie zu einer *Bildreflexion,* die metaliterarisch auf den Mythos, die Position des Narziß als Narziß, verweist und dramatisch den Narzißmus Wilhelms II. und seines Gefolges dekuvriert: Beim Zielen auf Narziß zeigt sich den Paradesoldaten dessen karnevaleskes Doppelgesicht; es spiegelt Wilhelm II. und sie selbst, seine Vertreter. Narziß erscheint als parodistische Verzerrung des Kaisers, der aus Eitelkeit und Selbstverliebtheit bekanntlich den Thron verspielt hat. Was die Soldaten sehen, ist das seit dem christlichen Mittelalter weit verbreitete Symbol menschlicher Unvollkommenheit und *vanitas.* Es ist ein Affe, nackt, nur mit einem Federbuschhelm bekleidet, wie ihn der Kaiser, der sich eitel

* Vgl. A. Viviani, *Dramaturgische Elemente im expressionistischen Drama,* Bonn 1970, S. 42.

zu kostümieren liebte, gerne trug. Entsetzt ruft der erste Paradesoldat: »Ein Aff! Mit einem gehörnten Wedel und einem ganzen nackten Hinterteil! Narziß verwandelt sich!« (S. 163). Auch der zweite Paradesoldat meint beim Zielen sich selbst, das Resultat der Dynastie, aus der er hervorgegangen ist, zu erblicken. Trotz des Schießbefehls des Offiziers zögert er zunächst, obwohl oder gerade weil Narziß ihn zynisch zur Courage antreibt: »Mut! Hier stehe ich! Eines habe ich dir zeigen lassen: Dein eigen Gesicht! Dein eigen Erlebnis! Du bist ich! Bringst du mich zu Tode, um mein Leben bist du dem Tode näher!« Dann aber »feuert« das Produkt des Kaisers »einige Mal auf Narziß«. *Er zielt auf sich selbst,* da der Vorgesetzte streng auf den dringlichen Wiedergewinn von Deutschlands politischem Gesicht und seiner wirtschaftlichen Stellung verweist: »Das Gesetz will es. Die Revanche! Der Export!« Doch, »o Wunder!!«, Narziß wird nicht getroffen und verweilt noch kurze Zeit auf dem Turm, von dem aus er sich sein ›Gefecht‹ mit den Soldaten geliefert hat. Schließlich steigt er hinab, »bereit« sich zu opfern, aber nicht ohne die Spiegelung nochmals zu thematisieren: »Eines zeigte ich dir oben! Hier unten zeige ich dir, daß ich, wie du verdammt! Schlimmer! Weil ich an deiner Schlapp- und Schlaffheit in meinen besten Tagen zugrunde gehe, weil es für mich keinen anderen Weg gibt, als den Raupengang deines Kasernenglaubens« (S. 166). Mit seinen Worten verdeutlicht er dem Soldaten: *Ich war selbst einer wie du und lernte nur im Drill zu kriechen.* Der von Narziß gespiegelte selbstmörderische Gehorsam der Paradesoldaten wird am Schluß des Stückes auf den Gipfel getrieben. Er kulminiert in der Schilderung der kalten Brutalität und marionettenhaften Gestik dieser »starre[n] tote[n] Männer« (S. 169), die in blindem Gehorsam die »standrechtliche« Erschießung des Revolutionärs vollstrecken.*

* Die Regie schreibt vor: »Es knackt in der Geste; festgeschraubt in der Maschinerie stehen die Gewehre fest.« Und kurz darauf wird nach dem Kommando »Augään rrrechttts!!!!!« hinzugefügt: »Die Halsmuskeln machen eine marionettenhafte exakte Wendung« (S. 169). Diese Bloßstellung des Marionettendaseins des Militärs ist es, an der die scheinbar verdeckte dramatische Intention auf gesellschaftliche und politische Wandlung transparent wird: die Intention auf Erneuerung der Menschheit – *via* Wandlung des Rezipienten. Gestützt wird diese Absicht des Dramas durch die Vorführung (1) der von den diversen *dramatis personae* des Stückes artikulierten Verschmähung um-

Zum Titel:

Daß der Revolutionär zur Verkündigung seiner Lehre eigens von seinem Turm hinabgestiegen ist, bildet eine weitere Pointe des Stückes, der es auch seinen Titel verdankt. Als Signum vertikaler räumlicher Entgrenzung ist der Turm ein zum Himmel aufragender Wegweiser, der die Verbindung zur oberen Welt gewährleistet. Er symbolisiert die absolute Erweiterung des Raums ins Unendliche. Zudem gehört er seit Schillers Überlegungen zum Theoretisch-Erhabenen, die er auch auf Bauwerke wie einen »ungeheuer hohen Turm« (Friedrich Schillers Werke, Nationalausgabe, Weimar 1943ff, Bd. 20, S. 173f.) ausweitet, in der deutschen Geistesgeschichte zum Instrumentarium des Erhabenen. Daß Narziß in Dominiks Stück den Turm erklimmt und von ihm aus spricht, impliziert, daß er den profanen Bereich der Welt durchbricht. Es verweist auf die Differenz seiner ›erhabenen‹ Geistesebene zu der niedrigen Ebene der übrigen Figuren. Vom Turm aus hält Narziß, erhaben über die materielle Welt, seine »flammenden« Reden für die Revolution: »Jetzt!! wo mein Gott hinhaucht die Fluoreszenz; sie bei den Sternen erjagen!« (S. 152). Unfähig, sich in ihrer materiellen Verhaftetheit aus dem »Unten« – der Fixiertheit und Banalität ihrer festgefahrenen Vorstellungen – zu lösen, kommen die übrigen Figuren nicht einmal auf die Idee, nach oben auf den Turm zu steigen – weder die Soldaten, noch die von diesen mehrfach dazu aufgeforderten Bürger. Jene sind Teil eines vom Staat instrumentalisierten Apparates, ohne den sie ihrer Existenzberechtigung beraubt würden, weshalb sie sich nicht aus der Maschinerie lösen. Diese vermögen nicht, sich vom Boden, von der Realität der Alltagswelt und ihrer Ordnung zu lösen und gegen die Brutalität des Militärs aufzubegehren. Narziß hingegen ist zu der Lösung aus alten Strukturen in der Lage – und wird »oben« zum Menschen »in den Drähten«. Er steht, bis er sich ergibt, auf dem Turm, »auf dem zentripetal Telephondrähte aus allen Himmelsrichtungen zusammenlaufen« (S. 148). Sein Aktionsradius wird durch diese szenisch-optische Bestimmung ins Unendliche entgrenzt; der Handlungsraum strebt in der Vertikale nach oben und in der Horizontalen – an einem erhöhten Punkt auf der vertikalen Achse – in alle »Himmelsrichtungen«.

fassender Änderung und (2) des Untergangs des Helden. Beides zielt auf die Wandlung des Rezipienten. Zugunsten einer Fokussierung auf inneres seelisches Geschehen, die noch die Rezipienten miteinbezieht, wird auf die dramatische Ausgestaltung einer ereignisreichen äußeren Handlung verzichtet. Das Fortschreiten der Handlung besteht in dem stufenweise ablaufenden *Eindringen des Innens ins Außen.* Die Welterneuerungsgesichte des Narziß sollen appellativ in die Rezipientenwelt eingehen. Was der Dramentext an seiner Oberfläche selbst nicht entscheidet, überläßt er seinem Leser zur kritischen Reflexion.

Die Regieanweisung, daß die Telephondrähte »zentripetal aus allen Himmelsrichtungen zusammenlaufen«, führt auf den zunächst befremdenden Titel des Dramas zurück und erhellt seine Bedeutung. Narziß, der Protagonist, macht sich auf dem Turm als »Mensch in den Drähten« ein neues Medium der revolutionierten Nachrichtentechnik zunutze. Sein Ziel ist es, mit der Verbreitung des Schockanten und Provokativen »von oben herab« möglichst große Publikumsmassen anzusprechen, um »von unten herauf« Wandlung zu bewirken. Er will das Leid des Kriegs »in den Himmel [...] klagen« und verkündet: »Die nationale Erneuerung muß kommen! Umwandlung von oben herab; Umwandlung von unten herauf« (S. 159f.).

Zu dieser »Umwandlung von oben herab« ist nichts geeigneter als der Telegraph oder das Telephon. Beide stellen mit dem Aufkommen der Massenpresse einen wesentlichen Faktor in der durch bewußtseinsprägende Massenmedien betriebenen Prozessierung von Sensationellem dar. Noch die »Daily-Telegraph«-Affäre vom Oktober 1908 klingt hier an. Damals war ein die deutschen Außenbeziehungen stark belastendes Interview des Kaisers mit dem »Daily Telegraph« erschienen, das die Empörung aller Parteien über die kaiserliche Eigenmächtigkeit nach sich zog. Die Affäre bewies: Der »Telegraph« hat durchschlagende Wirkung. Der Telegraph ist mächtig. Er macht die Masse manipulierbar. Der Soldat in Dominiks Drama, der sich am Fuße des Turms – fernab der Möglichkeit, sich dieses Mediums zu bedienen – befindet, erkennt die Bedrohlichkeit der Telegraphen-Technik. Sie stellt für die Technik, mittels derer er funktioniert: für die vom Staat mißbrauchte Kriegstechnik, einen Unsicherheitsfaktor dar. Der Kaisertreue begreift die Gefahr, die in den der Massenpresse anheimgegebenen kriegsfeindlichen Selbstentäußerungen des Narziß liegt. Gerade weil er diese nicht wahrhaben will, weil Verdun ein Weltbild zerstörte und die erneute Thematisierung für ihn letztlich identitätsbedrohend ist, greift er ein. Das Grauen von Verdun, so ist ihm klar, darf nicht öffentlich werden. Daher ruft er (S. 158): »Der Kerl schreits in die Telephondrähte! Er muß herunter!«

Almut-Barbara Renger

Weiterführende Literatur

in Auswahl

J. Adams/E. Williams (Hrsg.): *Mimetic Desire. Essays on Narcissism in German Literature from Romanticism to Post Modernism.* Columbia (SC) 1995.

Ch. Angelet: »Le Narcisse de Joachim Gasquet et les premiers écrits de Gide«, in: Ch. Berg/W. Geerts u. a. (Hrgs.): *Retours du mythe. Vingt études pour Maurice Delcroix.* Amsterdam 1996, S. 133–141.

M. Balle: »Der Narzißmusbegriff in der Psychologie und seine Bedeutung für die Literatur«, in: ders.: *Sich selbst schreiben – Literatur als Psychoanalyse.* München 1994, S. 26–43.

R. Battegay: *Narzißmus und Objektbeziehungen. Über das Selbst zum Objekt.* Bern u. a. 1970.

R. Böschenstein: »Narziß, Narzißmus und das Problem der poetischen Produktion«, in: M. Mayer/G. Neumann: *Pygmalion. Die Geschichte des Mythos in der abendländischen Kultur.* Freiburg i. Br. 1997, S. 127–162.

G. Briese-Neumann: *Ästhet, Dilettant, Narziß. Untersuchungen zur Reflexion der fin-de-siècle-Phänomene im Frühwerk Hofmannsthals.* Frankfurt a. M. u. a. 1985.

H. Cancik: »Spiegel der Erkenntnis (zu Ovid, Met. III, 339, 128 bis 255)«, in: *Der altsprachliche Unterricht* 10, 1 (1967), S. 42–53.

R. Derche: *Quatre Mythes Poétique. Œdipe – Narcisse – Psyché – Lorelei.* Paris 1962.

G. Döhmann-Höh (Red.): *Die neuen Narzißmustheorien: zurück ins Paradies?,* hrsg. vom Psychoanalytischen Seminar Zürich. Frankfurt a. M. 1981.

H. Dörrie: »Echo und Narcissus«, in: *Der altsprachliche Unterricht* 10, 1 (1967), S. 54–75.

M. Edmundson: »Freudian Mythmaking: The Case of Narcissus«, in: *The Kenyon Review* 10, 2 (1988), S. 17–37.

H. Esselborn-Krummbiegel: »Das Narziß-Thema in der symbolistischen Lyrik«, in: *Arcadia* 15 (1980), S. 278–294.

P. A. Genova: »A Crossroads of Modernity. André Gide's Le Traité du Narcisse«, in: *South Central Review* 11, 3 (1994), S. 1–23.

B. Grunberger: *Vom Narzißmus zum Objekt* (1971). Frankfurt a. M. 1982.

R. Hadorn: *Narziß. Der Mythos als Metapher von Ovid bis heute.* Würzburg 1984.

H. Häsing/H. Stubenrauch/Th. Ziehe (Hrsg.): *Narziß, ein neuer Sozialisationstyphus?.* Bensheim 1979.

G. F. Hartlaub: *Zauber des Spiegels. Geschichte und Bedeutung des Spiegels in der Kunst.* München 1951.

K. Hilbert: »Der gespaltene Narziß«, in: G. Dietz/K. Hilbert: *Phaeton und Narziß bei Ovid.* Heidelberg 1970, S. 48–80.

Ch. Huber: »Narziß und die Geliebte. Zur Funktion des Narziß-Mythos im Kontext der Minne bei Heinrich von Morungen (MF 145,1) und anderen«, in: *Deutsche Vierteljahresschrift für Literaturwissenschaft und Geistesgeschichte* 59, 4 (1985), S. 587–608.

K. Kaminsky-Knorr: *Zur Problematik der psychoanalytischen Symbol- und Mythentheorie. Eine Auseinandersetzung mit dem Narziß-Mythus.* Berlin 1990.

B. Kirchoff: »Schreiben und Narzißmus. Was dem Schriftsteller seine Legende raubt – oder: Das Medienzeitalter ist wie für Rezensenten gemacht«, in: *Neue Rundschau* 106, 2 (1995), S. 51–68.

Gr. M. Kochhar-Lindgren: *Narcissus transformed. The Textual Subjekt in Psychoanalysis and Literature.* University Park (PA) 1993.

H. Kohut: *Narzißmus. Eine Theorie der psychoanalytischen Behandlung narzißtischer Störungen* (1971). Frankfurt a. M. 1976.

H. Kohut: *Die Heilung des Selbst* (1971). Frankfurt a. M. ^{3}1988.

M. S. Mahler: *Symbiose und Individuation,* Bd. 1. Stuttgart 1972.

H. Mitlacher: »Die Entwicklung des Narzißbegriffs«, in: *Germanisch-romanische Monatsschrift* 21 (1933), S. 373–383.

R. Mülher: »Narciss und der phantastische Realismus«, in: *Dichtung in der Krise. Mythos und Psychologie in der Dichtung des 19. und 20. Jahrhunderts.* Wien 1951, S. 407–566.

U. Orlowsky/R. Orlowsky: *Narziß und Narzißmus im Spiegel von Literatur, Bildender Kunst und Psychoanalyse. Vom Mythos zur leeren Selbstinszenierung.* München 1992.

R. Pietra: »Narcissus poeticus«, in: J. Levaillant (Hrsg.): *Écriture et génétique textuelle. Valéry à l'œuvre.* Lille 1982.

O. Rank: »Narcissism and the Double«, in: E. Berman (Hrsg.): *Essential Papers on Literature and Psychoanalysis.* New York u. a. 1993.

H. J. Roth: *Narzißmus. Selbstwerdung zwischen Destruktion und Kreativität.* Weinheim/München 1990.

H.-R. Schärer/P. Schärer: »›Mit einer schönen Wunde kam ich auf die Welt‹: Literaturwissenschaft und Narzißmustheorie«, in: *Jahrbuch für internationale Germanistik* 25, 1 (1993), S. 25–86.

J. Schickel: »Ovid. Die Sinnlichkeit des Spiegels«, in: ders., *Spiegelbilder.* Stuttgart 1975, S. 31–43 (= »Narziß. Zu Versen von Ovid«, in: *Antaios* 3, 5 [1962], S. 486 ff.).

E. Schmid: »Augenlust und Spiegelliebe. Der mittelalterliche Narziß«, in: *Deutsche Vierteljahreszeitschrift für Literaturwissenschaft und Geistesgeschichte* 59, 4 (1985), S. 551–571.

K. Schulz: »In Defense of Narcissus: Lou Andreas-Salomé and Julia Kristeva«, in: *The German Quaterly* 67, 2 (1994), S. 185–196.

R. Turcanu: »Du mythe de Narcisse au mythe de la littérature chez Valéry«, in: *Bulletin des Études Valéryennes* 23, 72/73 (1996), S. 135–144.

L. Vinge: *The Narcissus Theme in Western European Literature up to the Early 19th Century.* Lund 1967 (vgl. die ausführliche Bibliographie a. a. O., S. 417–438).

A. Wesselski: »Narkissos oder das Spiegelbild«, in: *Archiv orientální* 7 (1935), S. 37–63, 328–350.

Fr. Wieseler: *Narkissos. Eine kunstmythologische Abhandlung nebst einem Anhang über die Narcissen und ihre Beziehung im Leben, Mythos und Cultus der Griechen.* Göttingen 1856.

P. Zanker: »›Iste ego sum‹. Der Naive und der Bewußte Narziß«, in: *Bonner Jahrbücher* 166 (1966), S. 152–170.

H. Zürcher: *Stilles Wasser. Narziß und Ophelia in der Dichtung und Malerei um 1900.* Bonn 1975.